"十四五"职业教育国家规划教材

Excel在财务中的应用

（第五版）

微课版

新世纪高职高专教材编审委员会 组编
主　编　刘振威　张晓丹
　　　　雷　曼　张　辉
副主编　张　满　娄会娜

大连理工大学出版社

图书在版编目(CIP)数据

Excel 在财务中的应用 / 刘振威等主编. -- 5 版. -- 大连：大连理工大学出版社，2021.6(2025.8 重印)
新世纪高职高专会计专业系列规划教材
ISBN 978-7-5685-3015-6

Ⅰ.①E… Ⅱ.①刘… Ⅲ.①表处理软件－应用－财务管理－高等职业教育－教材 Ⅳ.①F275－39

中国版本图书馆 CIP 数据核字(2021)第 082261 号

大连理工大学出版社出版
地址：大连市软件园路 80 号　邮政编码：116023
营销中心：0411-84707410　84708842　邮购及零售：0411-84706041
E-mail:dutp@dutp.cn　URL:https://www.dutp.cn
大连天骄彩色印刷有限公司印刷　　　　大连理工大学出版社发行

幅面尺寸:185mm×260mm　　印张:16.5　　字数:422 千字
2003 年 8 月第 1 版　　　　　　　　　　　2021 年 6 月第 5 版
2025 年 8 月第 11 次印刷

责任编辑:郑淑琴　　　　　　　　　　　　责任校对:王　健
　　　　　　　　　封面设计:对岸书影

ISBN 978-7-5685-3015-6　　　　　　　　　定　价:49.80 元

本书如有印装质量问题,请与我社营销中心联系更换。

前　言

《Excel在财务中的应用》(第五版)是"十四五"职业教育国家规划教材、"十三五"职业教育国家规划教材、"十二五"职业教育国家规划教材,也是新世纪高职高专教材编审委员会组编的会计专业系列规划教材之一。

Excel电子表格有着极其强大的数据处理能力。在日常经营管理工作中,其强大的计算、管理、分析功能,不仅能有效提高工作效率,还因其在数据处理和分析方面的灵活性,能及时满足各方面的数据需求。财务人员可以使用Excel中的各种分析工具,汇总分析自己想要的数据,从而找到更敏感、更关键的问题。Excel数据处理和应用能力已经成为会计从业人员不可或缺的基本能力和必备的工作技能。

目前,高职高专院校的经济管理类专业均已开设"Excel在会计中的应用"课程或"Excel在财务中的应用"课程。随着国家双高校建设的逐步推进,先进的高职教育理念逐渐深入人心,突出职业能力培养已经成为高职院校人才培养的核心内容。本教材的编者参与了国家示范性高等职业院校建设及国家双高校建设工作,在修订时应用了高等职业院校新的教学改革理念和成果。修订后的教材具有以下特点:

1. 围绕财务工作的过程,巧妙设计教学任务,适应高职学生认知水平和特点

遵循"基于工作过程"的课程开发理念,以"项目导向、任务驱动"原则来组织编写内容。在进行职业岗位工作分析的基础上,结合职业资格标准,按照工作流程设计了9个递进式情境,进而分解出25个递进式任务,从简单到复杂地设计情境,提出任务,分解任务,实施任务,解决任务,建构知识,从而巩固学习知识,着力培养学生的职业能力和职业素养。

2. 采用"工学结合"新模式,教、学、练、做一体化

本教材基于工作过程的内容设计,将教、学、练、做融为一体,既是教师的教案,又是学生的上机练习手册,真正实现了"做中学、学中做"的理实一体教学模式,非常符合职业教育重点培养学生技能的要求。本教材的每个任务均按以下模式编写:

(1)学习目标:进行工作情境的设计,提出问题,在真实环境中激发学生的学习兴趣。

(2)工作流程:按照真实工作过程,一步步引导学生完成任务,从而掌握相关的知识和技能。

(3)实践操作:讲述与本任务有关的操作方法和操作技巧。

(4)问题探究:讲述与本任务有关的理论知识,为学生理解概念和后续学习奠定基础。

(5)知识拓展:讲述与本任务有关的延伸性知识,便于学生拓展学习,开阔视野。

(6)课后训练:为巩固学习效果,由学生自行训练,这样既便于学生自测,又便于教师评价学习效果。

3. 突出职业特点,科学选取教学内容

本教材全面贯彻党的二十大精神,落实立德树人根本任务,融入思政教育理念。在内容的选择上,突出课程内容的职业指向性,淡化课程内容的宽泛性;突出课程内容的实践性,淡化课程内容的理论性;突出课程内容的实用性,淡化课程内容的形式性;突出课程内容的时代性,避免课程内容的陈旧性。在介绍 Excel 操作技术的同时,涵盖了财务会计的应用知识,做到了基础教学、职业培训、技能训练"三位一体"有机融合。

4. 明确教学目的,奠定持续发展基础

突出学生掌握应用 Excel 进行会计信息处理的方法,使学生的计算机操作能力、数据处理能力得到提高。通过学习本教材,学生能够进一步体验 Excel 应用的广泛性和作为会计数据处理工具的特点,激发和保持在今后的职业活动中对 Excel 应用的求知欲,为继续学习和终身发展奠定基础,成为具有良好的职业素养、必要的文化知识、熟练的操作技能的高水平复合型劳动者。

本教材的案例都经过了精挑细选,案例典型、针对性强,对财务工作中的实际问题进行了分析、讲解。同时,案例具有一定的先进性、前瞻性、实用性和科学性。每个案例都给出了详细的操作步骤,有助于读者快速掌握和融会贯通,针对书中重点、难点内容,编者还制作了对应的微课,降低了学习难度。

本教材可作为高等职业院校会计和经济管理相关专业的教材,还可作为各类培训班的教学用书,同时也适合财务管理人员或相关人员自学使用。

本教材由黄河水利职业技术学院刘振威、张晓丹、雷曼、张辉任主编,负责全书的大纲制订及统稿工作;黄河水利职业技术学院张满、郑州绿业元农业科技有限公司娄会娜任副主编。具体编写分工如下:刘振威编写情境一、情境二、情境九、附录,张晓丹编写情境三、情境四,雷曼编写情境五、情境六,张满编写情境七,娄会娜编写情境八。

在编写本教材的过程中,编者参考、引用和改编了国内外出版物中的相关资料以及网络资源,在此表示深深的谢意!相关著作权人看到本教材后,请与出版社联系,出版社将按照相关法律的规定支付稿酬。

为方便教师教学和学生自学,本书配有微课、电子课件等相关教辅资源,微课资源可直接扫描教材中的二维码,观看视频进行学习;其他资源请登录职教数字化服务平台下载。

本教材是各相关院校倾力合作与集体智慧的结晶,尽管我们在教材特色的建设方面做出了许多努力,但由于编者的经验和水平有限,加之编写时间仓促,书中仍可能存在疏漏之处,敬请各相关教学单位和读者在使用的过程中给予关注并提出改进意见,以便我们进一步修订和完善。

编 者

所有意见和建议请发往:dutpgz@163.com
欢迎访问职教数字化服务平台:https://www.dutp.cn/sve/
联系电话:0411-84706671　84707492

目 录

情境一　Excel 2010 基本认知 ··· 1
　　任务一　认识 Excel 2010 的工作窗口 ································ 1
　　任务二　自定义工作环境 ·· 5
　　任务三　创建和编辑工作表 ·· 14

情境二　Excel 2010 基本应用 ··· 29
　　任务一　设置单元格的格式 ·· 29
　　任务二　创建图表 ·· 39
　　任务三　使用公式 ·· 46
　　任务四　使用函数 ·· 53

情境三　工资管理 ·· 61
　　任务一　创建工资核算系统 ·· 61
　　任务二　员工工资的管理 ··· 92

情境四　固定资产管理 ··· 102
　　任务一　制作固定资产卡片 ·· 102
　　任务二　固定资产的投资决策 ······································· 116
　　任务三　固定资产的更新决策 ······································· 121

情境五　会计凭证的制作 ·· 127
　　任务一　制作通用记账凭证 ·· 127
　　任务二　制作专用记账凭证 ·· 145

情境六　Excel 在账簿中的应用 ·· 150
　　任务一　日记账和明细分类账的处理 ····························· 150
　　任务二　总分类账的处理 ··· 163

情境七　财务报告 ·· 178
　　任务一　资产负债表的应用 ·· 178
　　任务二　利润表的应用 ·· 186
　　任务三　现金流量表的应用 ·· 193

情境八　财务分析 ………………………………………………………………… 199
　　任务一　比率分析模型的设计方法 ……………………………………… 199
　　任务二　趋势分析模型的设计方法 ……………………………………… 209
　　任务三　综合分析模型的设计方法 ……………………………………… 214
情境九　流动资金管理 ……………………………………………………… 223
　　任务一　最佳现金持有量模型设计 ……………………………………… 223
　　任务二　摩尔模型设计 …………………………………………………… 229
　　任务三　存货经济批量模型设计 ………………………………………… 233
附录　Excel 2010 常用函数速查 …………………………………………… 241

情境一　Excel 2010 基本认知

情境导入：

李芳大学毕业后，经过层层选拔进入 ABC 公司从事会计工作，工作中除了进行日常会计核算工作以外，还经常使用办公软件（Office）处理文档和数据，特别是经常使用 Excel 2010 进行数据汇总、整理、分析、报告等工作。

Excel 2010 是由 Microsoft 公司研制开发的一个优秀的电子表格处理软件。利用 Excel 2010 不仅可以方便地完成基本的电子表格制作及计算功能，还能够完成复杂的数据库管理功能，对数据进行综合管理与分析。

素质培养：

1. 培养学生严谨认真、不骄不躁的精神品质，具备大数据思维和分析意识，注重数据的严谨性和保密意识，注重国家信息安全，夯实国家安全和社会稳定基础。

2. 培养学生灵活多变的思维和数据环境的自定义能力。

3. 培养学生谦虚谨慎、艰苦奋斗、踏踏实实、勤奋自强、一丝不苟、诚实守信的劳动精神和职业道德。

4. 坚持科技是第一生产力，培养学生熟练使用先进技术和工具的创新精神和创新意识，用实际行动落实科教兴国战略，提升国家创新体系整体效能。

5. 具备爱岗敬业、公正廉洁、实事求是的职业精神。培养学生自信自强、守正创新、踔厉奋发、勇毅前行的精神品质和时代担当。

任务一　认识 Excel 2010 的工作窗口

工作情境：

李芳从学校毕业到公司上班后，在新的工作岗位上需要经常使用计算机软件，特别是使用 Excel 2010 的次数越来越多，而平时所掌握的 Excel 2010 的基本操作技能已经无法满足需要。因此，她需要重新对 Excel 2010 的工作窗口进行熟悉，并根据自己的需要进行部分修改以便于日常使用，提高工作效率。

一、学习目标

1.了解 Excel 2010 工作窗口的组成。

2.了解 Excel 2010 工作窗口各个组成部分的功能。

二、工作流程

工作思路:首先启动 Excel 2010,然后在其工作窗口找到标题栏、快速访问工具栏、选项卡栏、功能区、编辑栏、工作区、状态栏的位置,了解各部分功能。

1.启动 Excel 2010

启动 Excel 2010 有很多种方法。常用的启动方法为:单击任务栏中的"开始"按钮,在"所有程序"中查找"Microsoft Office",然后在展开的程序列表中单击"Microsoft Excel 2010",启动 Excel 2010,进入如图 1-1 所示界面。若经常使用 Excel 2010,也可在桌面上创建 Excel 2010 的快捷方式,双击该快捷方式即可启动 Excel 2010。

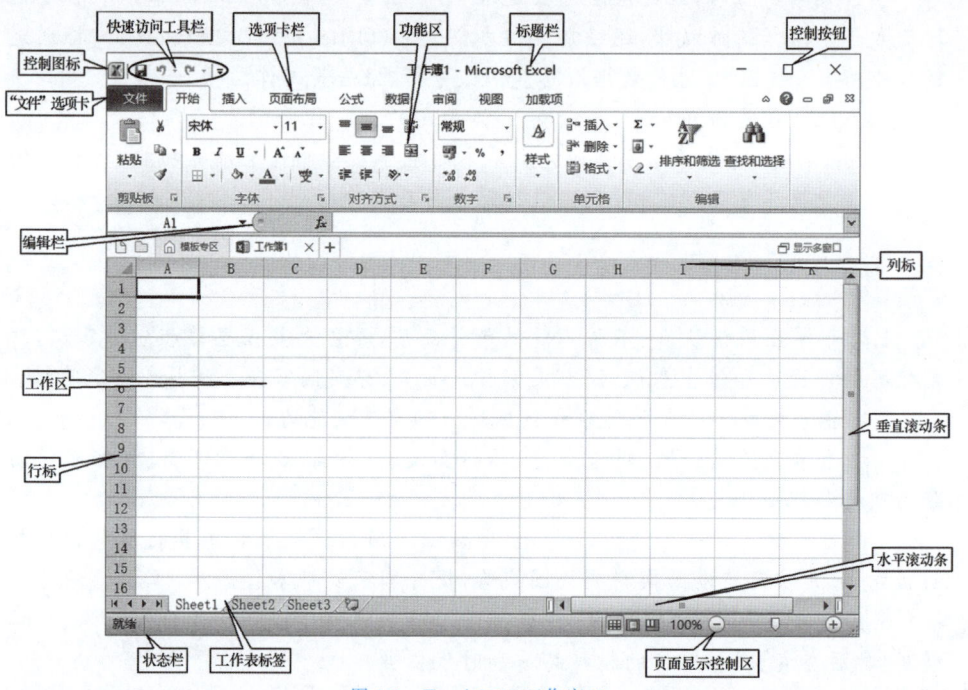

图 1-1　Excel 2010 工作窗口

2.标题栏

标题栏位于 Excel 2010 工作窗口的最上端,用于标识所打开的文件及程序名称。

3.快速访问工具栏

快速访问工具栏放置常用的命令按钮,帮助快速完成工作。默认状态下包括保存、撤销和恢复三个按钮。也可以将常用的工具按钮添加到此处。

4."文件"选项卡

"文件"选项卡主要用来显示 Excel 2010 的一些基本操作功能,包括新建文件、打开文件、保存文件、打印等。另外,"文件"选项卡还会列出最近使用的工作簿及最近的位置。

5.选项卡栏和功能区

选项卡栏：Excel 2010 中所有的操作命令都包含在对应的选项卡中，默认状态下有九个选项卡，分别是"文件""开始""插入""页面布局""公式""数据""审阅""视图""加载项"。各选项卡又包含若干工作组，每个工作组中又包含一些具体的操作命令。

功能区：为了方便使用，Excel 2010 把大量的操作命令都布置在功能区中。功能区按照不同的功能细分成若干个工作组。当我们要进行某项操作时，只需先单击功能区上方的选项卡，然后选择相应的操作命令。当把鼠标指针停放在命令按钮上时，系统会自动显示出该按钮的功能提示。同时，还可以单击不同工作组右下方的按钮打开相应的对话框来进行更多操作。

例如，我们想要设置单元格的具体格式，就可以单击"开始"选项卡，然后单击"字体"工作组右下角的按钮 ，打开"设置单元格格式"对话框进行详细设置，如图 1-2 所示。

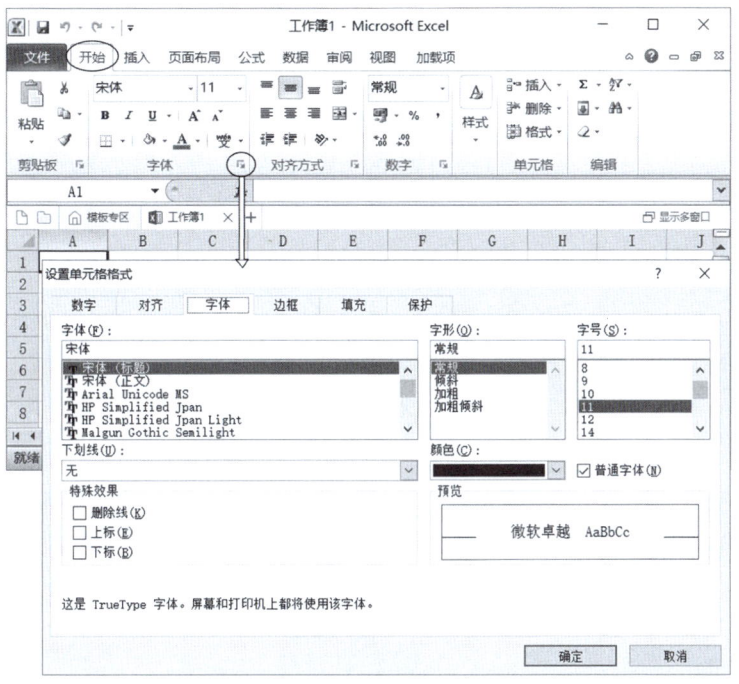

图 1-2　打开"设置单元格格式"对话框

Excel 2010 的部分选项卡会在需要使用时才显示。例如，当你在工作表中插入一个图表时，此时与图表有关的"图表工具"选项卡才会显示出来，如图 1-3 所示。

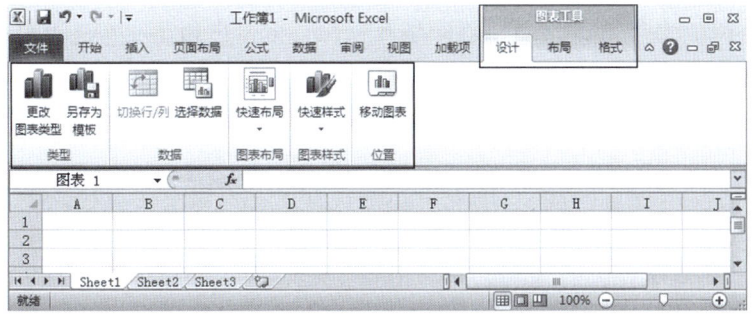

图 1-3　显示"图表工具"选项卡

6. 编辑栏

功能区的下方是编辑栏，用于显示、编辑活动单元格中的数据和公式。编辑栏由单元格名称框、操作按钮、编辑区三部分组成。单元格名称框用于显示当前活动单元格的名称。操作按钮包括"取消"按钮 ✖、"输入"按钮 ✔ 和"插入函数"按钮 fx，这几个按钮在向单元格中输入数据或编辑数据时出现。单击 ✖，取消输入内容；单击 ✔，确认输入内容；单击 fx，可插入函数。编辑区显示当前单元格的内容，可以在此直接对当前单元格中的内容进行输入和修改，当然也可以直接双击单元格并对其进行编辑，此时单元格的内容会显示在编辑栏中。

7. 工作区

工作区在 Excel 2010 窗口中面积最大，它由列标、行标、工作表标签栏、水平滚动条、垂直滚动条和工作表区域等组成。其中工作表区域由许多单元格组成，可以输入不同类型的数据。

8. 状态栏及页面显示控制区

状态栏显示当前数据的编辑情况，包括就绪、输入和编辑三种状态。页面显示控制区用于调整页面显示效果及显示比例，由视图切换按钮、缩放级别和显示比例滑块三部分组成。

三、实践操作

在打开一个 Excel 工作簿并完成所有操作之后，我们可以有两种方法进行保存。

方法1：单击快速访问工具栏中的"保存"按钮，如图 1-4 所示。

保存 Excel 文件

图 1-4 "保存"按钮

方法2：单击"文件"选项卡下的"另存为"命令，会弹出如图 1-5 所示对话框，从中可以设置需要保存的工作簿的新名字和存储位置。

四、问题探究

在运行 Excel 2010 时可能会出现启动慢且自动打开多个文件的现象，解决方法如下：进入 Excel 2010 后，单击"文件"选项卡下的"选项"命令，在弹出的"Excel 选项"对话框中单击"高级"选项，在右侧的"常规"组中删除"启动时打开此目录中的所有文件"文本框中的内容，单击"确定"按钮即可。

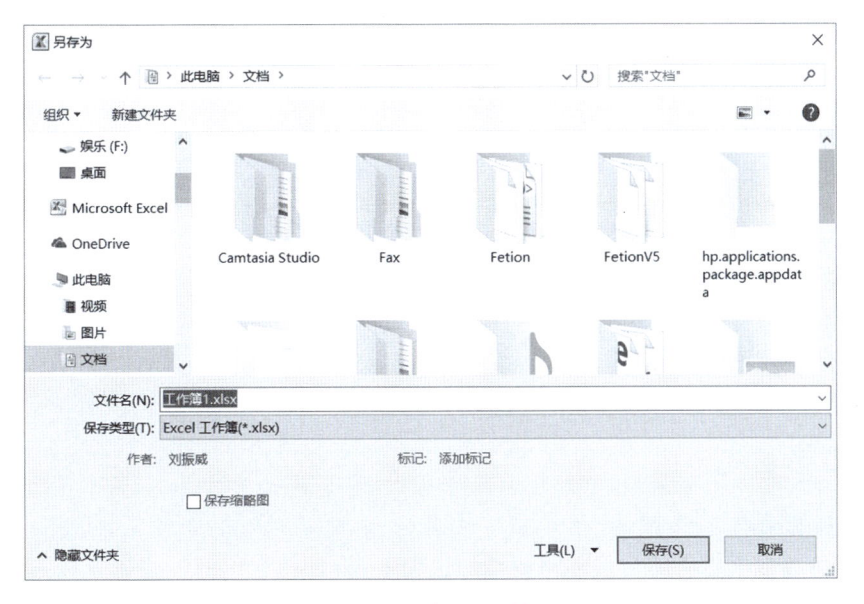

图1-5 "另存为"对话框

五、知识拓展

1.工作簿的含义

Excel 支持的文档叫作工作簿(Book),它用来存储并处理数据文件。当启动 Excel 2010 时,系统自动创建一个工作簿,默认文件名为"工作簿 1.xlsx",其中"工作簿 1"为主文件名,"xlsx"为扩展名。一个工作簿可以由多张工作表组成,默认有三张工作表,可根据需要进行添加。

2.工作表的含义

工作表是 Excel 完成一项工作的基本单位。工作表的内容可以包括字符串、数字、公式、图表等信息,每一个工作表用一个标签来进行标识(如 Sheet1,Sheet2……)。

六、课后训练

1.启动 Excel 应用程序,在 D 盘里新建一个 Excel 工作簿,将它命名为"Excel 学习"。
2.在"Excel 学习"工作簿中新添加两个工作表 Sheet4、Sheet5。
3.把工作表 Sheet4、Sheet5 重命名为"资产负债表"和"利润表"。
4.把"Excel 学习"另存到桌面上。

任务二 自定义工作环境

工作情境:

李芳在使用一段时间后,逐渐熟悉了 Excel 2010 的工作窗口。但在使用过程中还是存在一些问题,特别是对功能区中的很多命令按钮都不太熟悉,而经常用的命令按钮总是分散在不同的选项卡中,日常使用中总是找不到在哪里,无形中影响了自己的工作效率。于是如何定制适合自己的个性化的 Excel 应用环境就成了李芳亟须解决的问题。后来经过自己摸索及向同事求教,李芳终于明白了原来 Excel 2010 还可以根据用户需要自定义工作环境。

一、学习目标

1.能够根据需要自定义选项卡及命令按钮。
2.掌握窗口显示的设置。
3.能够自定义快速启动工具栏。

二、工作流程

1.添加选项卡

李芳可以根据自己的习惯和需要添加选项卡,将自己常用的一些命令按钮放到一个选项卡中,这样方便日常使用。

具体操作如下:

(1)首先单击"文件"选项卡下的"选项"命令,弹出"Excel 选项"对话框,单击左侧的"自定义功能区"选项,如图 1-6 所示。

图 1-6 "自定义功能区"界面

(2)单击"自定义功能区"右侧的"新建选项卡"按钮,则右侧选项卡列表框中会出现一个"新建选项卡(自定义)",单击该选项卡,然后单击右下角的"重命名"按钮,弹出"重命名"对话框,在"显示名称"文本框中输入该选项卡的新名称(如"李芳"),如图 1-7 所示。然后单击"确定"按钮完成添加选项卡操作。

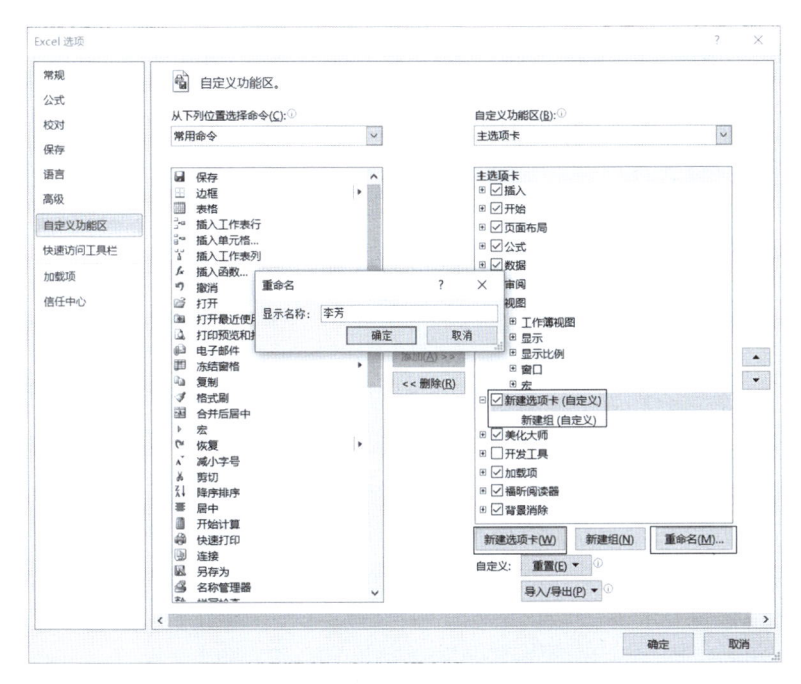

图 1-7　重命名新建选项卡

(3)添加选项卡之后就可以向选项卡里添加自己常用的命令和命令工作组了。选中刚才新建的"李芳"选项卡,单击"自定义功能区"左侧的"从下列位置选择命令"下拉列表框,选择"常用命令"或者"所有选项卡",则下方列表框中会出现常用的命令或者命令工作组。选中需要添加的命令或者命令工作组,单击中间的"添加"按钮,则所选择的命令或者命令工作组就添加到右侧的"李芳"选项卡里了,如图1-8所示。

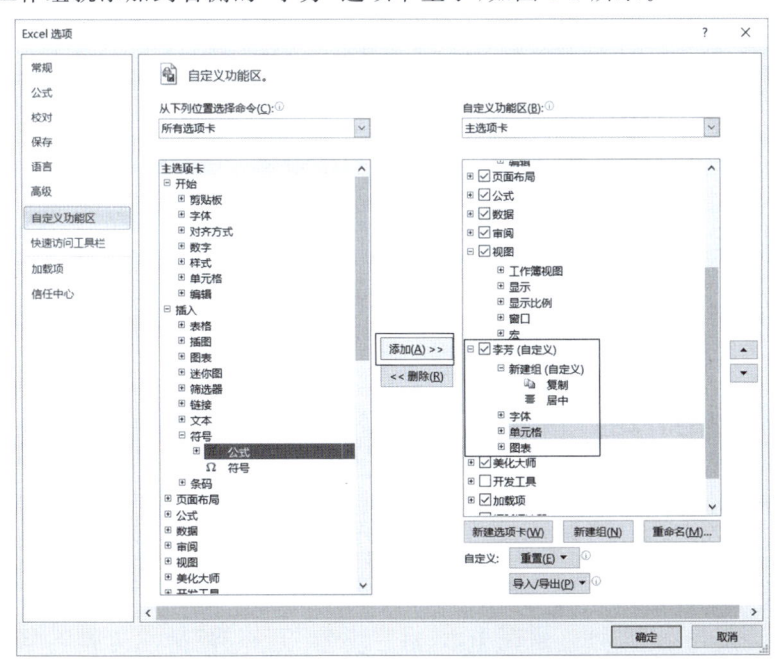

图 1-8　向新建选项卡添加命令

（4）自定义选项卡建立之后，可以通过右侧的"上移"和"下移"按钮调整选项卡的位置，也可以直接按住鼠标左键将该选项卡拖动到合适位置。全部完成后就会在"选项卡栏"中多出一个自定义的选项卡，已经添加的常用命令也会在该选项卡中集中显示，方便使用，如图1-9所示。

图1-9　新建选项卡

2.自定义选项卡

与添加选项卡操作相似，李芳还可以对系统默认的选项卡进行自定义，可以向系统默认选项卡里添加新的工作组、命令，可以对原有的工作组进行重命名，可以根据使用频率对选项卡和工作组进行重新排序，也可以删除已有的命令、工作组，如图1-10所示。

自定义选项卡

图1-10　自定义选项卡

3.隐藏与显示功能区

如果觉得功能区占用太多的工作窗口，可以将功能区隐藏起来。单击"选项卡栏"右侧的"功能区最小化"按钮，则功能区被隐藏起来，如图1-11所示。

将功能区隐藏起来后，要再度使用功能区时，只需单击任一个选项卡即可开启；当鼠标移到其他地方再单击一下时，功能区又会自动隐藏。

如果要固定显示功能区，则需单击"选项卡栏"右侧的"展开功能区"按钮进行切换。

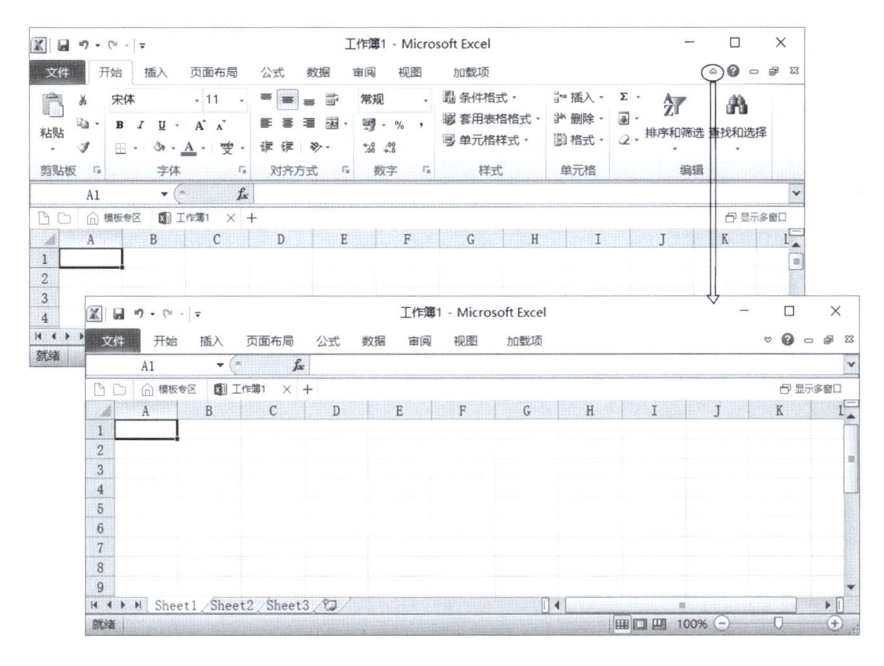

图 1-11　隐藏功能区

4.设置窗口显示

单击"视图"选项卡下"窗口"工作组中的"全部重排"命令,弹出"重排窗口"对话框,如图 1-12 所示。可以选择平铺、水平并排、垂直并排等选项对多个窗口进行显示设置。

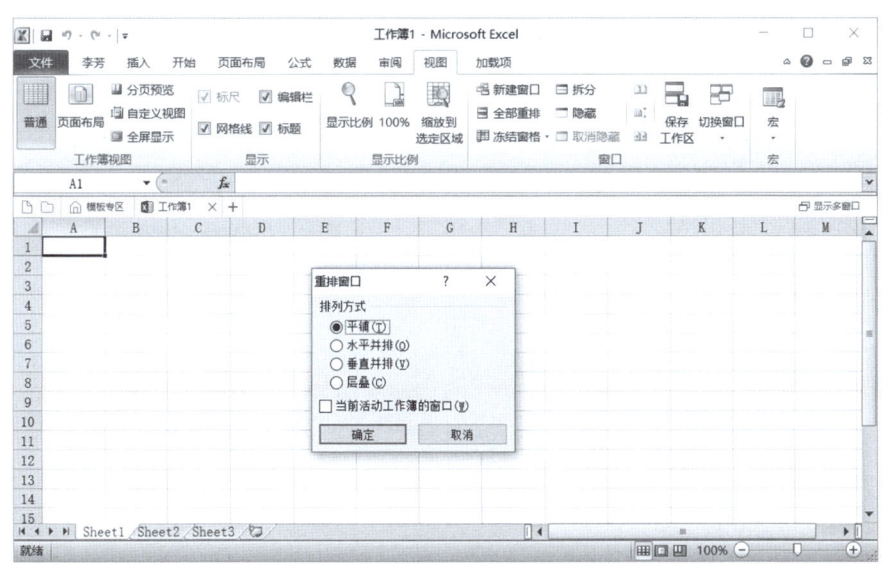

图 1-12　设置窗口显示

5.自定义快速访问工具栏

快速访问工具栏放置常用的工具按钮,帮助快速完成工作。默认情况下有保存、撤销和恢复三个按钮。如果想将自己常用的工具按钮也添加到此区,则可单击快速访问工具栏右侧的按钮 ，打开"自定义快速访问工具

自定义快速
访问工具栏

栏"列表，列表中包括一些常用的操作按钮，直接单击相应按钮添加到快速访问工具栏中，如图1-13所示。

图1-13 自定义"快速访问工具栏"

也可单击"其他命令"按钮来添加列表中没有的命令。单击需添加的命令（如"格式刷"），然后单击"添加"按钮，添加到自定义快速访问工具栏右侧列表中，如图1-14所示。如果不经常使用，则可在选中该命令后单击"删除"按钮来删除相关命令。

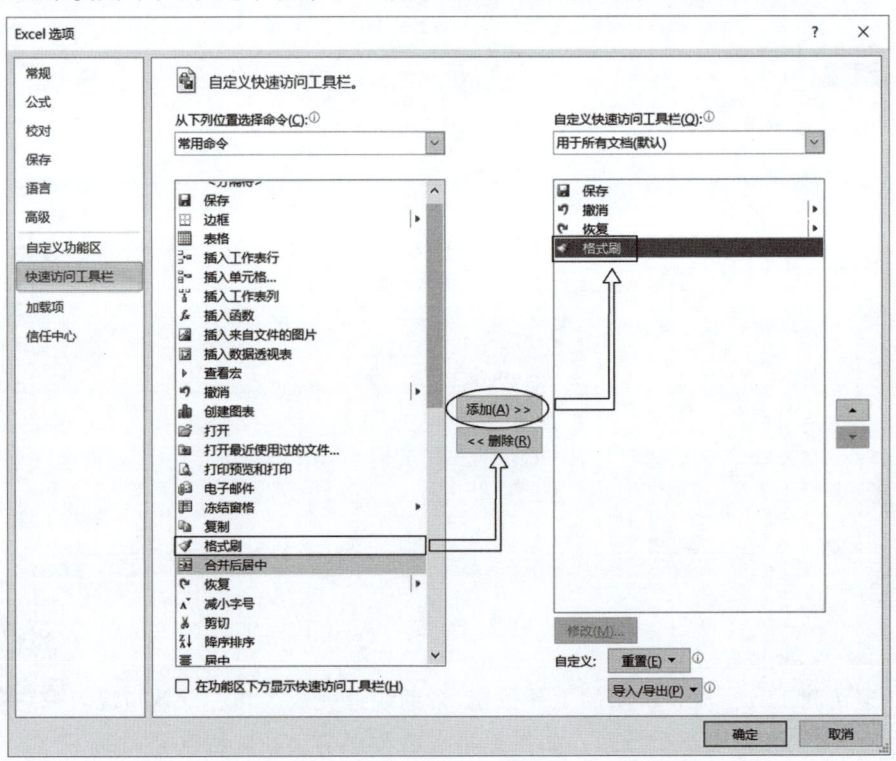

图1-14 向"快速访问工具栏"中添加其他命令

三、实践操作

Excel 的自定义工作环境操作大部分与定制的屏幕显示相关，如在工作表窗口中是否显示网络线，单元格中是否显示公式或值，是否显示或隐藏批注等。更改屏幕显示通常使用"文件"选项卡中的"选项"命令来设置。

选择"文件"选项卡下的"选项"命令，弹出"Excel 选项"对话框，单击"高级"选项，打开如图 1-15 所示的高级选项设置界面。

图 1-15 高级选项设置界面

该界面共包括"编辑选项""剪切、复制和粘贴""图像大小和质量""打印""图表""显示""公式""常规"等 13 个选项设置组，用于控制是否在 Excel 2010 工作窗口中显示网格线、系统分隔符、水平滚动条、最近使用的文档个数和函数屏幕提示等，可以根据需要选中或取消相应的复选框来定制适合自己的个性化工作环境。

四、问题探究

1.设置自动保存时间

Excel 的出现为日常办公和生活带来了很大的便利，但电脑的一些突发状况往往会使得辛辛苦苦整理的表格内容不见了，怎样才能尽量避免这种情况出现呢？这就需要我们在 Excel 中设置自动保存选项。

选择"文件"选项卡下的"选项"命令,打开"Excel 选项"对话框,单击"保存"选项,打开"自定义工作簿的保存方法"选项,如图 1-16 所示。选中"保存自动恢复信息时间间隔"选项,并在后面的文本框中设置自动保存时间间隔,同时设置自动恢复文件位置及默认文件位置,单击"确定"按钮,保存设置。

设置自动保存时间

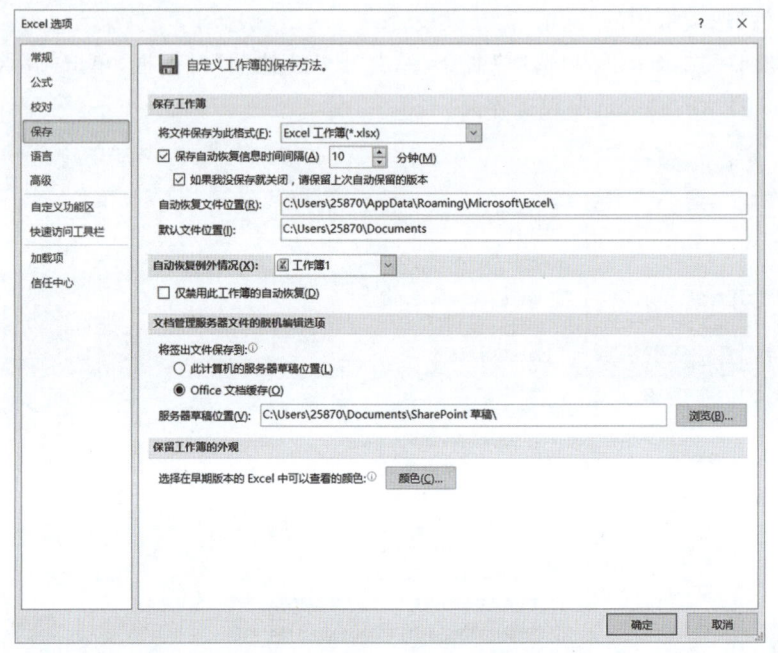

图 1-16 "自定义工作簿的保存方法"选项

2.显示和隐藏使用过的工作簿

单击"文件"选项卡下的"最近使用的文件"命令,可以看到最近使用过的工作簿名称,也可以把工作簿名称隐藏起来。

单击"文件"选项卡下的"选项"命令,弹出"Excel 选项"对话框,单击"高级"选项,如图 1-17 所示。拖动右侧的滚动条,找到"显示"组,将显示此数目的"最近使用的文档"后面的文本框中的数字改为 0,则最近使用的工作簿将不显示。

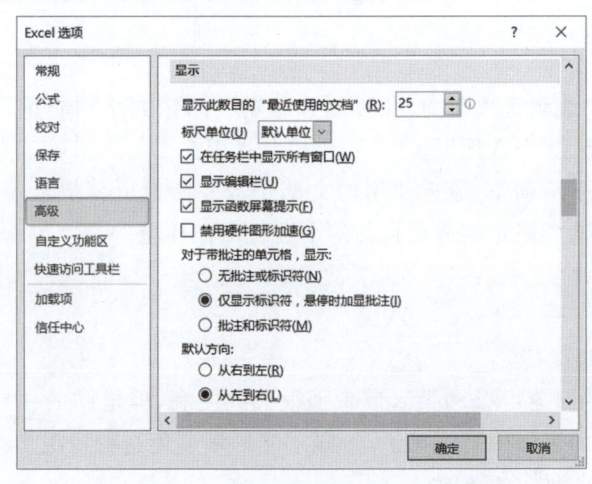

图 1-17 设置"最近使用的文档"显示数量

默认状态下，Excel 2010 列出最近使用过的 25 个工作簿，要想增加或减少显示的工作簿数量，可以通过更改该文本框中的数字来进行，也可以单击显示此数目的"最近使用的文档"文本框中的微调按钮设置新值，然后单击"确定"按钮。

五、知识拓展

1.隐藏与显示工作表

在需要隐藏的工作表标签处单击鼠标右键，在弹出的右键菜单中选择"隐藏"命令即可将工作表隐藏。如果要取消工作表的隐藏，则需要在工作表标签处单击鼠标右键，选择"取消隐藏"命令，如图 1-18 所示。在弹出的"取消隐藏"对话框中选择需要取消隐藏的工作表，单击"确定"按钮取消隐藏，如图 1-19 所示。

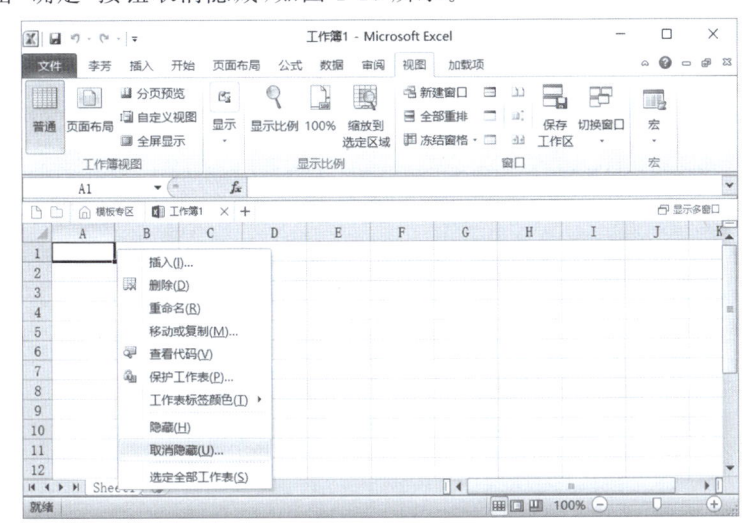

图 1-18　取消隐藏工作表

图 1-19　"取消隐藏"对话框

2.冻结窗格的使用

利用 Excel 工作表的冻结窗格功能可以达到固定标题行或者标题列的效果，即可以选择在工作表滚动时仍可见特定的行或列，其方法如下：要锁定行，请选择其下方一行；要锁定列，请选择其右侧一列。要同时锁定行和列，请单击其下方和右侧的单元格。

例如需要固定显示的行列为 A、B 列及第一行，具体操作步骤如下：

（1）先选中 A、B 列右侧即 C 列和第二行的单元格也就是单元格 C2 作为当前活动单元格，单击"视图"选项卡下"窗口"工作组中"冻结窗格"按钮的下拉箭头，选择"冻结拆分窗格"命令，如图 1-20 所示。这样在 Excel 2010 窗口

冻结窗格

界面我们就可以看到 A、B 列的右侧多了一条竖线，第一行的下面多了一条横线，这就是被冻结的状态。冻结窗格后，不管窗口如何滚动，被冻结的行或列会一直显示。

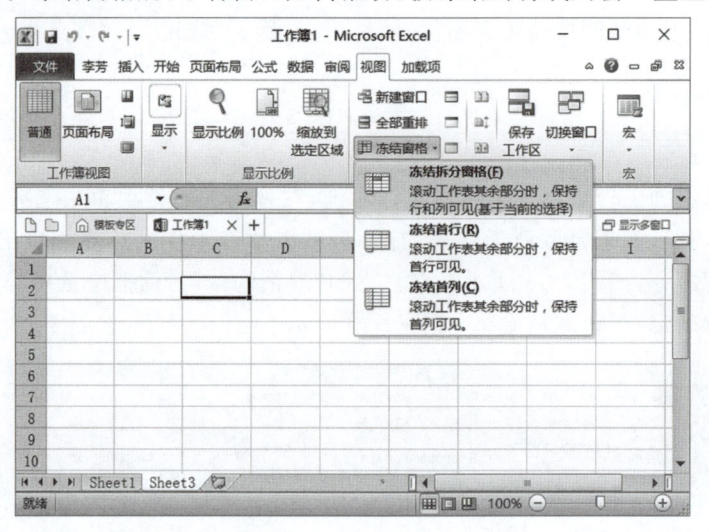

图 1-20　冻结窗格

（2）单击"冻结窗格"的下拉箭头，选择"取消冻结窗格"命令即可取消冻结状态。还可以在下拉菜单中选择"冻结首行"或"冻结首列"命令快速冻结表格首行或首列。

六、课后训练

1. 把工作表"资产负债表"和"利润表"中的网格线取消。
2. 隐藏工作表"Sheet1"和"Sheet2"。

任务三　创建和编辑工作表

工作情境：

经过一段时间的学习和使用之后，李芳逐渐熟悉了 Excel 2010 的操作界面，并根据自己的需求完成了工作环境的定制。那么，接下来李芳就需要学习如何创建和编辑工作表并使用工作表来进行数据的处理。

一、学习目标

1. 掌握工作表的创建和编辑。
2. 掌握 Excel 的数据输入和单元格的编辑。

二、工作流程

1. 创建新的工作簿

启动 Excel 2010 时，系统将自动创建一个新的工作簿，并在新建工作簿中创建三个

空的工作表 Sheet1、Sheet2 和 Sheet3。如果需要创建一个新的工作簿,可以用以下两种方法来实现:

(1)单击"文件"选项卡|"新建"命令,在右侧的"可用模板"中双击"空白工作簿"来创建一个新的工作簿。

(2)如果需要创建一个基于模板的工作簿,则在"可用模板"中双击对应的模板即可。例如需要创建一个计算员工工资的 Excel 表格,则需双击"office.com 模板"中的"业务"文件夹,在展开的模板列表中双击"员工工资计算器"模板,如图 1-21 所示。

图 1-21　选择模板

创建后的基于模板的员工工资计算表如图 1-22 所示。

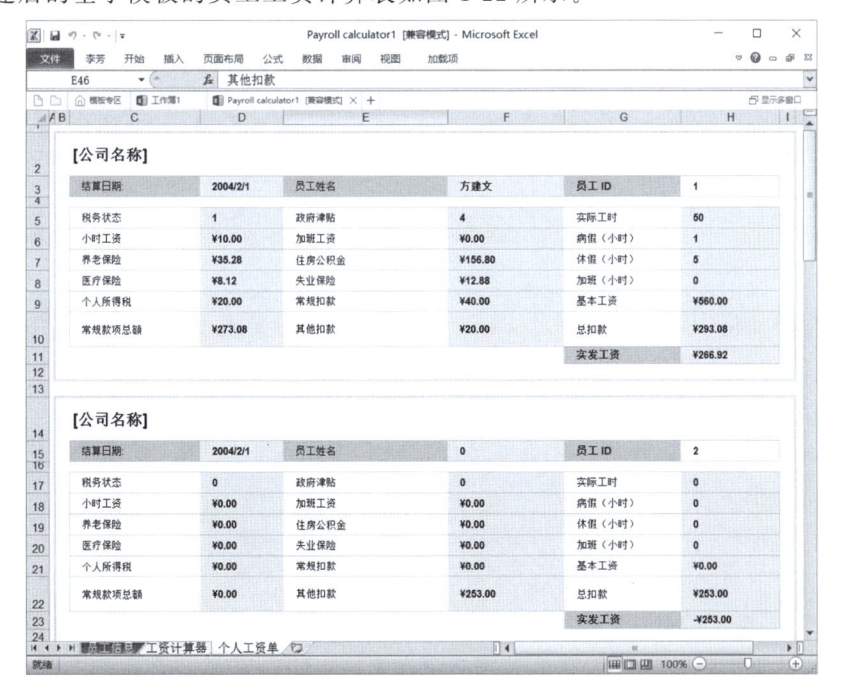

图 1-22　"员工工资计算器"模板

2.输入数据

在单元格中输入数据,首先需要选定单元格,然后再向其中输入数据,所输入的数据将会显示在编辑栏和单元格中。在单元格中可以输入的内容包括文本、数字、日期和公式等。

输入数据

(1)输入文本

在 Excel 2010 中,对于全部由数字组成的字符串,如邮政编码、电话号码等,为了避免被认为是数值型数据,Excel 2010 要求在这些输入项前添加英文状态下的单引号"'",来区分是"数字字符串"而非数值型数据。

在工作区中输入文本的具体操作步骤如下:

①单击"文件"选项卡下的"新建"命令,新建一个工作簿。

②选定要输入文本的单元格,直接在单元格中输入文本内容。

③按"Enter"键或单击另外一个单元格即可完成输入。

在默认状态下,单元格中的所有文本数据都是左对齐,若输入的数据含有字符(如"2017年"),则 Excel 2010 会自动确认为文本;若输入的字符串只有数字(如"2017"),则需要先输入一个英文状态下的"'",然后再输入数字,Excel 2010 会自动在该单元格左上角加上绿色三角标记,说明该单元格中的数据为文本类型,如图 1-23 所示。

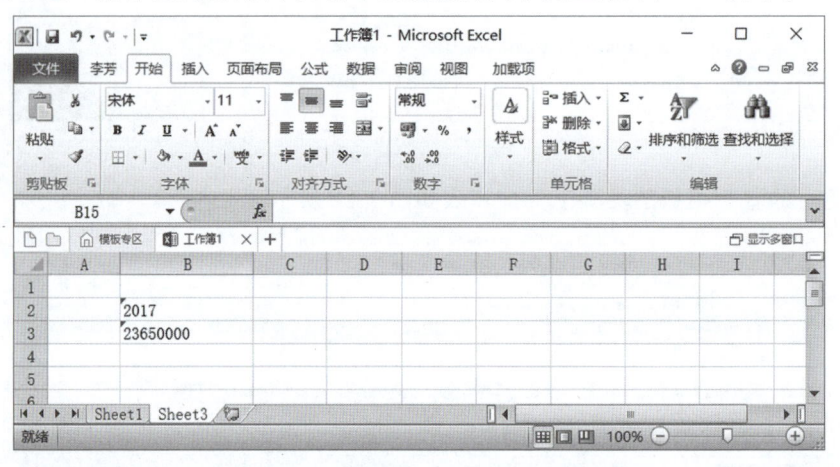

图 1-23 文本样式

若一个单元格中输入的文本过长,Excel 2010 允许其覆盖右边相邻的无数据的单元格;若相邻的单元格中有数据,则过长的文本将被截断不予显示,选定该单元格,在编辑栏中可以看到该单元格中完整的内容。

若要取消当前的输入操作,则在步骤③之前按"Esc"键、"退格"键或单击编辑栏中的"取消"按钮 ✕ 即可。

(2)输入数值

默认情况下,Excel 2010 将数字在单元格中右对齐,在单元格中输入数字时,不必输入人民币符号、美元符号或者其他符号,可以预先进行设置,使 Excel 2010 能够自动添加相应的符号。下面以输入货币数值为例介绍在 Excel 2010 中输入数字的方法。

在工作表中输入货币数值的具体操作步骤如下:

①选定需要输入数字的单元格或单元格区域,单击"开始"选项卡|"数字"工作组右下角的按钮，或者选定相应的单元格,单击鼠标右键,在弹出的右键菜单中选择"设置单元格格式"命令,在弹出的"设置单元格格式"对话框中单击"数字"选项卡,如图 1-24 所示。

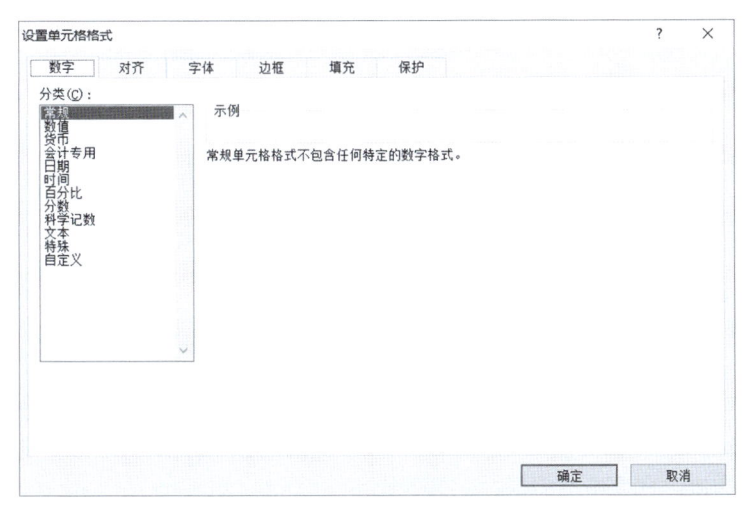

图 1-24 "数字"选项卡

②在"分类"列表框中选择"货币"选项,设置"小数位数"为"2",在"货币符号"下拉列表框中选择"￥"选项,如图 1-25 所示。

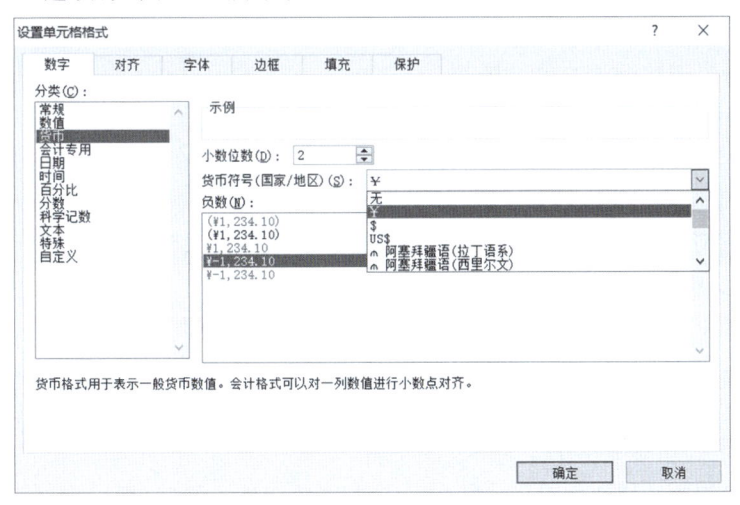

图 1-25 "货币"选项

③单击"确定"按钮,在当前单元格中输入的数字即可自动转换为货币数值。

(3) 输入公式

公式是在工作表中对数据进行计算的等式,它可以对工作表中的数值进行加、减、乘、除等运算。公式可以引用同一工作表中的其他单元格、同一工作簿中不同工作表中的单元格或者其他工作簿的工作表中的单元格。

在工作表中输入公式的具体操作步骤如下:

①单击"文件"选项卡中的"新建"命令,新建一个工作簿。

②选定需要输入公式的单元格,在单元格中输入公式"=1+2",如图1-26所示。

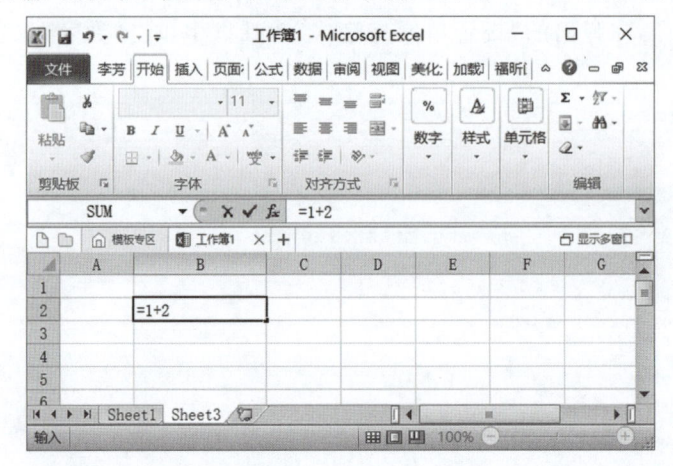

图1-26 公式输入

③按"Enter"键或单击编辑栏中的"输入"按钮,便在选定单元格中得出了计算的结果。

(4)插入批注

在Excel 2010中,还可以为工作表中某些单元格添加批注,用以说明该单元格中数据的含义或强调某些信息。

在工作表中插入批注的具体操作步骤如下:

①选定需要添加批注的单元格。

②单击"审阅"选项卡下"批注"工作组中的"新建批注"命令,或者选中单元格后单击鼠标右键,在弹出的右键菜单中选择"插入批注"命令,此时在该单元格的旁边弹出一个批注框,在其中输入批注内容。

③输入完成后,单击批注框外的任意工作表区域,关闭批注框。

(5)输入日期和时间

在Excel 2010中,当在单元格中输入系统可识别的时间和日期型数据时,单元格的格式就会自动转换为相应的"时间"或者"日期"格式,而不需要专门设置。在单元格中输入的日期采取右对齐的方式,如果系统不能识别输入的日期或时间格式,则输入的内容将被视为文本,并在单元格中左对齐。

若要使用其他的日期和时间格式,可在"设置单元格格式"对话框中进行设置。

输入日期设置的具体操作步骤如下:

①单击"开始"选项卡|"数字"工作组右下角的按钮 ，弹出"设置单元格格式"对话框。

②单击"数字"选项卡,在"分类"列表框中选择"日期"选项,在"类型"列表框中选择需要的类型,如图1-27所示。

③单击"确定"按钮,然后在工作表中输入相应的日期即可。

输入时间设置的具体操作步骤如下:

图 1-27 "日期"选项

系统默认输入的时间是按 24 小时制的方式输入的,若要以 12 小时制的方式输入时间,则要在输入的时间后输入一个空格,再输入 AM 或 A(表示上午)、PM 或 P(表示下午)。

①打开"设置单元格格式"对话框。

②单击"数字"选项卡,在"分类"列表框中选择"时间"选项,在"类型"列表框中选择需要的类型选项,如图 1-28 所示。

③单击"确定"按钮,然后在工作表中输入相应的时间即可。

图 1-28 "时间"选项

3.编辑单元格

(1)插入行、列和单元格

如果需要在已输入数据的工作表中插入行、列或单元格,可按如下方法操作:

①插入行、列或多行、多列

插入行:在需要插入新行的位置单击任意单元格,然后单击"开始"选项卡下"单元格"工作组中"插入"命令的下拉箭头,在弹出的下拉菜单中选择"插入工作表行"命令,即可在当前位置上方插入一行,原有的行自动下移。

插入列：在需要插入新列的位置单击任意单元格，单击"开始"选项卡下"单元格"工作组中"插入"命令的下拉箭头，在弹出的下拉菜单中选择"插入工作表列"命令，即可在当前位置左侧插入一列，原有的列自动右移。

插入多行/列：选中需要插入新行/列的下侧或右侧相邻的若干行/列（选定的行/列数应与要插入的行/列数相等），然后单击"开始"选项卡下"单元格"工作组中"插入"命令的下拉箭头，在弹出的下拉菜单中选择"插入工作表行"或"插入工作表列"命令，即可插入多行/列，原有的行/列自动下移或右移。

②插入单元格或单元格区域

在要插入新单元格的位置选定单元格或单元格区域，然后单击"开始"选项卡下"单元格"工作组中"插入"命令的下拉箭头，在弹出的下拉菜单中选择"插入单元格"命令，弹出"插入"对话框，如图1-29所示。

③根据需要选中相应的单选框，单击"确定"按钮即可。

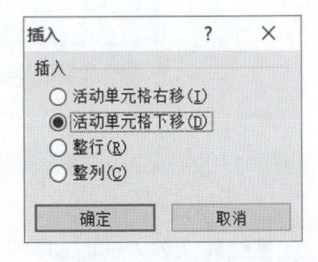

图1-29 "插入"对话框

(2) 删除行、列和单元格

当不再需要工作表的某些数据及其位置时，可以将它们删除，使用"删除"命令与按"Delete"键删除的内容不一样，按"Delete"键仅清除单元格中的内容，其空白单元格仍保留在工作表中，而使用"删除"命令则会将内容和单元格一起从工作表中清除，空出的位置由周围的单元格补充。

删除当前工作表中不需要的行、列或单元格的具体操作步骤如下：

①选定要删除的行、列或单元格。

②单击"开始"选项卡下"单元格"工作组中"删除"命令的下拉箭头，在弹出的下拉菜单中选择"删除单元格"命令，弹出"删除"对话框，如图1-30所示。

③根据需要选择相应的单选框，单击"确定"按钮即可。

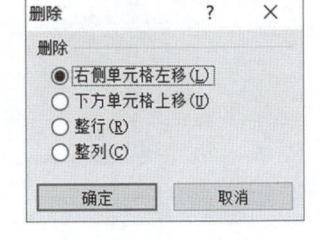

图1-30 "删除"对话框

(3) 删除或更改单元格内容

如果在单元格中输入数据时发生了错误，或者要更改单元格中的数据时，则需要对数据进行编辑，可以先删除单元格中的内容，再用全新的数据替换原数据，或者对数据进行一些小的改动。

要删除单元格中的内容，可以先选定该单元格再按"Delete"键；要删除多个单元格中的内容，先选中这些单元格，然后按"Delete"键；也可选定该单元格后单击鼠标右键，在弹出的右键菜单中选择"清除内容"命令。

当按"Delete"键删除单元格（或一组单元格）时，只会将输入的内容从单元格中删除，单元格的其他属性（如格式、注释等）仍然保留。如果想对单元格进行其他删除操作如只清除格式等，需要单击"开始"选项卡下"编辑"工作组中"清除"命令的下拉箭头，在弹出的下拉菜单中选择相应的命令即可。Excel 2010中支持清除格式、清除内容、清除批注、清除超链接和全部清除等。

在工作中，可能需要替换单元格中的数据，那么只需选中相应的单元格直接输入新内容即可。

如果单元格中包含大量复杂的公式,而只想修改其中的一小部分,那么可以单击要修改的单元格使其成为活动单元格,然后单击编辑栏,在编辑栏中进行修改。

(4)移动和复制单元格数据

移动单元格数据是指将某些单元格中的数据移至其他单元格中;复制单元格数据是指将某个单元格数据复制到指定的位置,原位置的数据仍然存在。

在 Excel 2010 中,不但可以复制整个单元格,还可以复制单元格中的指定内容,例如,可以只复制公式的计算结果而不复制公式,或者只复制公式而不复制计算结果;也可通过单击粘贴单元格区域右下角的"粘贴选项"按钮来选择单元格中要粘贴的内容。

移动和复制单元格或单元格区域的方法基本相同,具体操作步骤如下:

①选定要移动或复制数据的单元格或单元格区域,单击"开始"选项卡下"剪贴板"工作组中的"剪切"或"复制"命令。

②选定要粘贴数据的单元格位置。

③单击"开始"选项卡下"剪贴板"工作组中"粘贴"命令的下拉箭头,在弹出的下拉菜单中选择"保留源格式",即可将单元格或单元格区域的数据移动或复制到新位置。

④移动或复制过来的数据下面会显示"粘贴选项",单击该选项的下拉箭头,将会弹出一个下拉列表,如图 1-31 所示。

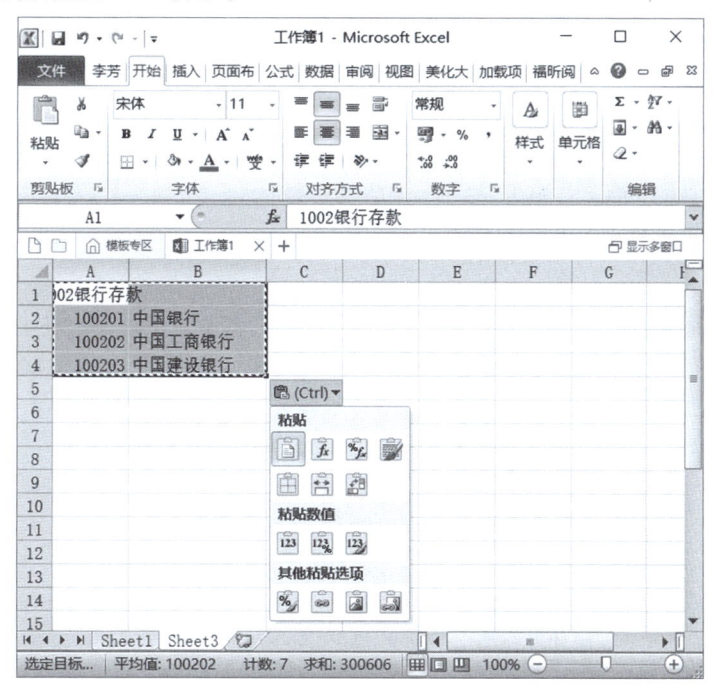

图 1-31 "粘贴"选项

如果在选定的复制区域中包含隐藏单元格,Excel 2010 将同时复制其中的隐藏单元格;如果在粘贴区域中包含隐藏的行或列,则需要使其显示才可以看到全部复制的单元格数据。

在进行单元格或单元格区域复制操作时,如果需要复制其中的特定内容而不是所有内容,则可以使用"选择性粘贴"命令来完成,具体操作步骤如下:

①选定需要复制的单元格或单元格区域,单击"开始"选项卡下"剪贴板"工作组中的"复制"命令。

②选定目标区域的左上角单元格,单击"开始"选项卡下"剪贴板"工作组中"粘贴"命令的下拉箭头,在弹出的下拉菜单中单击"选择性粘贴"命令,或者在目标单元格中单击鼠标右键,在弹出的右键菜单中选择"选择性粘贴"命令,将弹出如图1-32所示对话框。

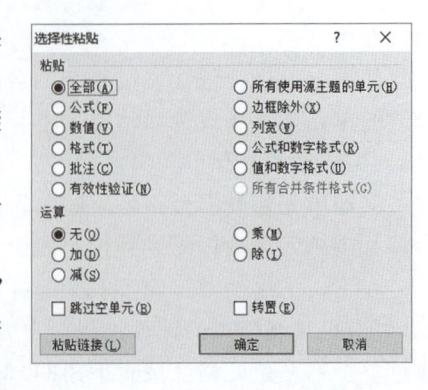

图1-32 "选择性粘贴"对话框

③从中选中所需的选项,单击"确定"按钮即可。

4.操作工作表

工作表是由多个单元格构成的,在利用Excel 2010进行数据处理的过程中,对于单元格的操作是最常使用的,但是很多情况下也需要对工作表进行操作,如工作表的插入、删除、重命名、隐藏和显示等。

工作表的操作

(1)插入新工作表

在首次创建一个新工作簿时,默认情况下,该工作簿包括了三个工作表,但是在实际应用中,所需的工作表数目可能各不相同,有时需要向工作簿中添加工作表,具体操作步骤如下:

①选定当前工作表(新的工作表将插入在该工作表的前面)。

②将鼠标指针指向该工作表标签,并单击鼠标右键,在弹出的右键菜单中选择"插入"命令,如图1-33所示。

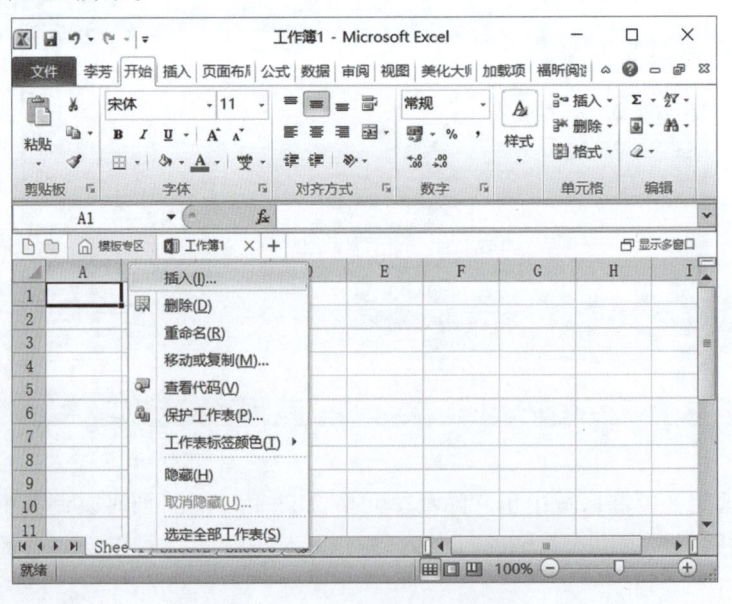

图1-33 "插入"工作表

③在弹出的"插入"对话框中选择需要的模板,如图 1-34 所示。

图 1-34　选择模板

④单击"确定"按钮,即可根据所选模板新建一个工作表。

(2)删除工作表

有时需要从工作簿中删除不需要的工作表,删除工作表与插入工作表的方法一样,只是选择的命令不同而已。

删除工作表的具体步骤如下:

①单击工作表标签,使要删除的工作表成为当前工作表。

②单击"开始"选项卡下"单元格"工作组中"删除"命令的下拉箭头,在弹出的下拉菜单中选择"删除工作表"命令。

另外,也可以在要删除的工作表的标签上单击鼠标右键,在弹出的右键菜单中选择"删除"命令来删除工作表。

如果工作表中有数据,则在删除工作表前,系统会询问是否确定要删除,如果确认删除,则单击"删除"按钮;如果不想删除,则单击"取消"按钮。

(3)横向或纵向拆分工作表

对于一些较大的工作表,可以将其按横向或者纵向进行拆分,这样就能够同时观察或编辑同一张工作表中不同部分的数据。在 Excel 2010 工作窗口的两个滚动条上分别有一个拆分框,拆分后的窗口被称为窗格,每个窗格都有各自的滚动条。

要横向拆分工作表,先将鼠标指针指向横向拆分框,然后按住鼠标左键将拆分框拖到满意的位置后释放鼠标,即可完成对窗口的横向拆分。

纵向拆分窗口的方法与横向拆分窗口的方法类似:先将鼠标指针指向纵向拆分框,然后按住鼠标左键将拆分框拖到满意的位置后释放鼠标,即可完成对窗口的纵向拆分,如图 1-35 所示。

(4)重命名工作表

Excel 2010 在创建一个新的工作簿时,它所有的工作表都是以 Sheet1、Sheet2……来命名的,很不方便记忆,也不利于进行有效的管理。为了方便工作,可以更改这些工作表的名称,例如,将某个学校四个班级的学生成绩表的工作表分别命名为"班级一""班级二""班级三"和"班级四",以符合一般的工作习惯。要更改工作表的名称,只需双击要更改名称的工作表标签,这时可以看到工作表标签以黑色底纹形式显示,在其中输入新的

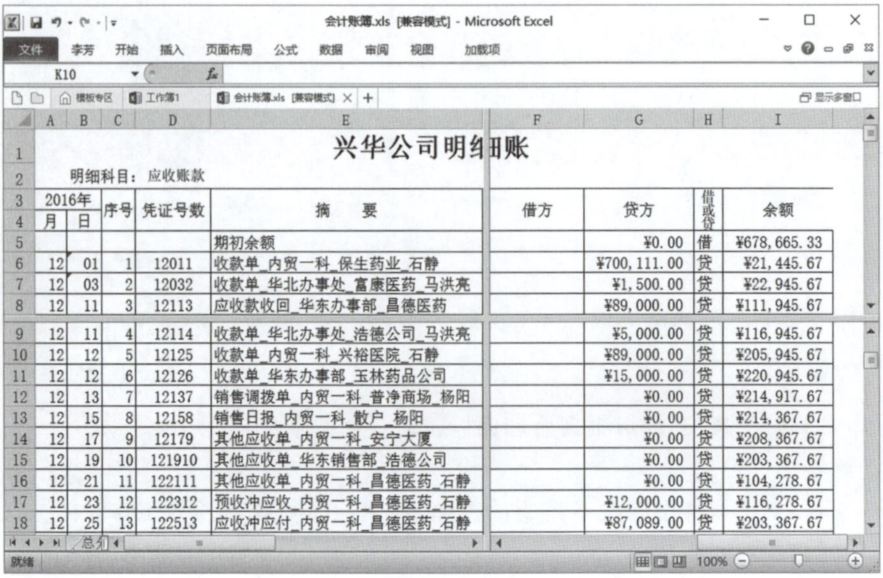

兴华公司明细账

明细科目：应收账款

2016年 月	日	序号	凭证号数	摘要	借方	贷方	借或贷	余额
				期初余额		¥0.00	借	¥678,665.33
12	01	1	12011	收款单_内贸一科_保生药业_石静		¥700,111.00	贷	¥21,445.67
12	03	2	12032	收款单_华北办事处_富康医药_马洪亮		¥1,500.00	贷	¥22,945.67
12	11	3	12113	应收款收回_华东办事部_昌德医药		¥89,000.00	贷	¥111,945.67
12	11	4	12114	收款单_华北办事处_浩德公司_马洪亮		¥5,000.00	贷	¥116,945.67
12	12	5	12125	收款单_内贸一科_兴裕医院_石静		¥89,000.00	贷	¥205,945.67
12	12	6	12126	收款单_华东办事部_玉林药品公司		¥15,000.00	贷	¥220,945.67
12	13	7	12137	销售调拨单_内贸一科_普净商场_杨阳		¥0.00	贷	¥214,917.67
12	15	8	12158	销售日报_内贸一科_散户_杨阳		¥0.00	贷	¥214,367.67
12	17	9	12179	其他应收单_内贸一科_安宁大厦		¥0.00	贷	¥208,367.67
12	19	10	121910	其他应收单_华东销售部_浩德公司		¥0.00	贷	¥203,367.67
12	21	11	122111	其他应收单_内贸一科_昌德医药_石静		¥0.00	贷	¥104,278.67
12	23	12	122312	预收冲应收_内贸一科_昌德医药_石静		¥12,000.00	贷	¥116,278.67
12	25	13	122513	应收冲应付_内贸一科_昌德医药_石静		¥87,089.00	贷	¥203,367.67

图 1-35　拆分工作表

名称并按“Enter”键即可。也可以使用菜单重命名工作表，具体操作步骤如下：

①在要更改名称的工作表的标签处单击鼠标右键，在弹出的右键菜单中选择“重命名”，此时选定的工作表标签以黑色底纹形式显示，即处于编辑状态，在其中输入新的工作表名称即可。

②在该标签以外的任何位置单击鼠标或者按“Enter”键结束工作表的重命名操作。

三、实践操作

在表格中经常要输入一些有规律的数据，如果按常规一个一个地输入这些数据，则既费时又容易出错。下面介绍几种快速准确输入数据的方法。

1.在多个单元格中输入相同的数据

如果在表格中有很多单元格的内容是一样的，那么可以一次填充多个单元格，方法如下：首先选取需要输入相同数据的单元格，然后输入数据。这时，只在活动单元格中显示输入的内容。然后，同时按“Ctrl”和“Enter”键，在所有选取的单元格中都将出现相同的数据。

2.自动填充

当需要输入的数字和文字数据虽不完全一样，但是遵循某种规律时，可以采用以下方法：首先，应建立一段有规律的数据，然后选取它们。这段有规律的数据既可以在同一列，也可以在同一行，但是必须在相邻单元格中。

假设在表中建立了一个 2、3、4 的等差数列。选中这几个单元格，然后将鼠标指向选中区域右下角的小黑点（填充柄），此时鼠标会变成黑色十字形状，进入填充状态，如图1-36 所示。按住填充柄，向下拖动到合适的地方松开鼠标，Excel

填充功能的使用

2010就会按照已有数据的规律填充选中的单元格,如图1-37所示。

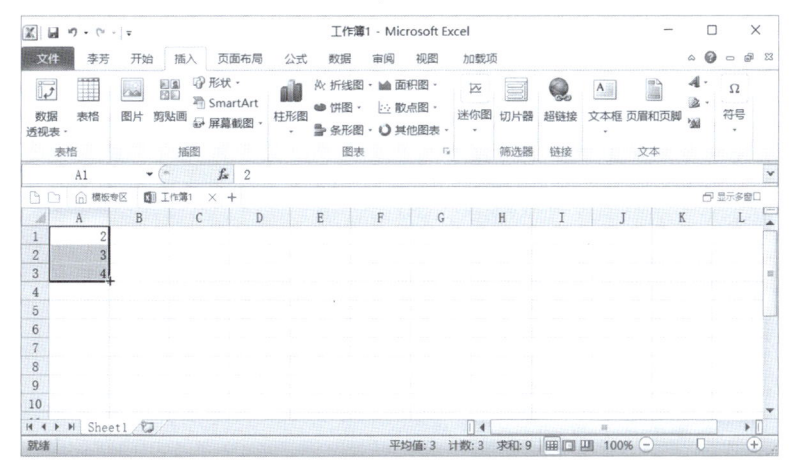

图1-36 自动填充前

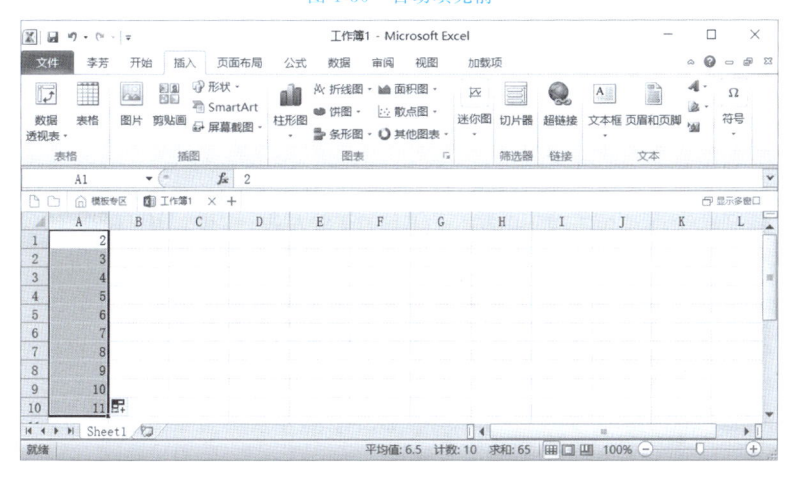

图1-37 自动填充后

自动填充还有另外一种方式。如果用鼠标右键拖动黑色十字填充柄,那么将会出现如图1-38所示的菜单栏。在这个菜单栏里,可以改变填充的方式或指定填充的规律。

各选项含义如下:

(1)"复制单元格"指将选取的单元格中的内容复制到拖动范围内的其他单元格中。

(2)"填充序列"指按照选取的单元格内数据的规律填充。

(3)"仅填充格式"指仅填充格式而不复制数据。

(4)"不带格式填充"指按照新单元格的格式填充数据。

(5)"等差序列"和"等比序列"分别指根据已有的数据按照等差序列和等比序列的规律填充其他单元格。

(6)选择"序列"命令,会弹出"序列"对话框。在这里,可以设置自动填充的规律。单击"确定"按钮完成自动填充。

使用Excel 2010处理日常事务时,经常需要填充日期序列。Excel提供了十分方便的日期填充功能。首先在单元格中输入一个日期,比如2016/3/12。

图 1-38　填充的方式

然后用鼠标右键拖动填充柄,并选择日期的填充方式,结果将用日期填充拖动的区域。如图 1-39 所示,一共有四种填充方式:"以天数填充"指依次填入以输入日期开始的每一天;"以工作日填充"指跳过周六和周日,只填充工作日;"以月填充"指填充每月中和输入日期同处一天的日期;"以年填充"指填充每年中和输入日期处在同一月、同一天的日期。

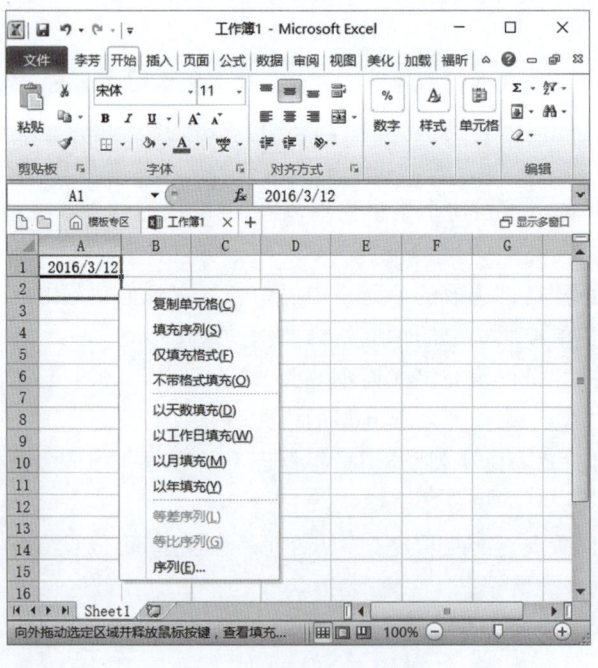

图 1-39　日期的自动填充方式

四、问题探究

1.输入符号

如果要输入键盘上没有的符号,其具体操作步骤如下:

(1)选定目标单元格。

(2)选择"插入"选项卡下"符号"工作组中的"符号"命令,打开"符号"对话框,显示"符号"选项卡,如图1-40所示。

图1-40 "符号"对话框

(3)在该选项卡的列表框中选择所需的符号,然后单击"插入"按钮。

(4)此时"取消"按钮变为"关闭"按钮,单击该按钮,即可在单元格中输入所需的符号。

2.输入特殊字符

如果要输入键盘上没有的特殊字符,其具体操作步骤如下:

(1)选定目标单元格。

(2)选择"插入"选项卡下"符号"工作组中的"符号"命令,打开"符号"对话框,单击"特殊字符"选项卡,如图1-41所示。

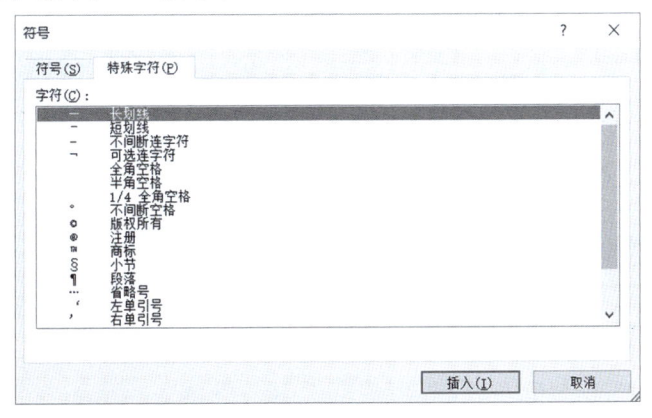

图1-41 "特殊字符"选项卡

(3)在该选项卡的"字符"列表框中选择所需的特殊字符,然后单击"插入"按钮。

五、知识拓展

1.列号和行号

列号和行号连接在一起构成了单元格在工作表中的地址,即坐标。描述时先列号后行号,如 A1、B5、D28 等。列号用字母 A~Z、AA~AZ、BA~BZ……表示。行号用数字表示。

2.单元格和活动单元格

工作表中行与列交叉的地方称为一个表格单元或单元格。每个单元格都有其固定的地址,可以把数据输入到单元格中保存起来。如果用鼠标指针(空心十字形✥)单击某单元格,使它呈现黑色的边框,这个单元格就是活动单元格,输入、编辑数据都需要在活动单元格中进行。

3.工作表标签

工作表标签按钮是选择工作表使用的按钮,一个工作簿默认有三个工作表,可根据需要增加工作表。

六、课后练习

1.思考题

Excel 工作簿和工作表有何关系?

2.操作题

在 Excel 中设计如图 1-42 所示的"职员登记表"。

	A	B	C	D	E	F	G	H
1	职员登记表							
2	序号	部门	员工编号	性别	工龄	年龄	籍贯	工资
3	1	开发部	K12	男	5	30	陕西	¥2,000.00
4	2	测试部	C24	男	4	32	江西	¥1,600.00
5	3	文档部	W24	女	2	24	江西	¥1,200.00
6	4	市场部	S21	男	4	26	江西	¥1,800.00
7	5	市场部	S20	女	2	25	山东	¥1,900.00
8	6	开发部	K01	女	2	26	河北	¥1,400.00
9	7	文档部	W08	男	1	24	山东	¥1,200.00
10	8	测试部	C04	男	5	22	河南	¥1,500.00
11	9	开发部	K05	女	6	32	辽宁	¥2,500.00
12	10	市场部	S14	女	4	24	辽宁	¥4,500.00
13	11	市场部	S22	女	2	28	河南	¥2,500.00
14	12	测试部	C16	男	4	24	河南	¥1,500.00
15	13	文档部	W04	男	3	25	河南	¥1,500.00
16	14	开发部	K02	女	6	26	山东	¥1,500.00
17	15	测试部	C29	男	5	26	山东	¥2,500.00
18	16	开发部	K11	女	3	35	四川	¥1,500.00
19	17	市场部	S17	男	5	24	四川	¥1,500.00
20	18	文档部	W18	女	2	24	四川	¥1,500.00

图 1-42 职员登记表

(1)保存 Excel 文件名为"zy1-1.xlsx"。

(2)将输入完毕的文件保存到个人文件夹。

情境二　Excel 2010 基本应用

情境导入：
　　Excel 2010 为用户提供了丰富的格式编排功能，使用这些功能既可以使工作表的内容显示正确，便于阅读，又可以美化工作表，使其更加赏心悦目。

素质培养：
　　1.培养学生严谨认真、条理清晰的数据处理和思维能力，增强建设网络强国、数字中国的职业能力和职业素养。
　　2.培养学生守正创新的精神品质，提高图表思维及创新应用意识。
　　3.培养学生热爱本职工作，敢于承担责任，乐于奉献的职业素养。强化学生的责任意识和时代担当，坚定历史自信，增强历史主动，不忘初心、牢记使命。
　　4.具备大数据网络环境下的数据保密意识，具有保守国家秘密的品质，增强忧患意识，坚持底线思维，能做到居安思危、未雨绸缪，认真学习掌握相关技能确保国家信息安全。
　　5.具备客观公正、廉洁自律的会计职业道德。具备法治意识，坚定理想信念，弘扬和平、发展、公平、正义、民主、自由的价值观。
　　6.培育踏实肯干、兢兢业业的劳动精神和职业素养。培养学生分析解决问题的实践能力，坚持自立自信、坚持问题导向、坚持系统观念、坚持胸怀天下。

任务一　设置单元格的格式

工作情境：
　　过一段时间的自学，李芳逐渐掌握了 Excel 2010 的基本操作方法，能够使用 Excel 2010 进行基本的数据输入及计算分析。但是，有时候制作的表格不够美观，看起来不够简明清晰。因此还需要通过单元格字体、对齐方式、颜色等项目的设置使单元格更加美观、实用。

一、学习目标

1.掌握单元格的格式设置。

2.美化工作表。

二、工作流程

选中单元格或单元格区域,单击"开始"选项卡下"字体"工作组右下角的按钮,打开"设置单元格格式"对话框。该对话框共有六个选项卡,进行相应的选择和设置,可以更加完整、准确、精细地设置单元格的格式。

1.设置对齐方式

选择"对齐"选项卡,如图 2-1 所示。在"水平对齐"下拉列表框中给出了"常规、靠左(缩进)、居中、靠右(缩进)、填充、两端对齐、跨列居中、分散对齐(缩进)"等八种可供选择的方式,同理可以设置垂直对齐方式。

设置对齐方式

图 2-1 "对齐"选项卡

在"文本控制"中可以选中"自动换行"复选框,这样单元格中的长文本就能自动分行显示,避免出现显示不完整的情况。

在右侧的"方向"中可以通过单击右侧方向指示框中的方向指针或者在下面的倾斜角度调节框中直接输入数字来进行文本倾斜角度的具体设置。

2.设置字体

选择"字体"选项卡,如图 2-2 所示。Excel 2010 默认的字体是宋体、常规字形、11 号。可根据需要在对应的列表框中选择相应的字体、字形、字号及字体颜色。同时还可以设置下划线、删除线、上标、下标等。

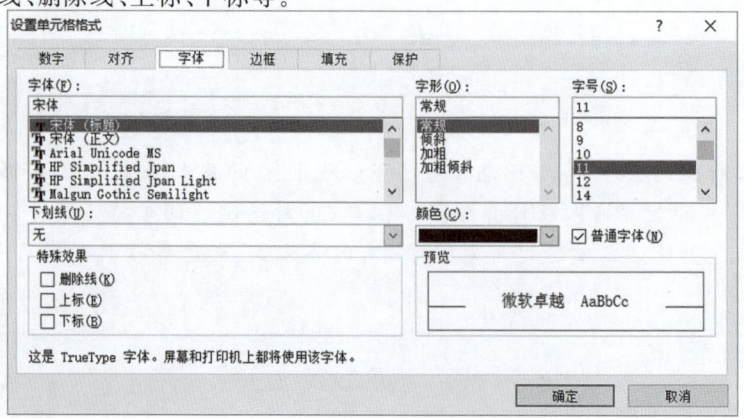

图 2-2 "字体"选项卡

3.设置边框

选择"边框"选项卡,如图 2-3 所示。Excel 2010 工作表默认的边框为淡虚线,打印时将不显示。可根据需要为工作区域设置外边框,也可以为单元格或特定区域设置内框、上边框、下边框、左边框、右边框以及斜线。"线条"中的"样式"列表框用来选择边框的虚实、粗细和单双线等,"颜色"下拉列表框提供了线条的颜色设置。需要注意的是应先选"线条"中的"样式"和"颜色",再将设置的线条和颜色应用到边框上,即单击相应边框。

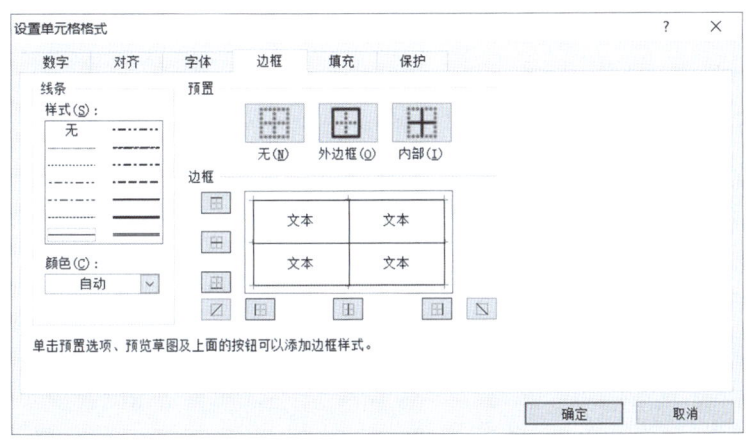

设置边框

图 2-3 "边框"选项卡

4.设置填充样式

"填充"选项卡可以为单元格或单元格区域设置个性化的背景色和图案,如图 2-4 所示。"背景色"部分提供的是背景颜色,单击下面的"填充效果"和"其他颜色"按钮可以设置具体的填充效果和更多颜色。"图案颜色"及"图案样式"下拉列表框提供了可供选择的图案颜色及 18 种背景图案。

设置填充样式

图 2-4 "填充"选项卡

5.保护单元格

如图 2-5 所示,"保护"选项卡可实现锁定或隐藏:"锁定"的功能是防止单元格被移动、更改或删除;"隐藏"的功能是隐藏公式。当选中单元格时,单元格中的计算公式不会

31

显示在编辑栏中,可以达到所谓的"算法隐蔽"目的,即只知道计算结果,却无法得知结果是怎样算出来的。只有在工作表被保护的情况下,锁定单元格或隐藏公式才有效。正确的做法是先保护单元格后保护工作表。

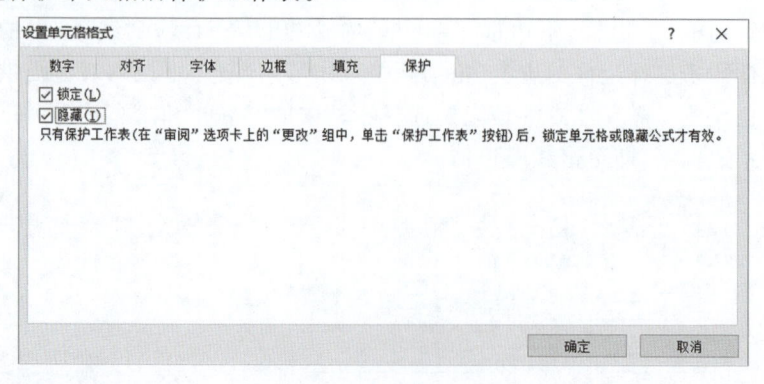

图2-5 "保护单元格"设置

6.设置行高和列宽

当建立工作表时,Excel 2010中所有单元格具有相同的宽度和高度。在单元格宽度固定的情况下,当单元格中输入的字符长度超过单元格的宽度时,如果右侧单元格有数据,超长的部分将不显示,数字则用"♯♯♯♯♯♯"表示。适当调整单元格的行高、列宽,才能完整地显示单元格中的数据。

利用鼠标可以方便快速地调整行高和列宽。鼠标指向相应行号或者列号之间的分割线时,鼠标指针变为一条黑短线和双向箭头的形状,此时按住鼠标左键则会显示所在行(列)的高(宽)度,可根据需要按住鼠标左键拖动至适当的高度和宽度,松开鼠标则完成行高和列宽的调整,如图2-6所示。

设置行高和列宽

图2-6 设置行高、列宽

另一种方法是在需要调整行高和列宽的行或列的分割线上双击鼠标左键,Excel将自动设置该行(列)的高(宽)度为该行(列)中数据的最高(宽)值。

单击"开始"选项卡下"单元格"工作组中"格式"按钮的下拉箭头,"自动调整行高"命令将行高自动地调整为所选行中数据的最大高度,"自动调整列宽"命令将列的宽度自动地调整为所选定的列中数据的最大宽度。"默认列宽"是将列的宽度重新设置为默认宽度。"隐藏和取消隐藏"中的"隐藏行"或"隐藏列"命令是将所选的行(列)隐藏起来不予显示。"取消隐藏行"或"取消隐藏列"命令是将隐藏的行(列)重新显示。如果先"隐藏"后"保护",将无法直接取消隐藏,可以更好地保护数据。

三、实践操作

Excel 2010 提供了多种工作表格式,可以使用"套用表格格式"功能给自己的工作表穿上一件 Excel 2010 自带的"修饰外套",这样,既可以美化工作表,还能节省大量的时间。

单击"开始"选项卡下"样式"工作组中"套用表格格式"按钮的下拉箭头,打开表格格式列表,如图2-7所示,从图中可知,Excel的套用表格格式是已定义好的一组格式,有数字格式、文字修饰信息、边框线以及行高和列宽等,可在其中选择相近的格式应用到选中的工作表上。

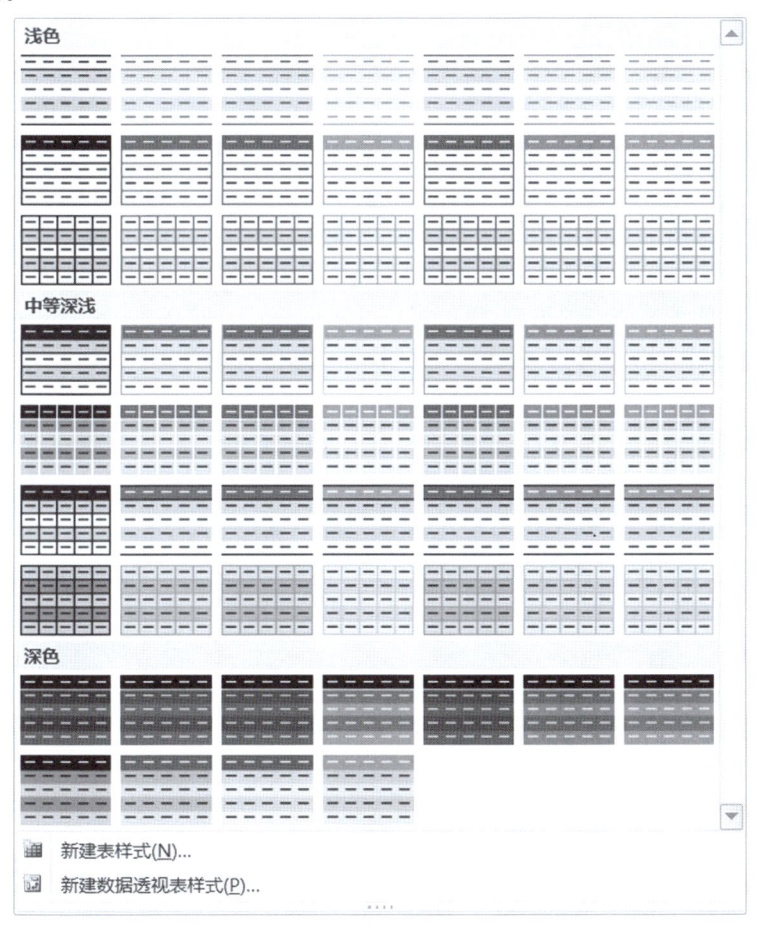

图 2-7 套用表格格式

也可以单击"样式"工作组中"单元格样式"按钮的下拉箭头,在展开的单元格样式列表中选择要套用的单元格样式,如图 2-8 所示。

图 2-8　套用单元格样式

1.对一个表格套用已有的格式

(1)选择要套用格式的单元格区域,如选中某工作表中的 A1:D5。

(2)单击"开始"选项卡下"样式"工作组中"套用表格格式"按钮的下拉箭头。

(3)在打开的表格格式列表中,单击需要套用的格式,如"浅色"分组中第二行第一列的"表样式浅色 8"。则套用"表样式浅色 8"后的工作表如图 2-9 所示。

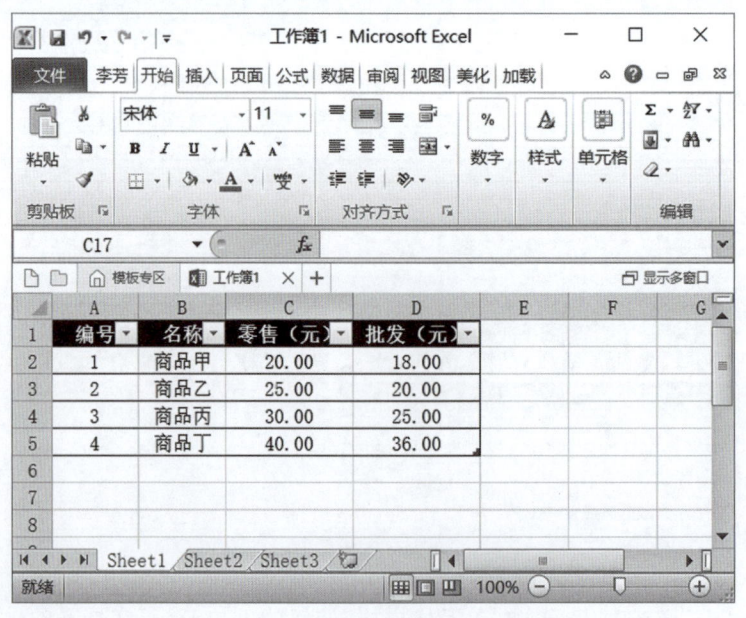

图 2-9　套用"表样式浅色 8"后的工作表

2.只套用格式的部分信息

单击"文件"选项卡下的"选项"命令,在弹出的"Excel 选项"对话框中单击"快速访问工具栏"选项,该选项内容分为左、右两大块,左侧为待选命令,右侧为已选命令,可通过中间的"添加""删除"按钮进行添加和删除相应命令。单击左侧"从下列位置选择命令"下拉列表框,选择"不在功能区中的命令",然后从下方的列表框中选择"自动套用格式",单击中间的"添加"按钮,则"自动套用格式"命令就被添加到了快速访问工具栏中,如图 2-10 所示。添加完毕之后就可以像使用其他命令一样进行使用了。

图 2-10 添加"自动套用格式"命令

单击"快速访问工具栏"中的"自动套用格式"按钮,弹出"自动套用格式"对话框,在"自动套用格式"对话框中,"选项"按钮是用来显示或隐藏"自动套用格式"对话框下部的"要应用的格式"选项组,在"要应用的格式"选项组中有六个复选框,可以根据需要来选择其中的几种格式类型。

如果看中了"会计 3"格式的边框线,同时又希望具有"三维效果 2"格式的其他格式,就可借助自动套用格式中的选项按钮来组合。具体操作步骤如下:

(1)选择需要套用格式的工作表区域,如选中工作表中的 A1:D5。

(2)在"自动套用格式"对话框中选择"会计 3"格式,然后单击"选项"按钮,对话框底部将增加一组"要应用的格式"选项组,在该选项组中清除不想要的格式,仅选中"边框"复选框,如图 2-11 所示。

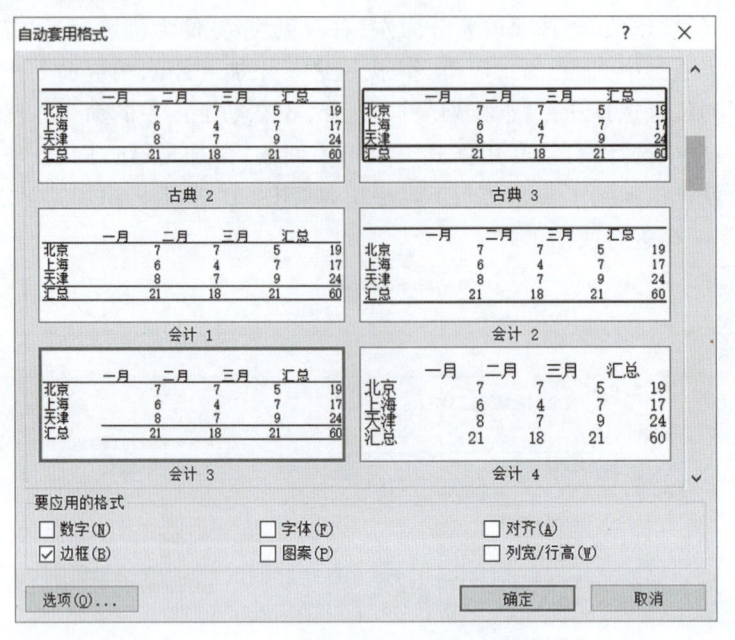

图 2-11 添加"会计 3"格式的边框线

(3)单击"确定"按钮,返回工作表,此时选定区域上仅套用了"会计 3"格式的边框修饰效果。

(4)再次单击"快速访问工具栏"中的"自动套用格式"命令,打开"自动套用格式"对话框,从中选择"三维效果 2"格式,然后在"要应用的格式"选项中取消"边框"复选框。

(5)单击"确定"按钮,返回工作表,此时选定区域在"会计 3"格式的边框修饰基础上又套上了"三维效果 2"的其他修饰效果,如图 2-12 所示。

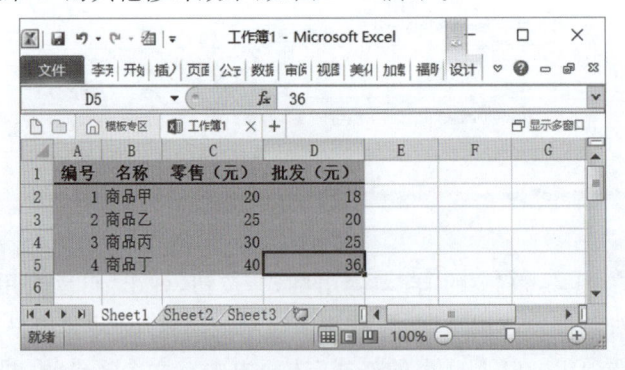

图 2-12 添加"三维效果 2"格式

四、问题探究

因工作需要,李芳有时需要设置条件格式(使数据在满足不同的条件时,显示不同的字体、颜色或底纹等数字格式),方法如下:

1.选择要设置条件格式的单元格区域 C2:D5。

2.单击"开始"选项卡下"样式"工作组中的"条件格式"按钮,在弹出的下拉列表中选择"突出显示单元格规则"中的"小于"命令,弹出"小于"对话框。

3.在"小于"对话框中,输入需要格式化数据的条件如小于"36",如图2-13所示。

条件格式
的使用

图 2-13 "小于"对话框

4.单击"设置为"列表框的下拉箭头,选择相应的显示格式。也可以单击列表框中的"自定义格式"命令,在弹出的"设置单元格格式"对话框中进行其他格式设置。如图2-14所示,在"字体"选项卡中,设置"字形"为"加粗倾斜","颜色"为"红色"。

图 2-14 "设置单元格格式"对话框

5.单击"确定"按钮,返回到"小于"对话框。

6.再次单击"确定"按钮,可以看到表中选定单元格中数值小于36的单元格内容已经以选定的格式突出显示出来。

五、知识拓展

当定义了一个单元格格式,又要把这个单元格格式用于另外的单元格时,使用格式刷能够快速做到这点。选中已经定义了格式的单元格或单元格区域,单击"开始"选项卡下"剪贴板"工作组中的"格式刷"按钮,然后单击目标单元格或单元格区域即可。

六、课后训练

1. 在 Excel 2010 中输入如图 2-15 所示表格,并完成相关操作。

(1)新建 Excel 工作表并输入该表内容。

(2)将单元格对齐方式选择为居中,字体为宋体,字号为 16 号,行高 16,列宽 18。

目标利润分析模型		
项目	目前数值	目标数值
销售量(件)	10 000	10 571
产品单位(元/件)	100	102.00
件变动成本(元/件)	65	63.00
固定成本(元)	300 000	280 000.00
目前利润(元)	50 000	
目标利润(元)		70 000

图 2-15 目标利润分析模型数据表

2. 在 Excel 2010 中制作如图 2-16 所示图表,注意边框和底纹的绘制。

××公司近 3 年的财务比率			
项目	2016 年	2015 年	2014 年
一、偿债能力比率			
1 流动比率	2.48	1.99	1.95
2 速动比率	0.56	0.44	0.58
3 现金流量比率	0.04	−0.40	0.03
4 现金比率	0.12	−0.06	0.09
5 资产负债率	58.85%	51.81%	48.04%
6 产权比率	1.43	1.08	0.92
7 股东权益比率	0.41	0.48	0.52
8 利息保障倍数	220.50	260.30	271.96
9 债务偿还期	37.53	−2.79	30.87
二、营运能力比率			
1 应收账款周转率	13.90	12.82	11.16
2 存货周转率	0.65	0.84	0.82
3 流动资产周转率	0.66	0.81	0.77
4 固定资产周转率	13.89	13.35	10.59
5 总资产周转率	0.62	0.74	0.68
三、盈利能力比率			
1 总资产报酬率	0.07	0.08	0.07
2 总资产净利率	0.05	0.06	0.05
3 净资产收益率	0.12	0.12	0.10
4 主营业务毛利率	0.19	0.19	0.22
5 主营业务净利率	0.08	0.08	0.08
6 成本费用利润率	0.10	0.09	0.09
四、发展能力比率			
1 主营业务收入增长	0.03	0.18	
2 净利润增长率	0.02	0.26	
3 留存盈利比率	0.67	0.70	0.67
4 可持续增长率	0.08	0.09	0.07
5 二年利润平均增长	0.17		

图 2-16 财务比率表

任务二　创建图表

工作情境：

月末将近，李芳已将本单位员工的奖金、工资情况编制了相应的数据表格，但由于数据量太大，且数据之间的对比变化情况不明显。根据总经理的要求，需要将本月的工资、奖金对比情况做一个简单的图形对比。因此，这就需要使用 Excel 2010 的图表功能。

一、学习目标

1. 掌握 Excel 2010 图表的创建。
2. 掌握 Excel 2010 图表的编辑。
3. 掌握 Excel 2010 图表的格式化。

二、工作流程

建立图表首先应准备数据，先在工作表中输入建立图表所需要的数据，数据区域应包含数据标题，包括数据系列的标题和分类标题。准备好数据后，就可以建立图表了。

生成图表

下面以工资、奖金为例，说明建立图表的步骤：

1. 选定用于建立图表的数据区域 D4:E8，如图 2-17 所示。

图 2-17　选定数据区域

2. 单击"插入"选项卡下"图表"工作组中的"柱形图"按钮，在弹出的下拉列表中选择"簇状柱形图"，如图 2-18 所示。

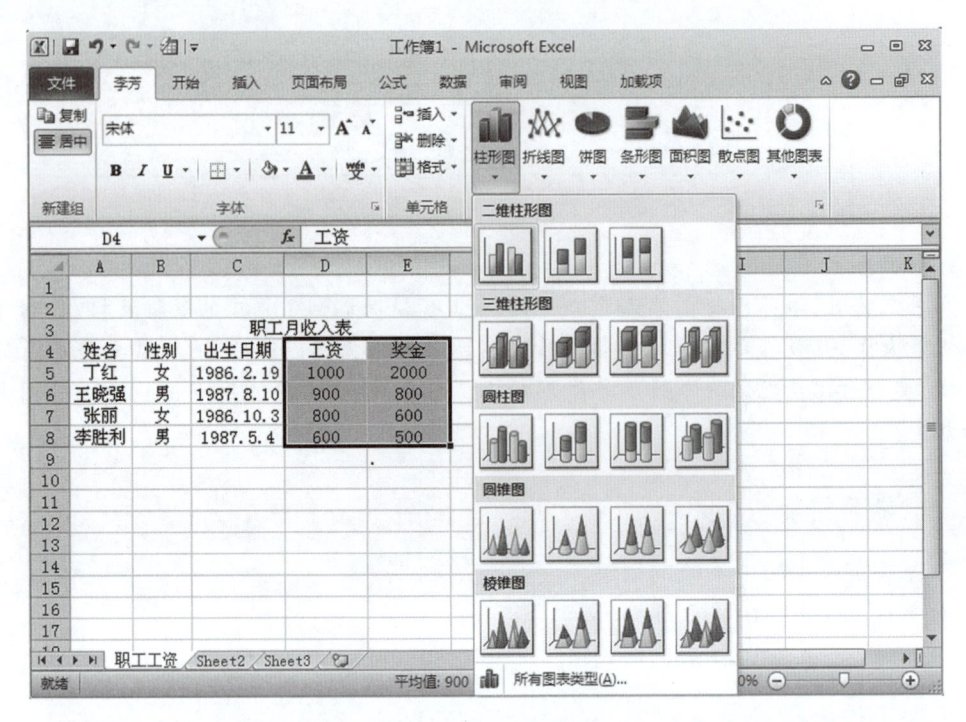

图 2-18　选择柱形图类型

3.单击"簇状柱形图"后,所生成的图表就会出现在工作表中,如图 2-19 所示。

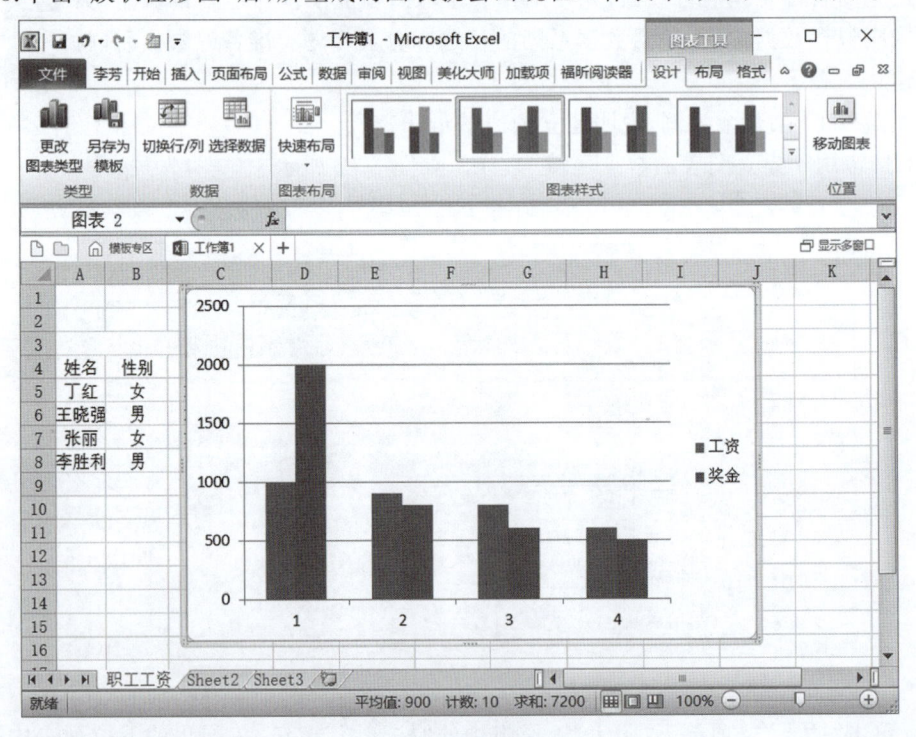

图 2-19　生成簇状柱形图

4.单击选中生成的图表,则在选项卡中自动出现"图表工具"选项卡,包含"设计""格式""布局"三个子选项卡。单击"布局"选项卡下"标签"工作组中的"图表标题"按钮,在弹出的下拉列表中选择"图表上方"命令,则图表的上方就出现了"图表标题"文本框,单击该文本框,将图表标题修改为"职工工资收入",如图 2-20 所示。

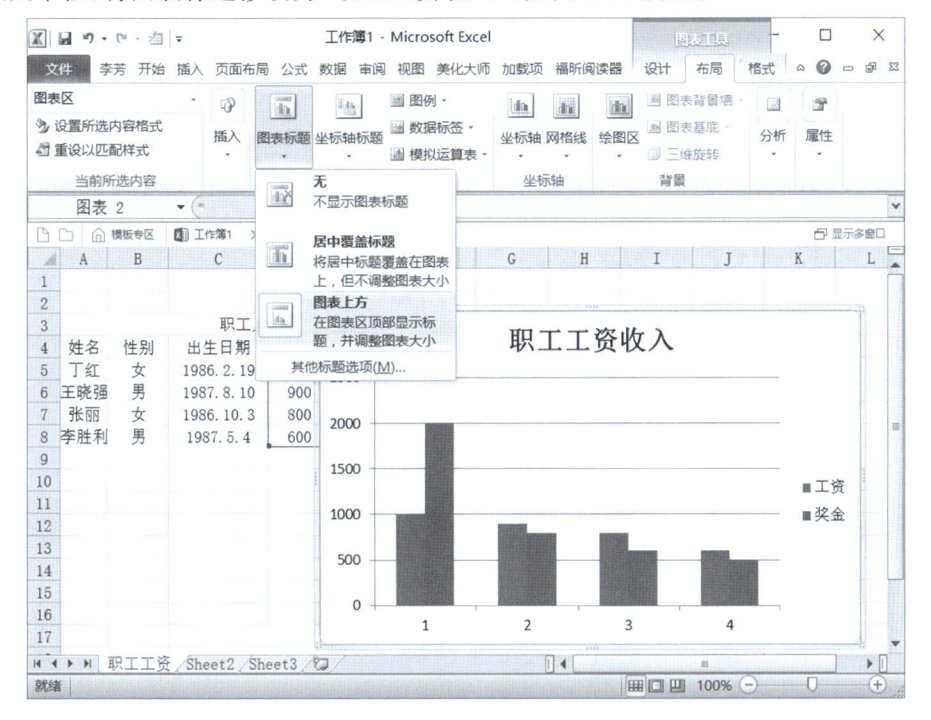

图 2-20　添加图表标题

5.按照上述方法依次设置纵坐标轴标题和横坐标轴标题,如图 2-21 所示。

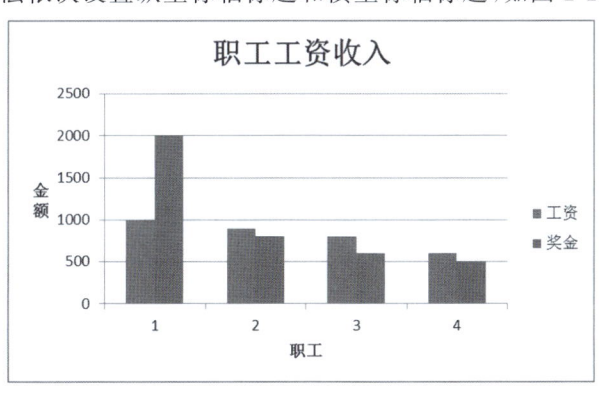

图 2-21　添加坐标轴标题

6.单击"设计"选项卡下"数据"工作组中的"选择数据"按钮,弹出"选择数据源"对话框,如图 2-22 所示。单击该对话框中"水平(分类)轴标签"下的"编辑"按钮,打开"轴标签"对话框,单击"轴标签区域"文本框后面的折叠按钮,然后选中单元格区域 A5:A8,再次单击折叠按钮返回"轴标签"对话框,如图 2-23 所示。单击"确定"按钮返回"选择数据源"对话框,单击该对话框中的"确定"按钮完成水平(分类)轴标签的设置,设置完成后的图表如图 2-24 所示。

Excel 在财务中的应用

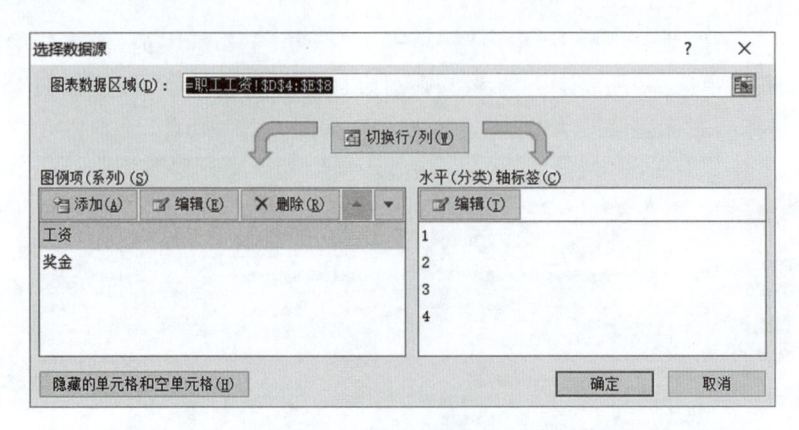

图 2-22 "选择数据源"对话框

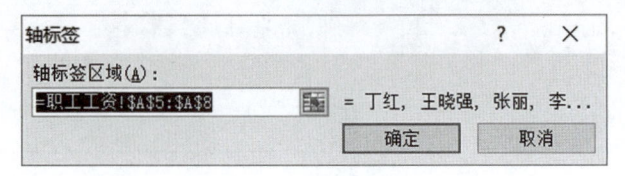

图 2-23 "轴标签"对话框

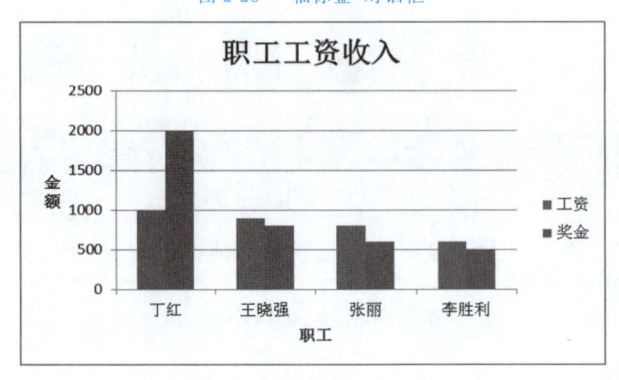

图 2-24 设置水平(分类)轴标签

通过这种方式还可以随时改变数据源的范围,进行图例项(系列)的编辑和修改。

7.单击"布局"选项卡下"坐标轴"工作组中的"网格线"按钮,可以在下拉列表中进行主要横网格线和主要纵网格线的设置,设置网格线后的图表如图 2-25 所示。

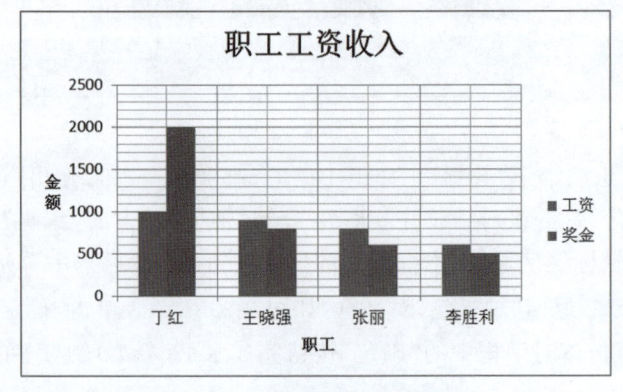

图 2-25 设置网格线后的图表

8.图表创建完成后,可以和数据表放在一张工作表中,方便数据的使用和对比,如图 2-26 所示。

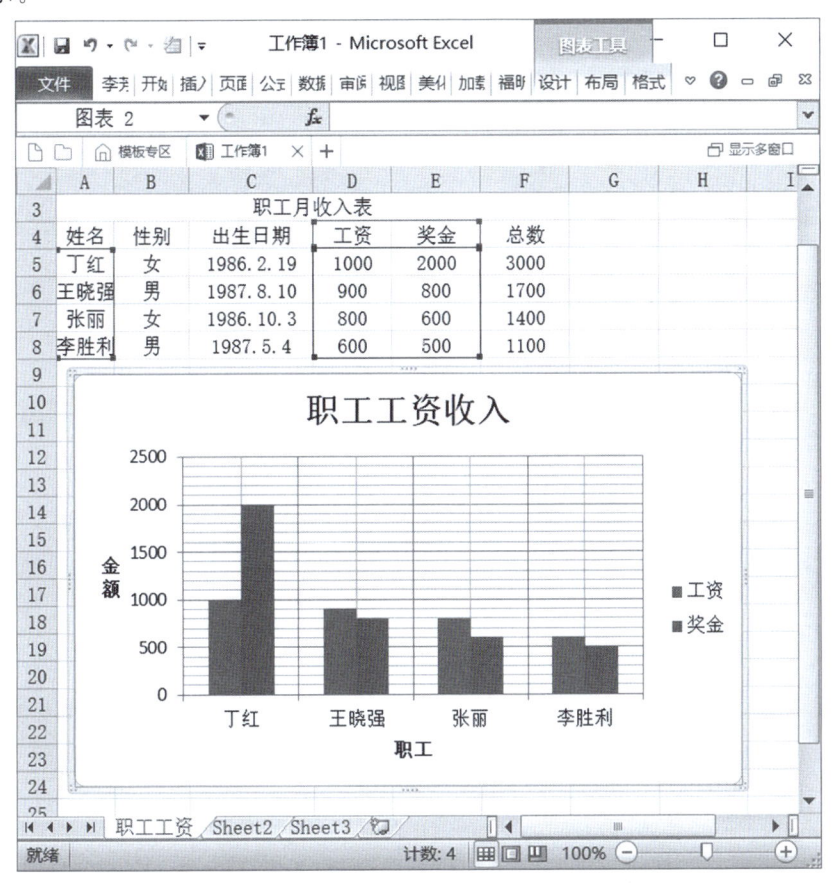

图 2-26 创建完成的图表

三、实践操作

1.更改图表数值

当图表建立好之后,有时需要修改图表的源数据。在 Excel 2010 中,工作表中的图表源数据与图表之间存在着链接关系,修改任何一方的数据,另一方也将随之改变。因此,当修改了工作表中的数据后,不必重新创建图表,图表会随之调整以反映源数据的变化。

修改源数据的操作如下:

(1)打开源数据所在的工作表。

(2)单击要改变数值的单元格,输入新的数值。

(3)按"Enter"键。

2.向图表中添加数据

向图表中添加数据的操作如下:

(1)在图表区中单击鼠标,此时与图表相关的源数据区会出现在方框中。

(2)用鼠标拖动数据区的角控制点,使其包含新的系列数据,放开鼠标即可,新的数据系列将被添加到图表中。

3.从图表中删除数据

如果从工作表中删除数据,图表将自动更新。

如果在图表中单击要删除的数据系列,然后按"Delete"键,那么图表中该数据系列被删除,而工作表中的数据并未被删除。

四、问题探究

1.更改图表类型

对于大部分二维图表,既可以更改整张图表的图表类型,也可以更改某一数据系列的图表类型。

(1)在图表空白处单击鼠标右键,在弹出的右键菜单上单击"更改图表类型"命令,如图2-27所示。

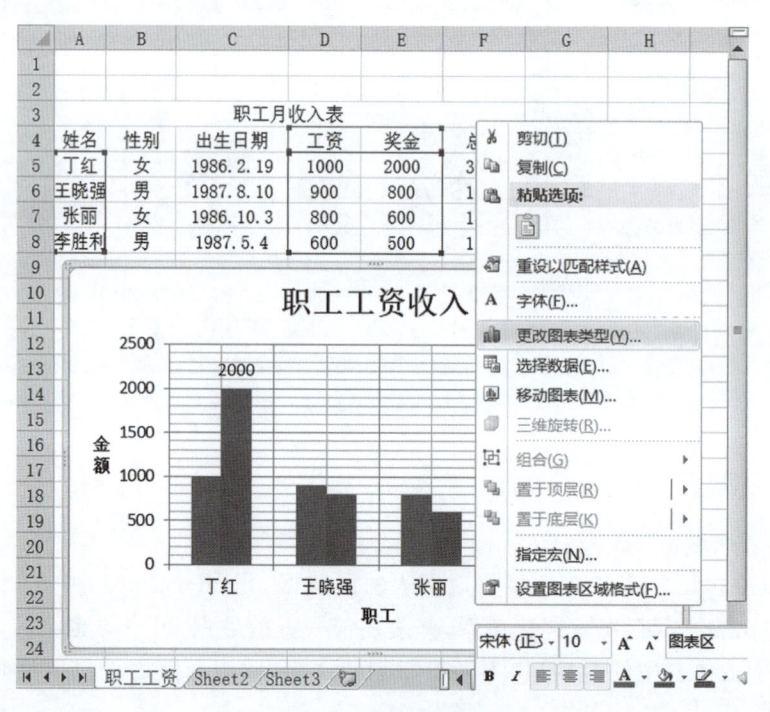

图2-27 更改图表类型

(2)在弹出的"更改图表类型"对话框中选择新的图表类型,如图2-28所示。

(3)单击"确定"按钮。

若要更改某一数据系列的图表类型,应首先单击该数据系列,其他操作与上述相同。

2.设置图表元素的选项

在图表中双击任何图表元素都会打开相应的格式对话框,在相应对话框中可以设置该图表元素的格式。

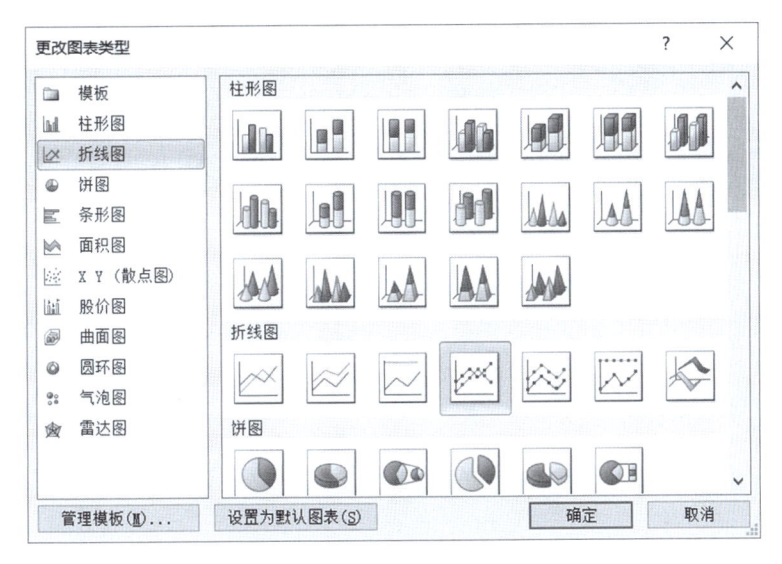

图 2-28 "更改图表类型"对话框

五、知识拓展

Excel 2010 提供了 11 种标准的图表类型,每一种都有多种组合和变换。使用时选用哪一种图表更好主要与数据的形式有关,其次是感觉效果和美观性。选用的一般规则如下：

1. 面积图

面积图用来显示一段时间内变动的幅值。当有几个部分正在变动,而用户对那些部分总和感兴趣时,面积图特别有用。面积图使人看见各部分独立的变化,同时也看到总体的变化。

2. 条形图

条形图由一系列水平条组成,使得对于时间轴上的某一点,两个或多个项目的相对尺寸具有可比性。比如,它可以比较每个季度三种产品中任意一种产品不同月份的销售数量。条形图中的每一条在工作表上都是一个单独的数据点或数值。它与柱形图的行和列刚好调过来,所以有时可以互换使用。

3. 柱形图

柱形图由一系列垂直条组成,通常用来比较一段时间两个或多个项目的相对尺寸。例如,不同产品季度或年销售量对比、在几个项目中不同部门的经费分配情况对比、每年各类资料的数目对比等。

4. 折线图

折线图用来显示一段时间内的变化趋势。比如,数据在一段时间内是呈增长趋势的,另一段时间内处于下降趋势,可以通过折线图对将来做出预测。例如,速度-时间曲线、推力-耗油量曲线等,一般在工程上应用较多。

六、课后训练

1. 编制如图 2-29 所示表格,注意字体格式和底纹边框的设置。

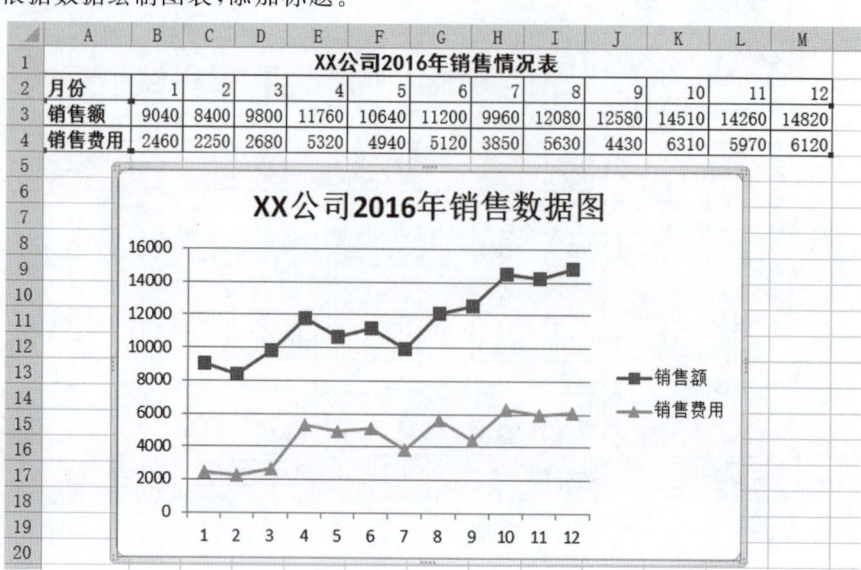

2.根据数据绘制图表,添加标题。

图 2-29　销售情况表与数据图

任务三　使用公式

> **工作情境:**
> 　　李芳在完成职工收入表的数据录入并创建了图表后,各项数据之间的对比变化情况就很清晰地展示出来了。但有时候还需要一些诸如收入总额、平均工资及部门工资所占比例等信息,这就需要运用 Excel 2010 的公式进行加、减、乘、除的运算。Excel 2010 提供了丰富的公式和函数,李芳利用这些公式和函数可以很轻易地就计算出自己所需要的数据。

一、学习目标

掌握公式的设置和使用。

二、工作流程

分析和处理 Excel 2010 工作表中的数据,离不开公式和函数。公式是函数的基础,它是单元格中的一系列值、单元格引用、名称或运算符的组合,可以生成新的值。

1.公式的运算符

公式是在工作表中对数据进行分析的等式,它可以对工作表数值进行加、减、乘、除等运算,公式可以引用同一工作表中的其他单元格、同一工作簿不同工作表中的单元格或者其他工作簿中工作表的单元格。

运算符用于对公式中的元素进行特定类型的运算,Excel 2010 包含四种类型的运算符:算术运算符、比较运算符、文本运算符和引用运算符。

(1)算术运算符

算术运算符是人们最熟悉的运算符,它可以完成基本的数字运算,如加、减、乘、除等,用以连接数字并产生计算结果,算术运算符的含义及示例见表 2-1。

表 2-1　　　　　　　　　　算术运算符

算术运算符	含　义	示　例
+(加号)	加	2+3=5
-(减号)	减	3-2=1
*(星号)	乘	3*2=6
/(斜杠)	除	6/2=3
%(百分号)	百分比	50%
^(脱字号)	乘幂	4^3=64

(2)比较运算符

比较运算符可以比较两个数值,并产生逻辑值 TRUE 或 FALSE。若条件相符,则产生逻辑真值 TRUE;若条件不符,则产生逻辑假值 FALSE。比较运算符的含义及示例见表 2-2。

表 2-2　　　　　　　　　　比较运算符

比较运算符	含　义	示　例
=(等号)	相等	A1=B1
<(小于号)	小于	A1<B1
>(大于号)	大于	A1>B1
>=(大于或等于号)	大于或等于	A1>=B1
<>(不等号)	不相等	A1<>B1
<=(小于或等于号)	小于或等于	A1<=B1

(3)文本运算符

文本运算符只有一个 &,利用 & 可以将文本连接起来,其含义及示例见表 2-3。

表 2-3　　　　　　　　　　文本运算符

文本运算符	含　义	示　例
&	将两个文本值连接起来	="本月"&"销售"产生"本月销售"
&	将单元格内容与文本内容连接起来	=A5&"销售"产生"第一季度销售"(假定单元格 A5 中的内容是"第一季度")

(4)引用运算符

引用运算符可以将单元格区域合并计算,见表 2-4。

表 2-4　　　　　　　　引用运算符

引用运算符	含　义	示　例
:（冒号）	区域运算符,对两个引用之间,包括两个引用在内的所有单元格进行引用	SUM(B1:C5)
,（逗号）	联合运算符,将多个引用合并为一个引用	SUM(C2:A5,C2:C6)
（空格）	交叉运算符,表示几个单元格区域所重叠的那些单元格	SUM(B2:D3 C1:C4)（这两个单元格区域的共有单元格为 C2 和 C3）

2.公式的运算顺序

如果公式中同时使用了多个运算符,则计算时会按运算符优先级的顺序进行,运算符的运算优先级见表 2-5。

表 2-5　　　　　　公式中运算符的优先级

运算符	说　明
区域（冒号）、联合（逗号）、交叉（空格）	引用运算符
－	负号
％	百分号
^	乘幂
＊ 和 /	乘和除
＋ 和 －	加和减
&	文本运算符
＝ ＞ ＜ ＜＞ ＞＝ ＜＝	比较运算符

如果公式中包含多个相同优先级的运算符,例如,公式中同时包含了加法和减法运算符,则 Excel 2010 将从左到右进行计算。如果要改编运算的优先级,应把公式中要优先计算的部分用圆括号括起来,例如,要将单元格 C1 和单元格 D2 的值相加,再用计算结果乘以 5,那么不能输入公式"＝C1＋D2＊5",而应输入"＝(C1＋D2)＊5"。

三、实践操作

1.公式的输入

输入公式的方法有两种:一是直接输入公式,二是选择单元格引用。

（1）直接输入公式

①单击要输入公式的单元格。

②先输入等号"＝",然后输入公式,公式会同时显示在单元格和编辑栏中。

③输入完毕后,按"Enter"键。

此时,在单元格中将显示出公式的计算结果。

（2）选择单元格引用

用鼠标选择单元格引用,进行公式输入的方法是:

①单击要输入公式的单元格。

②先输入等号"＝",然后单击公式中要引用的第一个单元格,此时该单元格的名称会显示在需要输入公式的单元格中,输入适当的运算符,接着单击要引用的第二个单元格,再输入运算符,如图 2-30 所示。如此,直到公式完成。

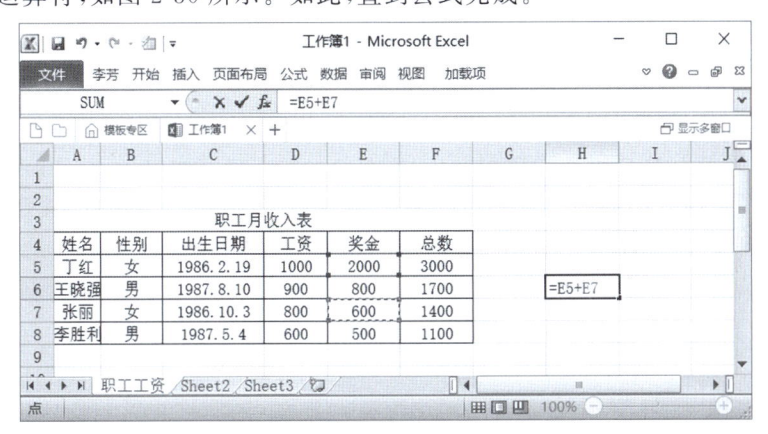

图 2-30　单元格引用

③完成后,按"Enter"键。

2.公式的复制

在编辑好一个公式后,如果其他单元格中需要编辑的公式与在此单元格中编辑的公式形式相同,则可以把公式复制到其他单元格(不复制结果)。复制后,如果是相邻的单元格,可用公式的自动填充功能复制;如果不相邻,则可采用复制与粘贴的方法。

(1)利用自动填充功能复制公式

①单击公式所在的单元格。

②移动鼠标到单元格右下角的黑方块处,即"填充柄"。

③当鼠标变成黑色十字填充柄"＋"时,按下鼠标左键,拖动"填充柄"经过目标区域,如图 2-31 所示。

图 2-31　公式填充

④当到达目标区域后,松开鼠标左键,公式自动填充完毕。

(2)利用复制与粘贴的方法复制公式

①选定要复制公式的单元格。

②单击"复制"按钮。

③选择目标单元格。

④单击"粘贴"按钮,则公式被复制过来。

3.公式的移动

可以把创建好的公式移动到其他单元格中。具体操作如下:

(1)选定要移动公式的单元格。

(2)把鼠标指针移到单元格的边框上,此时鼠标指针变为。

(3)按下鼠标左键,拖动鼠标到目标单元格,松开鼠标左键。这时,就把含有公式的单元格拖动到了目标单元格。目标单元格中公式的拼写与原来单元格中的拼写相同,即单元格中的绝对引用不变。

四、问题探究

单元格引用是指在公式或函数中引用了单元格的"地址",其目的在于指明所使用的数据的存放位置。通过单元格引用地址可以在公式和函数中使用工作簿中不同部分的数据,或者在多个公式中使用同一个单元格的数据。单元格引用分为相对引用、绝对引用和混合引用。

1.相对引用

所谓"相对引用",是指在公式复制时,该地址相对于目标单元格在不断发生变化,这种类型的地址由列号和行号表示。例如,单元格 E2 中的公式为"=SUM(B2:D2)",当该公式被复制到 E3、E4、E5 单元格时,公式中的"引用地址(B2:D2)"会随着目标单元格的变化自动变化为(B3:D3)、(B4:D4)、(B5:D5),即目标单元格中的公式会相应变化为"=SUM(B3:D3)""=SUM(B4:D4)""=SUM(B5:D5)"。这是由于目标单元格的位置相对于原位置分别下移了一行、两行和三行,导致参加运算的区域分别做了下移一行、两行和三行的调整。

2.绝对引用

所谓"绝对引用",是指在公式复制时,该地址不随目标单元格的变化而变化。绝对引用地址的表示方法是在引用地址的列号和行号前分别加上一个符号"$"。例如$B$6、$C$6、($B$1:$B$9)。这里的符号"$"就像是一把"锁",锁定了引用地址,使它们在移动或复制时,不随目标单元格的变化而变化。例如在银行系统计算各个储户的累计利息时,银行利率所在的单元格应当被锁定;在统计学生某一门课的总成绩时,平时作业成绩、上机成绩、期中考试成绩和期末考试成绩所占的权重系数应当被锁定等。

3.混合引用

所谓"混合引用",是指在引用单元格地址时,一部分为相对引用地址,另一部分为绝对引用地址,例如$A1 或 A$1。如果"$"符号放在列号前,如$A1,则表示列的位置是"绝对不变"的,而行的位置将随目标单元格的变化而变化;反之,如果"$"符号放在行号前,如 A$1,则表示行的位置是"绝对不变"的,而列的位置将随目标单元格的变化而变化。

在使用过程中经常需要修改引用类型,如将相对引用改为绝对引用或将绝对引用改为混合引用等。Excel 2010 提供了三种引用之间快速转换的方法：单击选中引用单元格的部分，反复按"F4"键进行引用间的转换。转换的顺序为由"A1"到"＄A＄1"，由"＄A＄1"到"A＄1"，由"A＄1"到"＄A1"以及由"＄A1"再到"A1"。

4.外部引用(链接)

同一工作表中的单元格之间的引用被称为"内部引用"。

在 Excel 2010 中还可以引用同一工作簿中不同工作表中的单元格，也可以引用不同工作簿中的工作表的单元格，这种引用被称为"外部引用"，也被称为"链接"。

引用同一工作簿内不同工作表中的单元格格式为"＝工作表名！单元格地址"。例如"＝Sheet2！A1＋Sheet1！A4"表示将 Sheet2 中的 A1 单元格的数据与 Sheet1 中的 A4 单元格的数据相加，放入目标单元格。

引用不同工作簿工作表中的单元格格式为"＝[工作簿名]工作表名！单元格地址"。例如"＝[Book1]Sheet1！＄A＄1－[Book2]Sheet2！B1"表示将 Book1 工作簿的 Sheet1 工作表中的 A1 单元格的数据与 Book2 工作簿的 Sheet2 工作表中的 B1 单元格的数据相减，放入目标单元格，前者为绝对引用，后者为相对引用。

在一个工作表中往往包含许多公式，如何才能做到同时查看工作表中的所有公式呢？一个简单的操作方法就是使用组合键"Ctrl＋`"(重音键`与～在同一键上，在数字键1的左边)，它可以显示工作表中的所有公式。这样做的好处在于可以很方便地检查单元格引用以及公式输入是否正确。再一次按"Ctrl＋`"键将恢复到原显示状态。

5.域命名

在引用一个单元格区域时常用它的左上角和右下角的单元格地址来命名，如"B2：D2"。这种命名方法虽然简单，却无法体现该区域的具体含义，不易读懂。为了提高工作效率，便于阅读理解和快速查找，Excel 2010 允许对单元格区域进行文字性命名。

可以利用"公式"选项卡下"定义的名称"工作组中的"定义名称"按钮为单元格区域命名。首先选择要命名的区域，然后单击"定义名称"下拉列表中的"定义名称"命令，将弹出"新建名称"对话框，进行相应的操作即可。

对区域命名后，可以在公式中应用名称，这样可以大大增强公式的可读性。

五、知识拓展：宏的应用

宏是一个指令集，用来告诉 Excel 2010 完成指定的动作。宏类似于计算机程序，但它是完全运行于 Excel 2010 之中的。用户可以使用宏来完成枯燥、频繁的重复性工作。例如，可以创建一个宏，用来在工作表的每一行上输入一组日期，并在每一单元格内居中对齐日期，然后对此行应用边框格式；也可以创建一个宏，在"页面设置"对话框中指定打印设置并打印文档。

由于宏病毒的影响和对编程的畏惧心理，很多人不敢用"宏"，或不知道什么时候可以用宏。其实大家尽管放心地去用，如果只是用"录制宏"的方法，则只是像用录音机一样把一些操作录下来，使用的时候，只要执行这个宏，系统就会把那些操作再执行一遍。

下面给出了宏的应用场合，只要用"录制宏"就可以完成任务，而不需要编程。如果想对所录制的宏再进行编辑，就要有一定的 VBA 知识了。

1.设定一个每个工作表中都需要的固定形式的表头。
2.将单元格设置成一种有自己风格的形式。
3.每次打印都有固定的页面设置。
4.频繁或重复地输入某些固定内容,比如排好格式的公司地址、人员名单等。
5.创建格式化表格。
6.插入工作表或工作簿等。

六、课后训练

1.根据图2-32绘制表格,并且使用公式计算出年龄及年龄在25～35岁的人数。

	A	B	C	D
1	工作人员情况表			
2	姓名	编号	出生日期	年龄
3	王晓东	M1	1981-2-12	
4	马一鸣	M2	1955-5-12	
5	崔静	M3	1986-5-7	
6	任可	M4	1989-7-1	
7	潘涛	M5	1985-4-8	
8	邹燕燕	M6	1992-5-15	
9	孙晓凡	M7	1974-10-1	
10	赵文彬	M8	1983-10-2	
11	邱秀丽	M9	1987-10-5	
12	王心萍	M10	1982-2-10	
13	宋辉	M11	1985-4-14	
14	高明	M12	1981-10-12	
15	张瑞峰	M13	1984-10-4	
16	齐敏	M14	1976-10-12	
17	耿小龙	M15	1985-4-18	
18	焦丽	M16	1982-10-1	
19	张晓敏	M17	1983-10-14	
20	刘晓	M18	1991-10-4	
21	张明	M19	1976-5-4	
22	25-35岁的人数			

图2-32 工作人员情况表

2.根据图2-33绘制表格,并且使用公式和函数,计算出表格中总销售额和平均销售额的数据。

	A	B	C	D	E	F	G	H	I	J	K	L	M	N	O
1	各部门销售业绩表								单位:台						
2	月份	1月	2月	3月	4月	5月	6月	7月	8月	9月	10月	11月	12月	总销售额	平均销售额
3	部门A	60	48	64	51	62	45	68	74	54	64	55	70	715	59.58
4	部门B	65	78	80	57	65	58	74	42	74	70	49	67	779	64.92
5	部门C	77	74	42	51	40	48	60	44	53	76	46	55	666	55.50
6	部门D	69	76	44	77	44	66	72	44	57	65	78	52	744	62.00
7	部门E	50	46	53	46	73	54	75	56	41	49	42	45	630	52.50
8	部门F	54	41	45	77	40	63	70	55	68	44	54	73	684	57.00
9	部门G	40	60	59	51	80	54	41	56	70	50	53	73	677	56.42
10	部门H	58	79	63	43	73	47	64	42	65	65	80	60	749	62.42

图2-33 部门销售业绩表

任务四　使用函数

工作情境：
李芳在掌握了如何使用公式进行数据的加减乘除运算之后，一些简单的求和、平均值的计算问题已迎刃而解；但有时候她对于一些复杂的运算如求平方根、最大值等，则束手无策。因此，接下来李芳还需要掌握 Excel 中函数的使用。函数是 Excel 的内置公式，可以进行数学、文本、逻辑的运算或者查找工作表的信息。与直接使用公式相比，使用函数可以进行更加复杂的计算，并且速度更快，同时减少了错误的发生。

一、学习目标

掌握自动求和函数的使用。

二、工作流程

1. 输入函数

输入函数的方法通常有以下三种：

（1）直接在单元格内输入

在输入函数时，对于比较简单的函数，直接在单元格内输入函数名及其参数即可。

（2）在函数列表中选择函数

输入函数时，可以在函数列表中选择函数，方法如下：

①在编辑区内输入"＝"时，名称框内就会出现函数，单击函数右侧的下拉箭头，会弹出函数列表，如图 2-34 所示。

图 2-34　函数列表

②从中选择相应的函数。

(3)通过"插入函数"对话框选择函数

对于比较复杂的函数,可以采用下面的方法进行:

①单击要插入函数的单元格。

②单击编辑栏中的"插入函数"按钮,或选择"公式"选项卡下"函数库"工作组中的"插入函数"命令,弹出"插入函数"对话框,如图2-35所示。

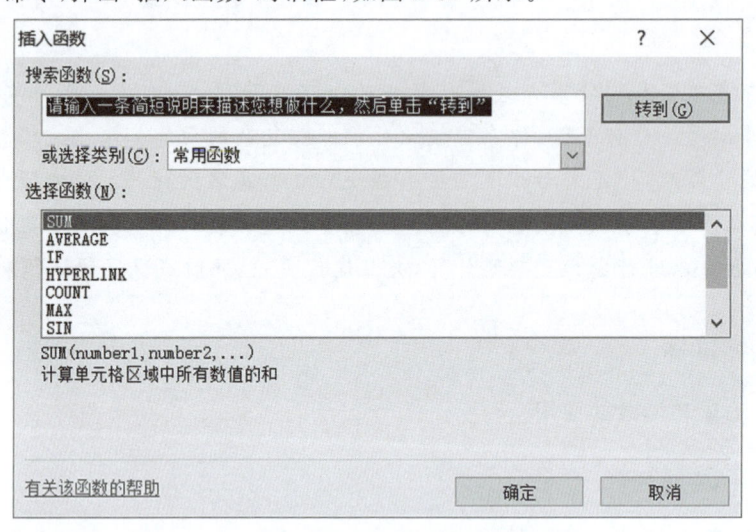

图 2-35 "插入函数"对话框

③在"或选择类别"列表框中选择合适的函数类型,在"选择函数"列表框中选择所需的函数。

④单击"确定"按钮。这时,将弹出所选函数的"函数参数"对话框,如图2-36所示,它显示了该函数的函数名、每一个参数以及参数的描述和函数的功能。

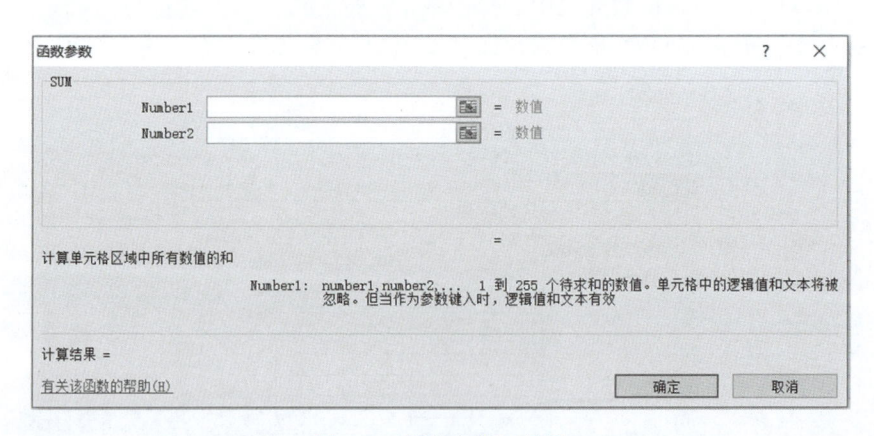

图 2-36 "函数参数"对话框

⑤根据提示输入每个参数值。

如果要将单元格引用作为参数,可单击参数框右侧的"暂时隐藏对话框"按钮,则只在工作表上方显示参数编辑框。再从工作表上选定相应的单元格,然后再次单击,恢复原对话框。

⑥单击"确定"按钮,完成函数的使用。

2.自动求和

求和计算是一种最常用的公式计算,使用工具栏上的"求和"按钮∑,将自动对活动单元格上方或左侧的数据进行求和计算。操作步骤如下:

(1)将光标放在求和结果单元格。

(2)单击"求和"按钮∑,将自动出现求和函数 SUM 以及求和数据区域,如图 2-37 所示。如果显示的数据区域不正确,重新选定数据区域或输入数据区域以修改公式。

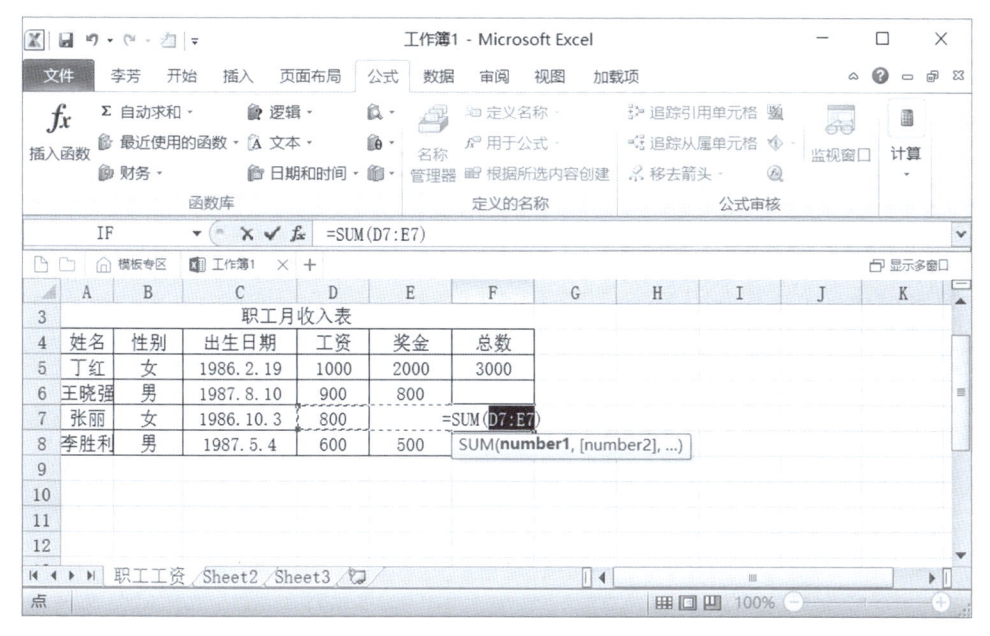

图 2-37 求和数据区域

(3)单击"输入"按钮 ✓ 确定公式。

三、实践操作:打印工作表

当打印工作表时,Excel 2010 会首先检查工作表中是否有命名为"Print_Area"(打印区域)的区域。如果有,Excel 将只打印此区域;如果没有,则打印整个工作表的已使用区域。因此,如果只想打印工作表中的部分区域,应首先将此区域设置为打印区域。

打印工作表

1.设置打印区域

首先选定要打印的区域,然后选择"页面布局"选项卡下"页面设置"工作组中"打印区域"按钮下拉菜单中的"设置打印区域"命令,如图 2-38 所示。

如果设置的打印区域是多个不连续的单元格区域,当打印时,不连续的各打印区域将打印在不同的页上。如果想取消工作表中的全部打印区域,只需单击"打印区域"下拉菜单中的"取消印区域"命令即可。

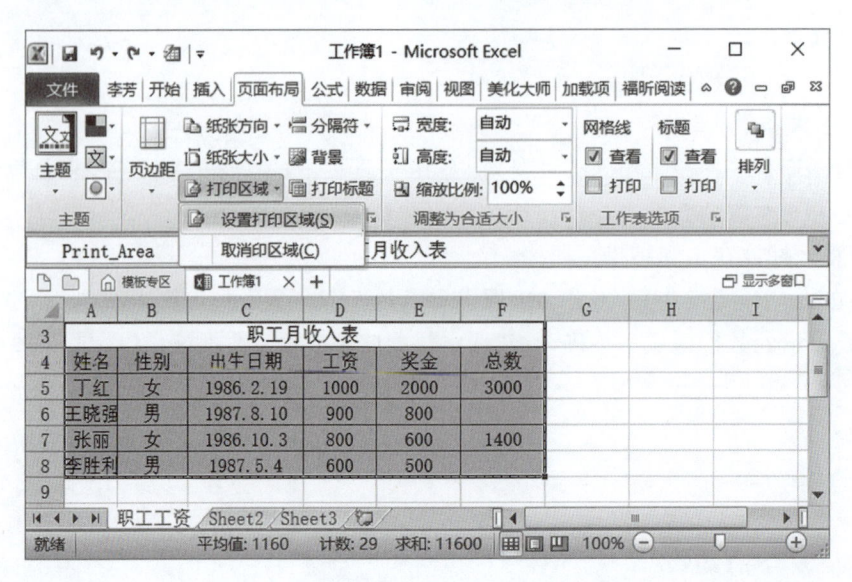

图 2-38　设置打印区域

2. 设置页面

设置好打印区域后，为了使打印出的页面美观，符合要求，还要对打印的页面、页边距、页眉/页脚等项目进行设定，这些选项均通过"页面设置"工作组或者"页面设置"对话框进行。

单击"页面布局"选项卡下"页面设置"工作组右下角的按钮 　，弹出"页面设置"对话框，共包括四个选项卡："页面""页边距""页眉/页脚""工作表"，如图 2-39 所示。

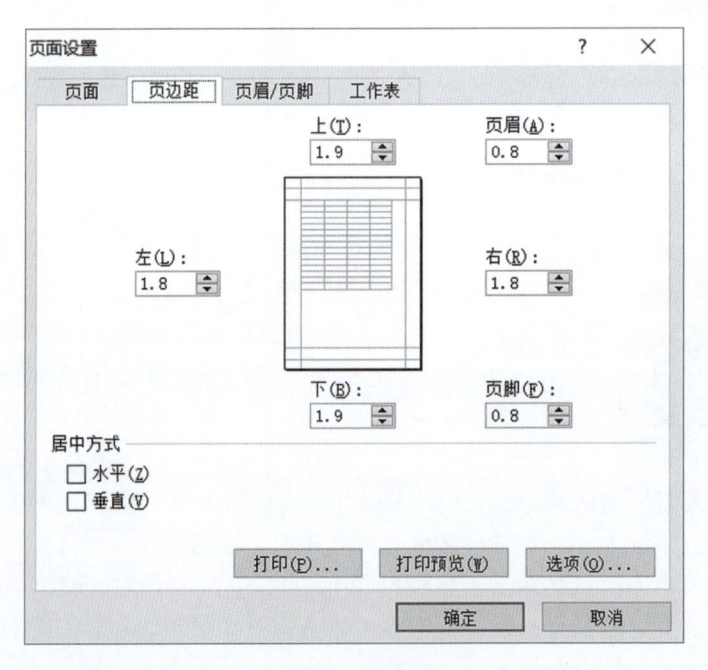

图 2-39　页面设置

3.打印预览

单击"文件"选项卡下的"打印"命令,出现打印设置及预览界面,如图 2-40 所示。

图 2-40　打印设置及预览

在预览窗口底部的状态栏上显示打印页面的当前页号和总页数,右侧是当前页的预览情况。

预览窗口底部的"上一页"和"下一页"按钮,用于在前、后页面间翻动。也可以直接在文本框中输入数字来查看对应页的内容。

4.打印

预览后,若不需要修改,单击打印设置界面中的"打印"按钮即可将工作表的内容打印出来。

若需要修改,可通过以下步骤进行修改。

(1)在"份数"框中指定打印份数。

(2)从"打印机"下拉列表框中可以选择打印机,同时在"打印机"框中显示当前打印机的信息。单击"打印机属性"按钮,可以设置该打印机的属性。

(3)在"设置"下选中"打印选定区域",将只打印当前工作表中选定的区域;选中"打印整个工作簿",将打印当前工作簿中包含数据的所有工作表,如果工作表中有打印区域,则只打印该区域;选中"打印活动工作表",将仅打印当前活动工作表。

(4)也可以指定打印的页数范围,只需在"页数"编辑框中输入要打印页面范围的起始页码,在"至"编辑框中输入要打印页面范围的终止页码即可。

(5)可以在下面的对应列表框中设置纸张方向、纸张大小及页边距等内容。

四、问题探究:公式中的常见出错信息与处理

在使用公式进行计算时,经常会遇到单元格中出现类似"♯NAME""♯VALUE"等信息,这些都是使用公式时出现了错误而返回的错误信息值。

表 2-6 列出了部分常见错误信息、产生的原因及处理办法。当使用过程中遇到错误信息时,可以查阅本表以查找出错原因和解决办法。

表 2-6　　　　　　　　常见错误信息、产生的原因及处理办法

错误信息	产生的原因	处理办法
#####	公式计算的结果太长,单元格容纳不下;或者单元格的日期时间公式计算结果为负值	增加单元格的宽度;确认日期时间的格式是否正确
#DIV/0	除数为零或除数使用了空单元格	将除数改为非零值;修改单元格引用
#VALUE	使用了错误的参数或运算对象类型	确认参数或运算符正确以及引用的单元格中包含有效数据
#NAME	删除了公式中使用的名称或使用了不存在的名称,或名称拼写错误	确认使用的名称确实存在;确认检查名称拼写正确
#N/A	公式中无可用的数值或缺少函数参数	确认函数中的参数正确,并在正确位置
#REF	删除了由其他公式引用的单元格或将移动单元格粘贴到由其他公式引用的单元格中,造成单元格引用无效	确认检查函数中引用的单元格存在;确认单元格引用正确
#NUM	在需要数字参数的函数中使用了不能接受的参数;或公式计算结果的数字太大或太小,Excel无法表示	确认函数中的参数类型正确;为工作表函数使用不同的初始值
#NULL	使用了不正确的区域运算符或不正确的单元格引用	确认区域引用正确;确认单元格引用正确

五、知识拓展:常见函数的使用

Excel 2010 提供了大量的内置函数,限于篇幅,这里只介绍几个常用的函数。有关其他函数的用法,可以借助于 Excel 2010 的帮助系统做进一步的了解。

1. SUM 函数

功能:SUM 函数用于计算单个或多个参数之和。

语法:SUM(number1,number2,…)。

说明:number1,number2,…为 1~255 个需要求和的参数。参数可以是数字、文本、逻辑值,也可以是单元格引用等。如果参数是单元格引用,那么引用中的空白单元格、逻辑值、文本值和错误值将被忽略,即取值为 0。

示例:SUM(10,20) 的值为 30;SUM(5,2,FALSE) 的值为 7,这是因为逻辑参数"FALSE"被转换为数字 0。

2. SUMIF 函数

功能:对符合指定条件的单元格求和。

语法:SUMIF(range,criteria,sum_range)。

说明:range 为用于条件判断的单元格区域。criteria 为确定哪些单元格符合求和的条件。其形式可以是数字、表达式或文本。sum_range 为需要求和的实际单元格区域,

只有当 range 中的相应单元格满足 criteria 中的条件时,才对 sum_range 中相应的单元格求和。如果省略 sum_range,则对 range 中满足条件的单元格求和。

示例:设 A1:A4 中的数据是 10、20、30、40,而 B1:B4 中的数据是 100、200、300、400,那么 SUMIF(A1:A4,">15",B1:B4)等于 900,因为 A2、A3、A4 中的数据满足条件">15",所以对相应的单元格 B2、B3、B4 进行求和。

3.AVERAGE 函数

功能:对所有参数计算算术平均值。

语法:AVERAGE(number1,number2,…)。

说明:number1,number2,…为 1～255 个需要计算平均值的参数。参数应为数字或者包含数字的名称、数组或单元格引用等。如果数值或单元格引用参数中有文本、逻辑值或空白单元格,则忽略不计,但单元格中包含的数字"0"将计算在内。

示例:AVERAGE(1,2,3,4,5)的值是 3。

4.COUNT 函数

功能:计算参数表中的数字参数和包含数字的单元格个数。

语法:COUNT(value1,value2,…)。

说明:value1,value2,…为 1～255 个可以包含或引用各种不同类型数据的参数,但只对数字型数据进行计算。

示例:如果 A1:A5 包含数字 10、15、3、20 和"good",则 COUNT(A1:A5)的值等于 4,字符"good"为无效数据,不参与运算。

5.INT 函数

功能:对实数向下取整数。

语法:INT(number)。

说明:number 是需要取整的实数。

示例:INT(3.9)等于 3;INT(-6.8)等于-7。

6.MAX 函数

功能:求数据集中的最大值。

语法:MAX(number1,number2,…)。

说明:number1,number2,…为 1～255 个需要求最大值的参数。可以将参数指定为数字、空白单元格、单元格区域、逻辑值或数字的文本表达式等。如果参数为错误值或不能转换成数字的文本,将产生错误。如果参数不包含数字,函数 MAX 返回 0。

示例:如果 A1:A4 包含数字 10、15、3 和 20,则 MAX(A1:A4)等于 20;MAX(A1:A4,50)等于 50。

六、课后训练

按照图 2-41 设置表格并计算相关数据。

(1)计算每天销售额。
(2)计算本周最大销售额。

部门产品一周销售情况统计表

星期	产品	销售额	小计
星期一	主板	￥1,236.50	
	内存	￥123.50	
	其他	￥506.20	
星期二	主板	￥800.90	
	内存	￥1,256.00	
	其他	￥256.20	
星期三	主板	￥568.00	
	内存	￥650.90	
	其他	￥813.20	
星期四	主板	￥2,594.20	
	内存	￥125.60	
	其他	￥256.80	
星期五	主板	￥2,564.80	
	内存	￥156.20	
	其他	￥523.60	
星期六	主板	￥569.80	
	内存	￥125.30	
	其他	￥562.80	
最大销售额			

图 2-41　教材库存统计

情境三 工资管理

情境导入：
　　随着社会的不断发展，李芳经常遇见员工的工资变动和人员变更的问题。利用Excel 2010创建员工工资核算系统，将会极大地减少财务工作的工作量。

素质培养：
　　1.掌握基本信息技术科学素质，具有宽阔的科学视野和技术的思维习惯。
　　2.具有坚强的毅力、积极乐观的态度、良好的人际关系、健全的人格品质。
　　3.培养学生较强的责任感与踏实细致的工作作风。
　　4.培养学生崇尚劳动、热爱劳动、辛勤劳动、诚实劳动的精神。
　　5.培养学生深邃思考和科学判断，迎合社会科技进步。

任务一 创建工资核算系统

工作情境：
　　由于ABC公司员工众多，因此工资的管理就变得非常重要，以前的工资核算及管理方法多为手工计算，虽然部分数据也用Excel来进行计算，但都较为凌乱，不成体系，因此给李芳的工作带来了巨大压力。为了更加方便工资的管理，避免失误，李芳决定使用Excel 2010建立一个完整的工资核算系统，从而减轻财务部门的工作量，提高工作效率。

一、学习目标

1.了解工资核算的基本流程。
2.理解工资管理中的常用函数。
3.掌握工资核算系统的创建。

二、工作流程

　　基本思路：人事变动、工资调整以及全勤、缺勤、加班、迟到等信息是工资结算的基础，有了这些原始数据，就可以根据一定的公式，进行工资结算和费用分配了。

三、实践操作

任何企事业单位都离不开工资管理,它不仅是一个单位管理薪资的重要手段,也是财务人员的一项重要工作内容。旧的工作模式下,制作工资明细表是一项非常繁重的工作,难度大且容易出错。利用 Excel 2010 则可以快速制作出各种工资明细表、工资汇总表和工资条,使得这些难题迎刃而解。

1.建立工资明细表

员工基本工资项目的建立主要包括基本项目的输入,以及对员工所属部门的有效性设置。具体操作步骤如下:

(1)新建 Excel 工作簿,将其命名为"工资核算系统"。然后双击工作表 Sheet1,重命名为"工资明细表"。

建立工资明细表

(2)输入标题及各个工资项目,并对输入的内容格式化,如图 3-1 所示。

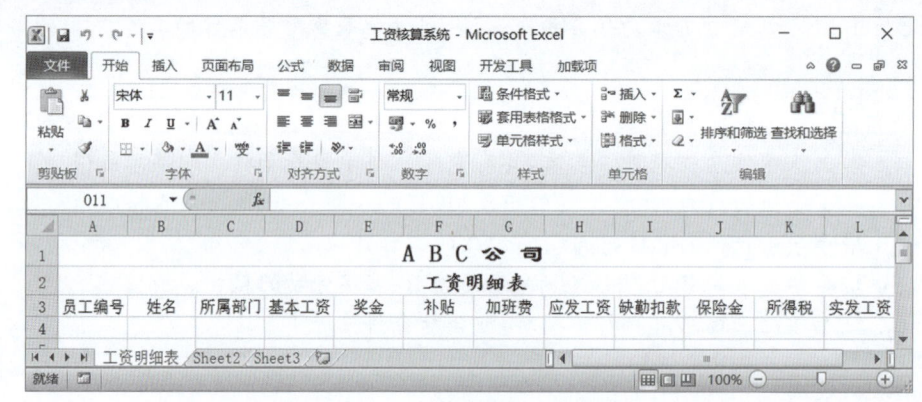

图 3-1 "工资明细表"工作表

(3)为了防止输入错误,下面对"所属部门"列应用"数据有效性"功能加以控制。选中单元格 C4,单击"数据"选项卡 | "数据工具"工作组 | "数据有效性"按钮,弹出"数据有效性"对话框。

(4)单击"设置"选项卡,在"允许"下拉列表框中选中"序列"选项,然后在"来源"参数框中输入"企划部,财务部,销售部,生产部",各个部门的名称要用英文状态下的逗号隔开,如图 3-2 所示。

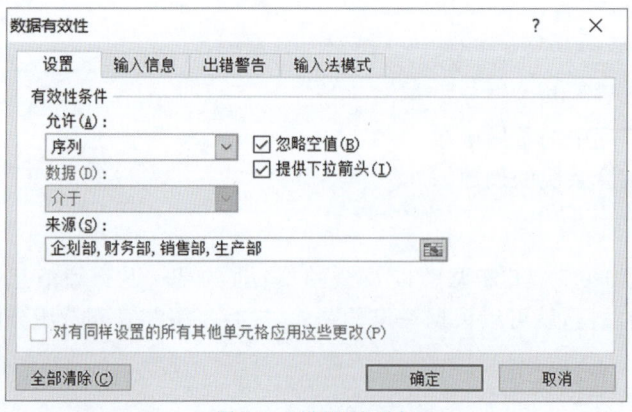

图 3-2 "设置"选项卡

(5)单击"确定"按钮,返回工作表中,然后将单元格C4的格式填充到该列的其他单元格中。

(6)输入员工的其他相关信息,最终结果如图3-3所示。

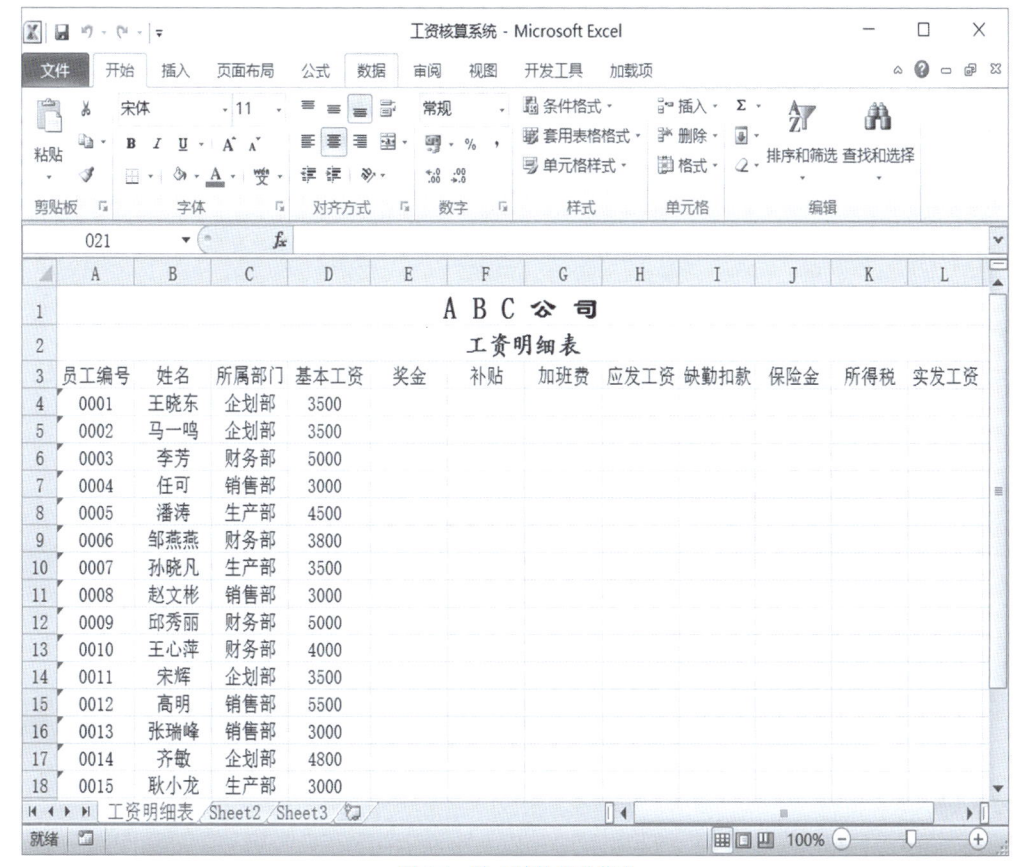

图3-3 输入其他相关信息

2.统计部门员工人数

公司发展越来越大,员工也会越来越多,各部门的员工数量也在不断变动,统计各部门人数便成了一个问题。逐项查找恐怕不太可能,用筛选功能虽然可以减轻一部分工作量,但花费的时间也不少,统计的时候一不小心还有可能出错。此时可以使用COUNTIF函数迅速统计出符合条件的单元格的数量。此函数的基本功能是计算区域中满足给定条件的单元格个数。其语法格式为COUNTIF(range,criteria),其中range为需要计算数目的单元格区域;criteria为确定哪些单元格将被计算在内的条件,其形式可以为数字、表达式或文本。例如,条件可以表示为"32"">32"或"apples"。

假设统计ABC公司各部门员工总数和男、女员工人数,操作步骤如下:

(1)双击"工资核算系统"工作簿中的工作表标签Sheet2,将其重命名为"基本资料表"。

(2)打开工资明细表,将其中的员工的主要数据复制到基本资料表中并补充相应信息,然后按部门排序,结果如图3-4所示。

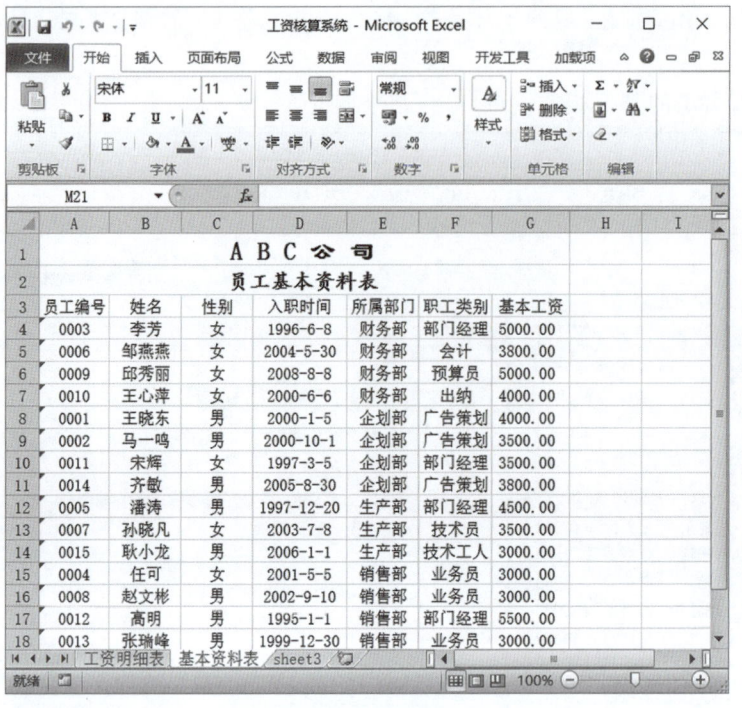

图 3-4　按部门排序

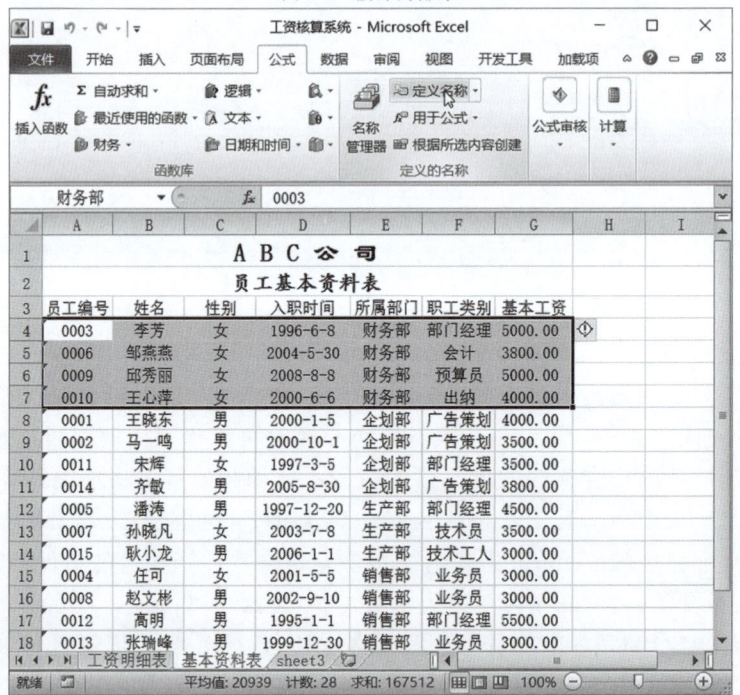

图 3-5　选择单元格区域

(3)选择单元格区域 A4:G7,如图 3-5 所示。单击"公式"选项卡|"定义的名称"工作组|"定义名称"按钮,弹出"新建名称"对话框,在"名称"文本框中输入"财务部",单击"确定"按钮,如图 3-6 所示。已选中的区域就被定义为"财务部"了。

图 3-6 定义财务部

(4)用同样的方法分别定义 A8:G11 为"企划部",A12:G14 为"生产部",A15:G18 为"销售部"。单击"公式"选项卡│"定义的名称"工作组│"名称管理器"按钮,弹出"名称管理器"对话框,可以对所定义的内容进行编辑及删除操作,如图 3-7 所示。

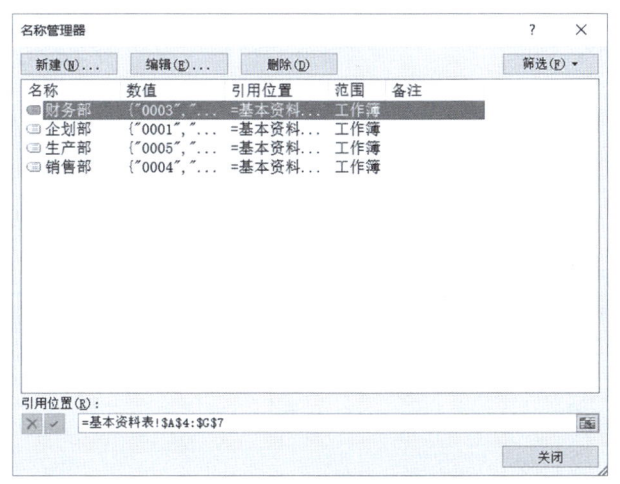

图 3-7 "名称管理器"对话框

(5)在"工资核算系统"工作簿中新建"部门统计"工作表,如图 3-8 所示。

图 3-8 "部门统计"工作表

(6)选择单元格C5,单击编辑栏中的按钮,弹出"插入函数"对话框,在"或选择类别"下拉列表框中选择"统计",在"选择函数"列表框中选择COUNTIF函数,如图3-9所示。

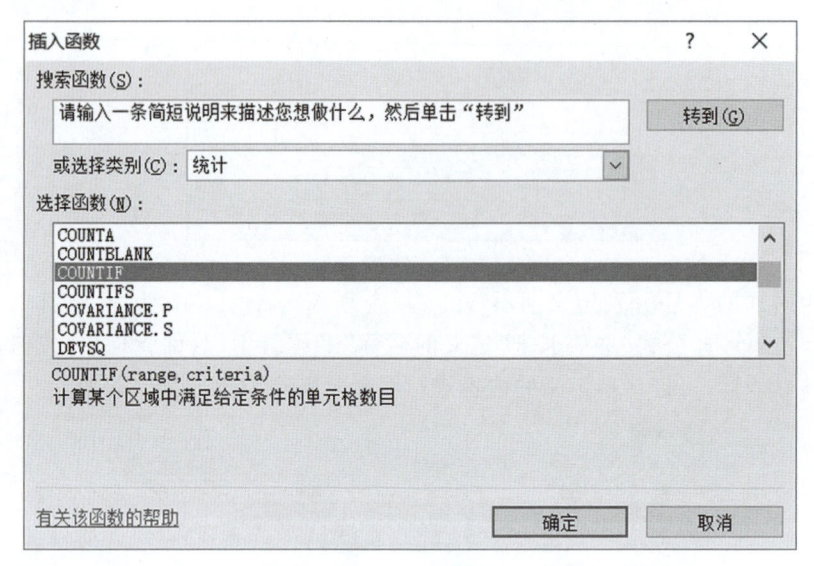

图3-9 选择函数

(7)单击"确定"按钮,弹出"函数参数"对话框,在Range文本框中输入"财务部",在Criteria文本框中输入"男",如图3-10所示。

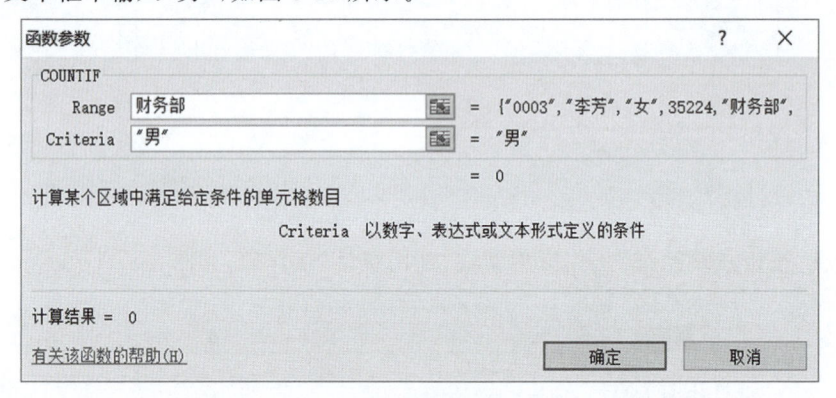

图3-10 设置函数参数

(8)单击"确定"按钮,单元格C5中就会显示出财务部男员工的人数。

(9)按照同样的方法,统计出财务部女员工的人数,只需在"函数参数"对话框中将Criteria文本框中的"男"改为"女"即可。

(10)选中合并后的单元格D5,在编辑栏中输入公式"=COUNTIF(基本资料表!E4:E18,"财务部")"。按"Enter"键,单元格D5中显示财务部的总人数4。统计财务部的总人数也可直接用SUM函数直接计算,或者在编辑栏中输入公式"=C5+C6"。

(11)按照同样的方法,统计其他部门的人数,结果如图3-11所示。

(12)选中单元格D13,在编辑栏中输入公式"=SUM(D5:D12)",按"Enter"键,公司总人数就计算出来了,如图3-12所示。

图 3-11 统计各部门人数

图 3-12 统计公司总人数

3.统计员工年假

一般单位的员工都有年假,只要在公司工作满 1 年,就可以每年享受一定天数的带薪假期。下面以 ABC 公司为例,根据前面创建的"基本资料表",为该公司的员工计算年假天数。假设该公司规定,任职满 1 年的员工,年假为 15 天,以后工龄每增加 1 年,年假增加 1 天,满 6 年后年假均为 20 天,满 10 年后均为 30 天。

统计员工年假的具体操作步骤如下:

(1)在"工资核算系统"工作簿中新建一张工作表,并将其重命名为"年假规则表",以方便统计年假,如图 3-13 所示。

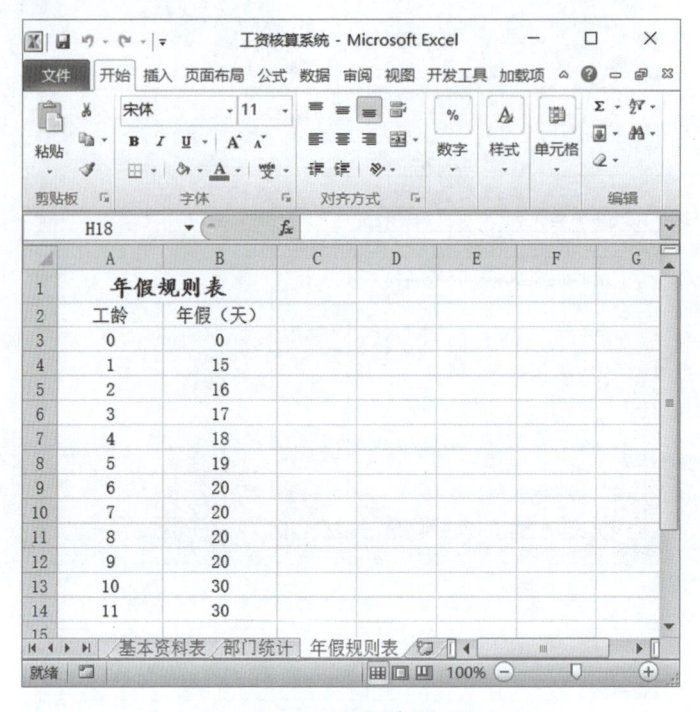

图 3-13　年假规则表

（2）选中作为年假规则的单元格区域，单击"公式"选项卡｜"定义的名称"工作组｜"定义名称"按钮，如图 3-14 所示。弹出"新建名称"对话框，将选中区域定义为"年假规则"。

图 3-14　定义年假规则

(3)为方便操作,在"基本资料表"中添加两列:"工龄"和"年假(天)",如图 3-15 所示。

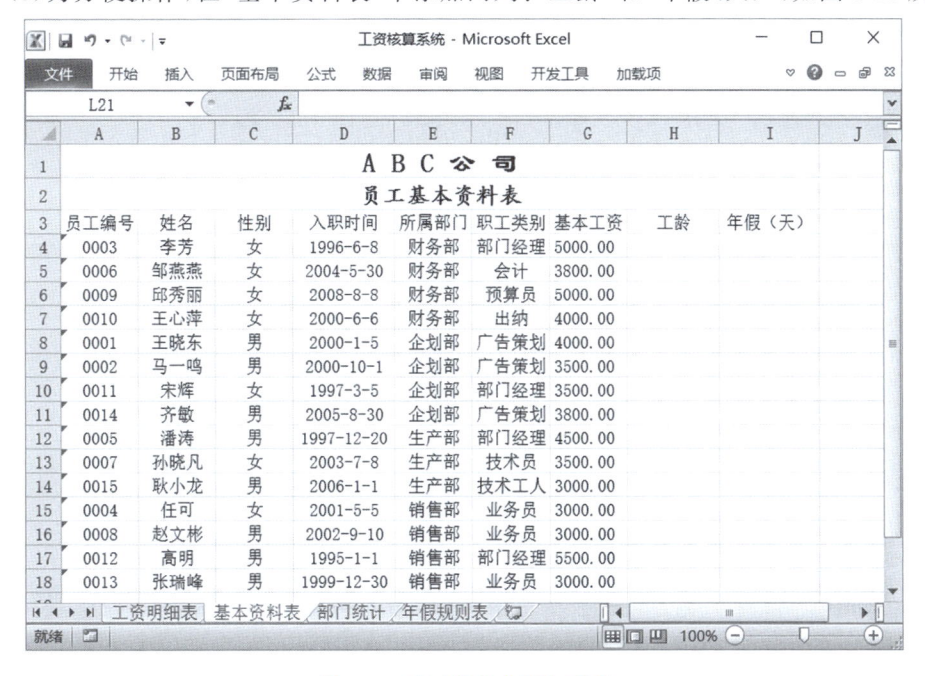

图 3-15 "基本资料表"添加两列

(4)选中单元格 H4,在编辑栏中输入公式"＝YEAR(NOW())－YEAR(D4)",假定当前年份为 2017 年,则按"Enter"键后计算结果为"21",如图 3-16 所示。

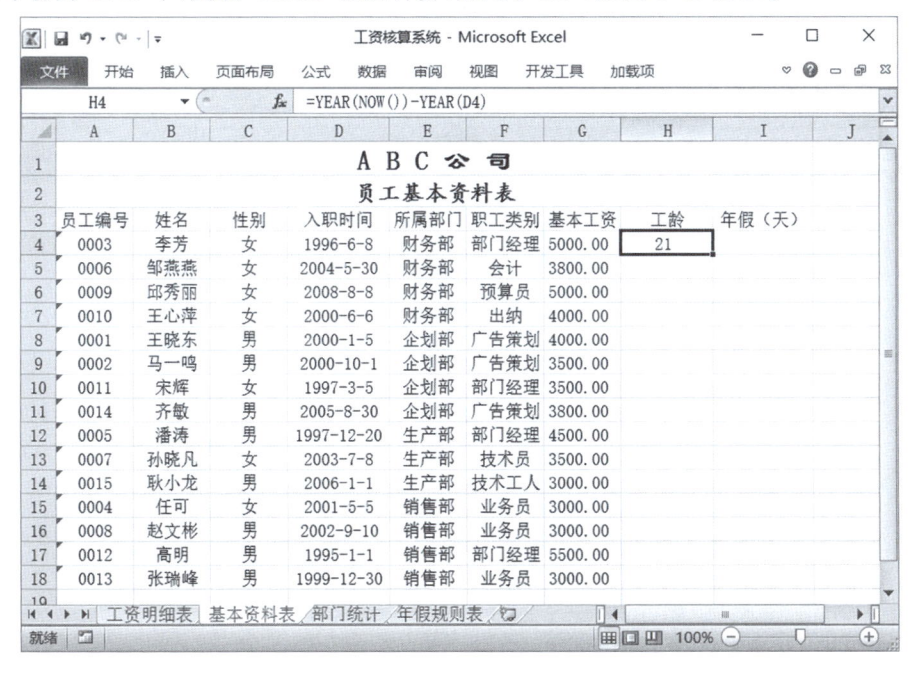

图 3-16 输入工龄计算公式

(5)选中单元格 H4,将鼠标指针移到单元格的右下角,待鼠标指针变成"＋"形状时,按住鼠标左键并向下拖动鼠标将公式填充到该列中的其他单元格,释放鼠标时,其他员工的工龄就自动显示出来了，如图 3-17 所示。

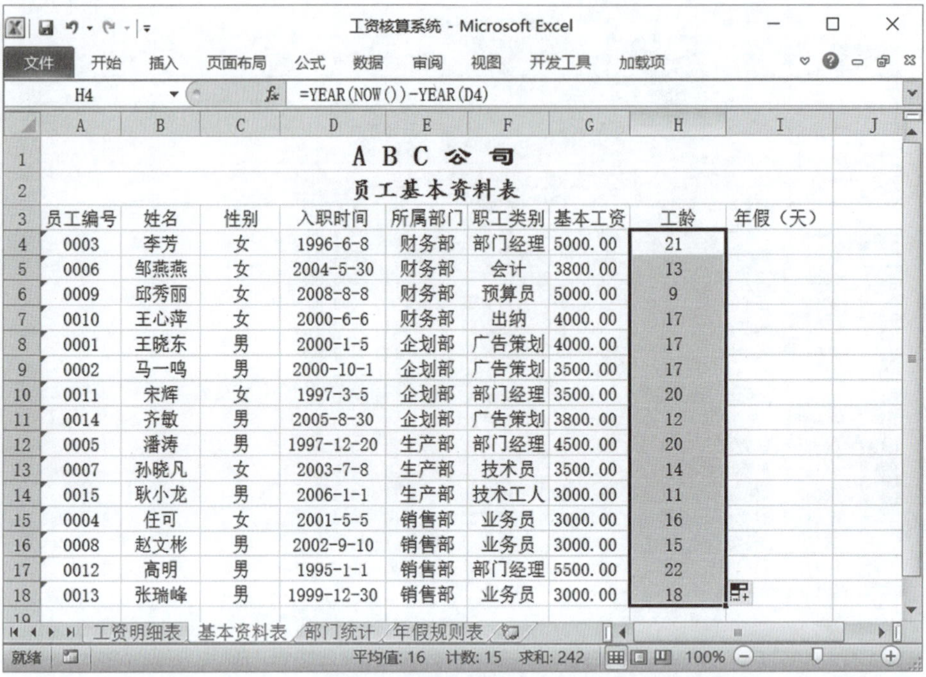

ABC公司

员工基本资料表

员工编号	姓名	性别	入职时间	所属部门	职工类别	基本工资	工龄	年假（天）
0003	李芳	女	1996-6-8	财务部	部门经理	5000.00	21	
0006	邹燕燕	女	2004-5-30	财务部	会计	3800.00	13	
0009	邱秀丽	女	2008-8-8	财务部	预算员	5000.00	9	
0010	王心萍	女	2000-6-6	财务部	出纳	4000.00	17	
0001	王晓东	男	2000-1-5	企划部	广告策划	4000.00	17	
0002	马一鸣	男	2000-10-1	企划部	广告策划	3500.00	17	
0011	宋辉	女	1997-3-5	企划部	部门经理	3500.00	20	
0014	齐敏	男	2005-8-30	企划部	广告策划	3800.00	12	
0005	潘涛	男	1997-12-20	生产部	部门经理	4500.00	20	
0007	孙晓凡	女	2003-7-8	生产部	技术员	3500.00	14	
0015	耿小龙	男	2006-1-1	生产部	技术工人	3000.00	11	
0004	任可	女	2001-5-5	销售部	业务员	3000.00	16	
0008	赵文彬	男	2002-9-10	销售部	业务员	3000.00	15	
0012	高明	男	1995-1-1	销售部	部门经理	5500.00	22	
0013	张瑞峰	男	1999-12-30	销售部	业务员	3000.00	18	

图 3-17　计算其他员工工龄

（6）选中单元格 I4，输入公式“＝VLOOKUP(H4，年假规则，2，1)”，按“Enter”键后即可得出对应的年假天数，结果如图 3-18 所示。

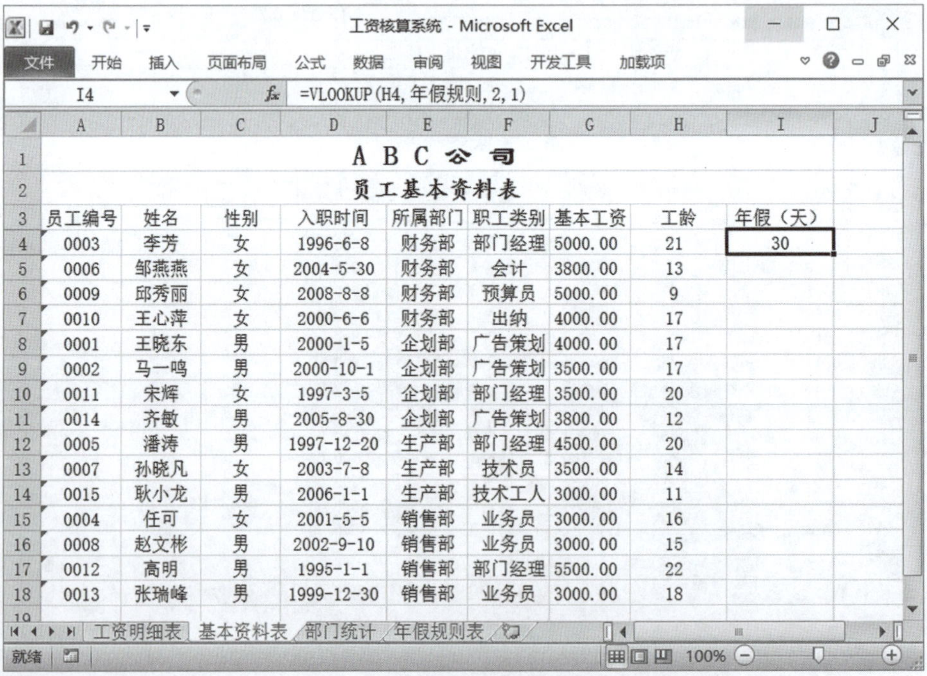

ABC公司

员工基本资料表

员工编号	姓名	性别	入职时间	所属部门	职工类别	基本工资	工龄	年假（天）
0003	李芳	女	1996-6-8	财务部	部门经理	5000.00	21	30
0006	邹燕燕	女	2004-5-30	财务部	会计	3800.00	13	
0009	邱秀丽	女	2008-8-8	财务部	预算员	5000.00	9	
0010	王心萍	女	2000-6-6	财务部	出纳	4000.00	17	
0001	王晓东	男	2000-1-5	企划部	广告策划	4000.00	17	
0002	马一鸣	男	2000-10-1	企划部	广告策划	3500.00	17	
0011	宋辉	女	1997-3-5	企划部	部门经理	3500.00	20	
0014	齐敏	男	2005-8-30	企划部	广告策划	3800.00	12	
0005	潘涛	男	1997-12-20	生产部	部门经理	4500.00	20	
0007	孙晓凡	女	2003-7-8	生产部	技术员	3500.00	14	
0015	耿小龙	男	2006-1-1	生产部	技术工人	3000.00	11	
0004	任可	女	2001-5-5	销售部	业务员	3000.00	16	
0008	赵文彬	男	2002-9-10	销售部	业务员	3000.00	15	
0012	高明	男	1995-1-1	销售部	部门经理	5500.00	22	
0013	张瑞峰	男	1999-12-30	销售部	业务员	3000.00	18	

图 3-18　输入年假天数计算公式

注：VLOOKUP 函数的功能是在表格数组的首列查找值，并由此返回表格数组当前行中其他列的值。其语法格式是：VLOOKUP(lookup_value,table_array,col_index_num,range_lookup)，其中 lookup_value 为需要在表格数组第一列中查找的数值；table_array 为两列或多列数据；col_index_num 为 table_array 中待返回的匹配值的列序号；range_lookup 为逻辑值，指定希望 VLOOKUP 查找精确的匹配值还是近似匹配值。

（7）选中单元格 I4，将公式填充到该列的其他单元格中，即可自动显示其他员工的年假天数，如图 3-19 所示。

图 3-19 计算其他员工的年假天数

4.自动更新基本工资

每个员工都会有调整基本工资的时候，但是各人情况不同，基本工资调整的时间和幅度也不一样，每月计算工资时，不可能把所有人的调薪记录都查找一遍，这就有必要建立一个自动更新的数据库，以方便准确及时地更新数据。在 Excel 2010 中可以利用列查找函数 VLOOKUP 来自动更新每个员工的基本工资。

具体操作步骤如下：

（1）在"工资核算系统"工作簿中创建一张新的工作表，并将其重命名为"工资调整"。

（2）输入标题，然后切换到该工作簿中的"基本资料表"工作表，将部分信息复制到"工资调整"工作表，包括员工编号、姓名、性别、入职时间、所属部门和职工类别等，结果如图 3-20 所示。

图 3-20 创建"工资调整"工作表

（3）在工作表中的单元格区域 G4:I18 中添加如图 3-21 所示的项目和内容。

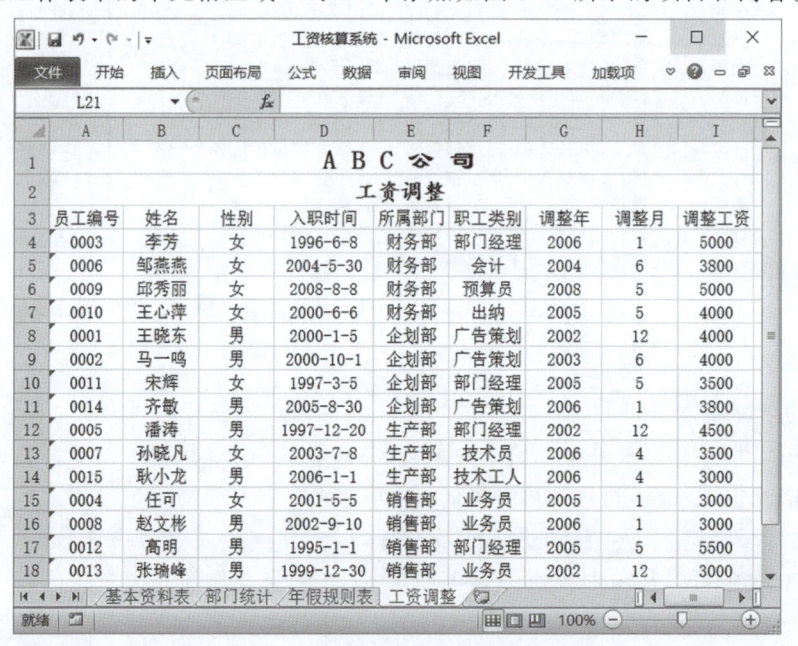

图 3-21 添加工资调整数据

（4）将"工资调整"进行排序，以"员工编号"为第一关键字升序排序，"调整年"为第二关键字降序排序，"调整月"为第三关键字降序排序，排序结果如图 3-22 所示。

（5）单击"公式"选项卡｜"定义的名称"工作组｜"定义名称"按钮，弹出"新建名称"对话框，将单元格区域 A3:I18 定义为"工资调整"。

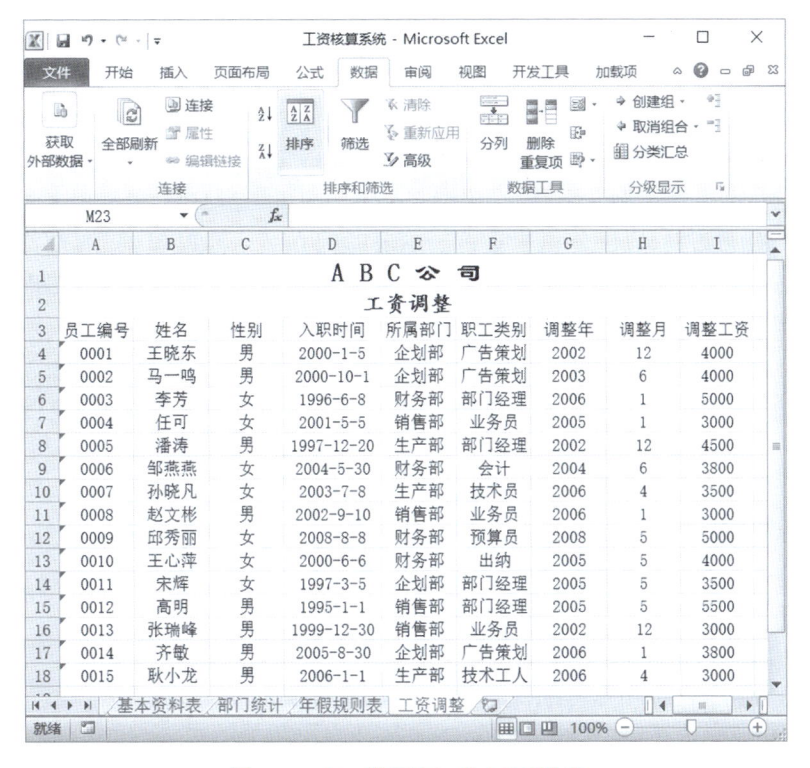

图 3-22　对"工资调整"工作表进行排序

（6）切换到"工资明细表"，删除原基本工资数据。选中单元格 D4，输入公式"＝VLOOKUP(A4,工资调整,9,0)"，按"Enter"键即可显示该员工最新调整的工资了，如图 3-23 所示。

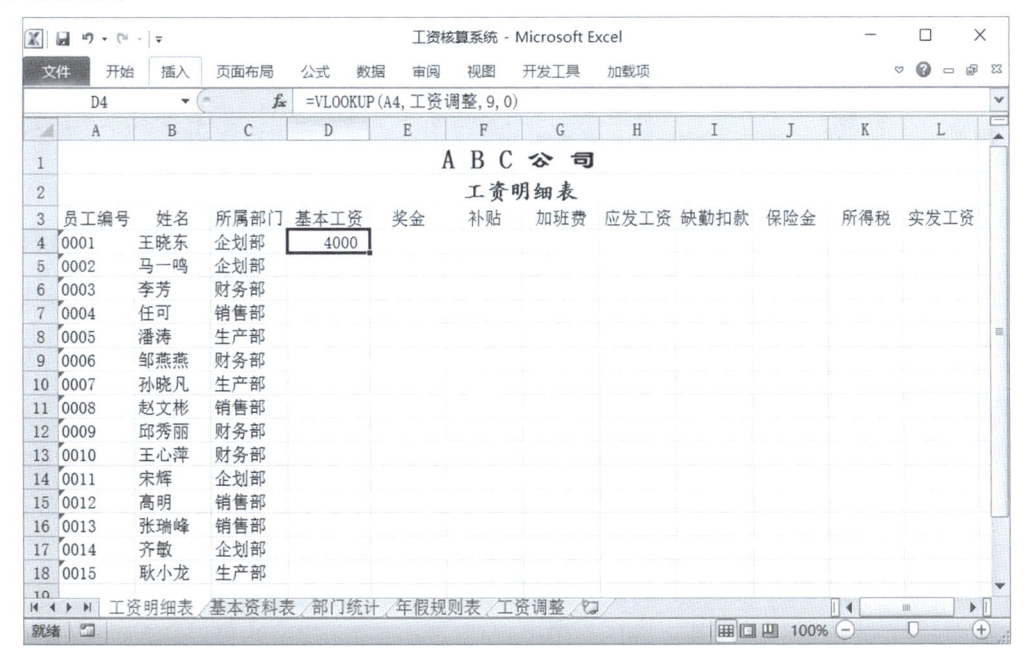

图 3-23　显示最新基本工资

(7)拖动单元格右下角的填充柄,将公式填充到该列的其他单元格中,即可显示其他员工的最新基本工资。

5.核算加班费

每个公司在出勤奖罚制度上都有相应的规定,一般包括加班费、迟到扣款、病假扣款、事假扣款以及月底出勤奖金等,这些都与员工的应发工资息息相关。

以 ABC 公司为例,假设公司规定每天加班时间在 2 个小时以内,加班费为 40 元;超过 2 个小时,加班费为 80 元。按照这个标准给公司员工计算加班费,操作步骤如下:

核算加班费

(1)在"工资核算系统"工作簿中创建一个新的工作表,并将其命名为"加班记录"。

(2)在该工作表中输入包括员工编号、姓名、性别、所属部门、职工类别、加班的起止时间等各项信息,如图 3-24 所示。

图 3-24 "加班记录"工作表

(3)切换到"工资明细表",在该表中选中单元格 G4,输入公式"=IF(HOUR(加班记录!H3-加班记录!G3)<=2,40,80)",按"Enter"键,即可计算出加班费,如图 3-25 所示。

注: IF 函数的基本结构为 IF(logical_test,value_if_true,value_if_false),其中 logical_test 表示计算结果为 TRUE 或 FALSE 的任意值或表达式。value_if_true 为 logical_test 成立时返回的值;value_if_false 为 logical_test 为 FALSE 时返回的值。本例中,第一个参数用来判断加班时间是否小于 2,如果小于 2 则返回 40 的计算结果,否则取第二个结果即加班费为 80 元。

(4)将单元格 G4 中的公式填充到该列的其他单元格中,即可计算出其他员工的加班费。

图 3-25　计算加班费

6.核算缺勤扣款

ABC 公司规定，请事假要按天扣工资；请病假一天只扣半天的工资；迟到 15 分钟以内扣 10 元，超过 15 分钟扣半天的工资；每月按实际天数计算，如 2 月份 28 天，每天的工资为基本工资除以 28。下面就介绍一下缺勤扣款的核算方法。

(1)病假扣款

计算病假扣款的操作步骤如下：

①在"工资核算系统"工作簿中创建一张新的工作表，并将其命名为"请假记录"，输入相应的数据并按"员工编号"升序排序，如图 3-26 所示。

核算缺勤扣款

图 3-26　"请假记录"工作表

②将“工资明细表”拖动到“请假记录”工作表旁边，以便于下面的操作。

③选中单元格区域 G4:I18，将单元格格式设置为带两位小数的数值格式。

④选中“请假记录”工作表中的单元格 G4，输入公式“=ROUND(工资调整！I4/28/2＊请假记录！D4,0)”，按“Enter”键，显示结果该员工病假扣款金额为“71.00”，如图 3-27 所示。

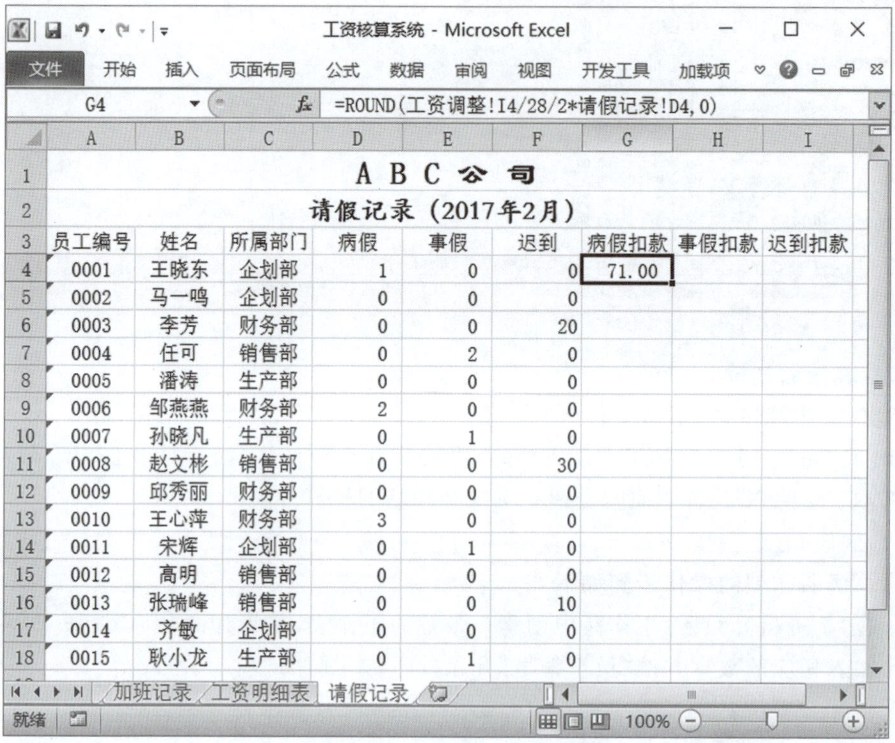

	A	B	C	D	E	F	G	H	I
1	ABC公司								
2	请假记录（2017年2月）								
3	员工编号	姓名	所属部门	病假	事假	迟到	病假扣款	事假扣款	迟到扣款
4	0001	王晓东	企划部	1	0	0	71.00		
5	0002	马一鸣	企划部	0	0	0			
6	0003	李芳	财务部	0	0	20			
7	0004	任可	销售部	0	2	0			
8	0005	潘涛	生产部	0	0	0			
9	0006	邹燕燕	财务部	2	0	0			
10	0007	孙晓凡	生产部	0	1	0			
11	0008	赵文彬	销售部	0	0	30			
12	0009	邱秀丽	财务部	0	0	0			
13	0010	王心萍	财务部	3	0	0			
14	0011	宋辉	企划部	0	1	0			
15	0012	高明	销售部	0	0	0			
16	0013	张瑞峰	销售部	0	0	10			
17	0014	齐敏	企划部	0	0	0			
18	0015	耿小龙	生产部	0	1	0			

图 3-27　输入病假扣款计算公式

注： ROUND 函数的主要功能是返回某个按指定位数取整后的数字。其语法格式是：ROUND(number,num_digits)，其中 number 为需要进行四舍五入的数字；num_digits 为指定的位数，按此位数进行四舍五入。

⑤用鼠标拖动单元格 G4 的填充柄，将公式填充到该列的其他单元格中，计算出其他员工的病假扣款。

(2)事假扣款

根据 ABC 公司的规定，请事假按天扣工资。计算事假扣款的操作步骤如下：

①选中“请假记录”工作表中的单元格 H4，输入公式“=ROUND(工资调整！I4/28＊请假记录！E4,0)”。

②按“Enter”键，显示该员工事假扣款结果为“0.00”。由于该员工在 2 月份没有请过事假，因此事假扣款金额为 0。

③用鼠标拖动单元格 H4，将公式填充到该列的其他单元格中，计算出其他员工的事假扣款，结果如图 3-28 所示。

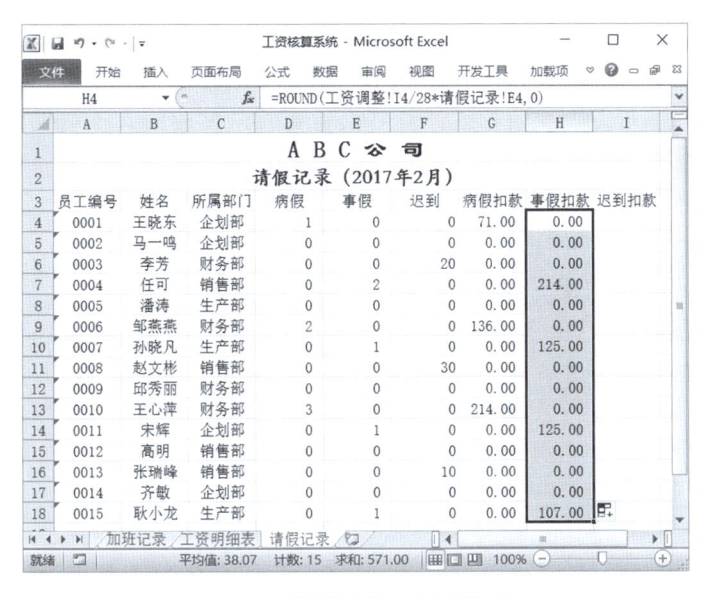

图 3-28　计算其他员工的事假扣款

（3）迟到扣款

ABC 公司规定迟到 15 分钟以内扣 10 元，超过 15 分钟扣半天的工资。计算迟到扣款的操作步骤如下：

①选中"请假记录"工作表中的单元格 I4，输入公式"＝ROUND(IF(F4＞15,工资调整!I4/28/2,IF(F4＝0,0,10)),0)"。

②按"Enter"键，即可显示扣款金额。因为该员工本月迟到时间为 0 分钟，因此不扣款。

③用鼠标拖动单元格 I4 的填充柄，将公式填充到该列的其他单元格中，计算出其他员工的迟到扣款，结果如图 3-29 所示。

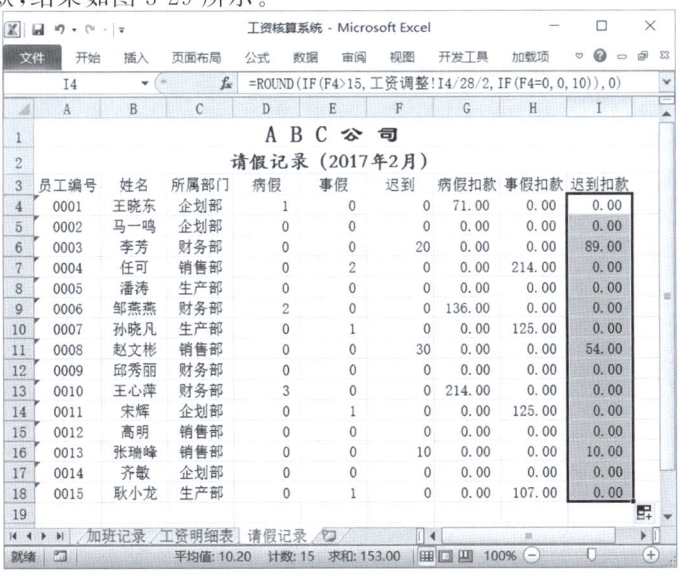

图 3-29　计算其他员工的迟到扣款

(4)数据链接

计算好员工的缺勤扣款之后,可以利用复制粘贴的方法把这些数据复制到"工资明细表"中,但这样,一旦发现缺勤扣款计算有误需要重新修改时,"工资明细表"中缺勤扣款就要进行更正,很费时间和精力。应用 Excel 2010 的数据链接功能,可以使计算结果随着数据源的变化自动更新。

下面把"请假记录"工作表的数据链接到"工资明细表"中,具体操作步骤如下:

①在"工资明细表"中选中单元格 I4,在编辑栏中输入"=",如图 3-30 所示。

②切换到"请假记录"工作表,选中单元格 G4。这时,在单元格 G4 的四周有虚线闪动,而编辑栏的公式并不显示 G4 中的公式,而是变成了"=请假记录!G4"。

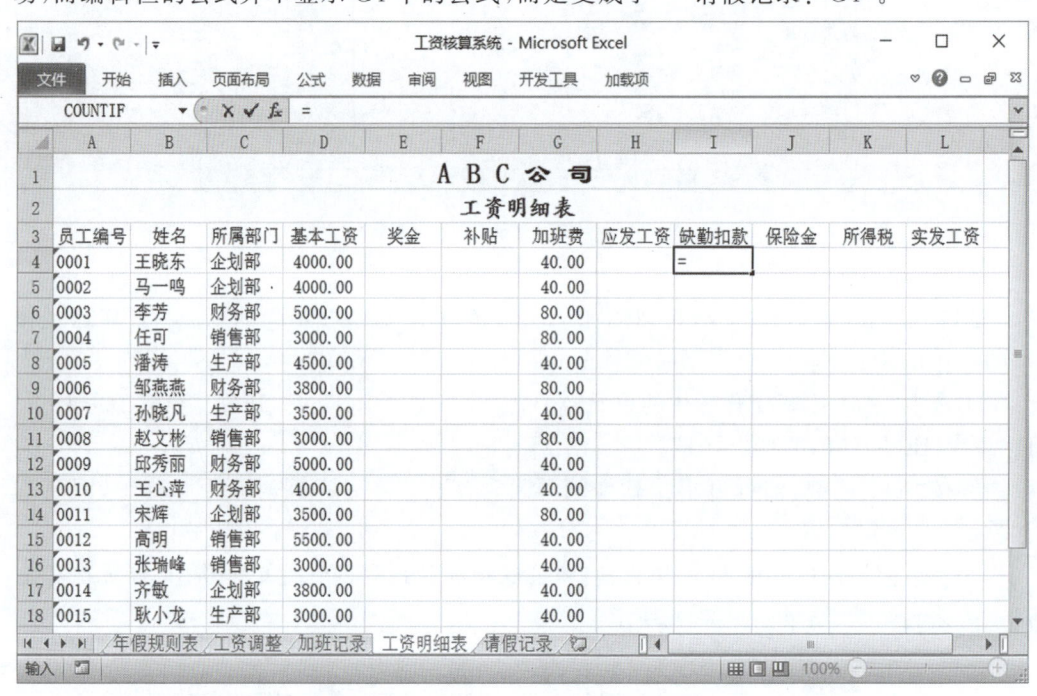

图 3-30 数据链接

③不切换工作表,继续在编辑栏中输入"+",公式变为"=请假记录!G4+",选中单元格 H4,这时,编辑栏公式变为"=请假记录!G4+请假记录!H4",单元格 H4 四周虚线闪动。

④按照同样的方法,在编辑栏中继续输入"+"。选中"请假记录"工作表中的单元格 I4,切换到"工资明细表"中,单元格 I4 的公式变为"=请假记录!G4+请假记录!H4+请假记录!I4"。

⑤按"Enter"键,此时单元格 I4 中的数据显示为"71.00",该员工的缺勤扣款总共为 71 元,如图 3-31 所示。

⑥用鼠标拖曳单元格 I4 的填充柄,将公式填充到该列的其他单元格中,计算出其他员工的缺勤扣款,结果如图 3-32 所示。

上述用填充方式自动计算其他单元格结果的方法虽然简便易行,但是以各工作表排序方式和员工资料相同为前提,一旦某个工作表中的员工数量或内容和其他工作表不一

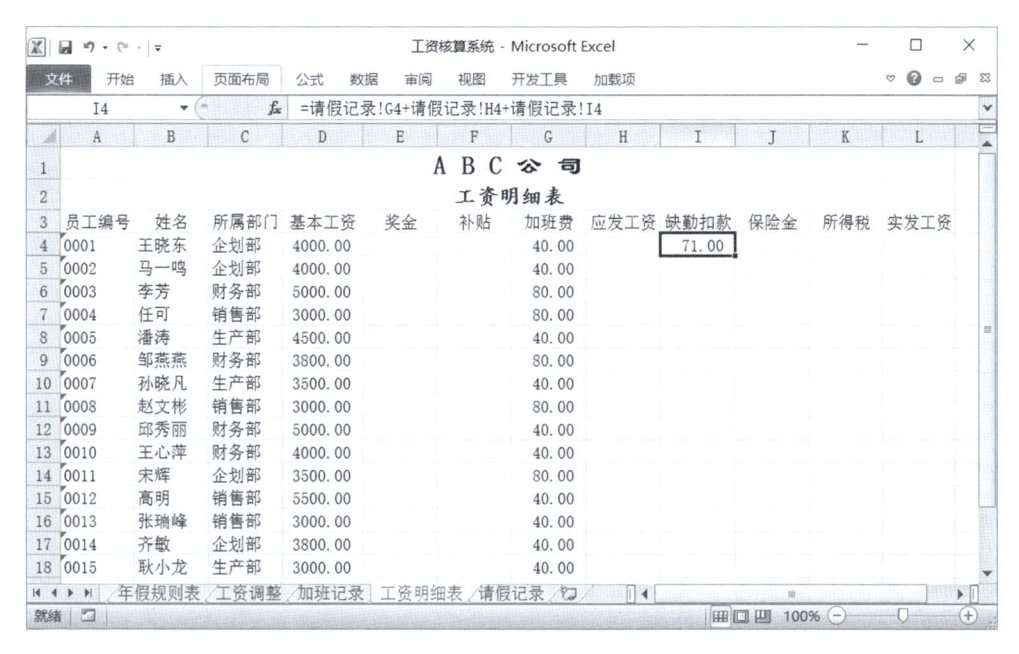

图 3-31 显示缺勤扣款

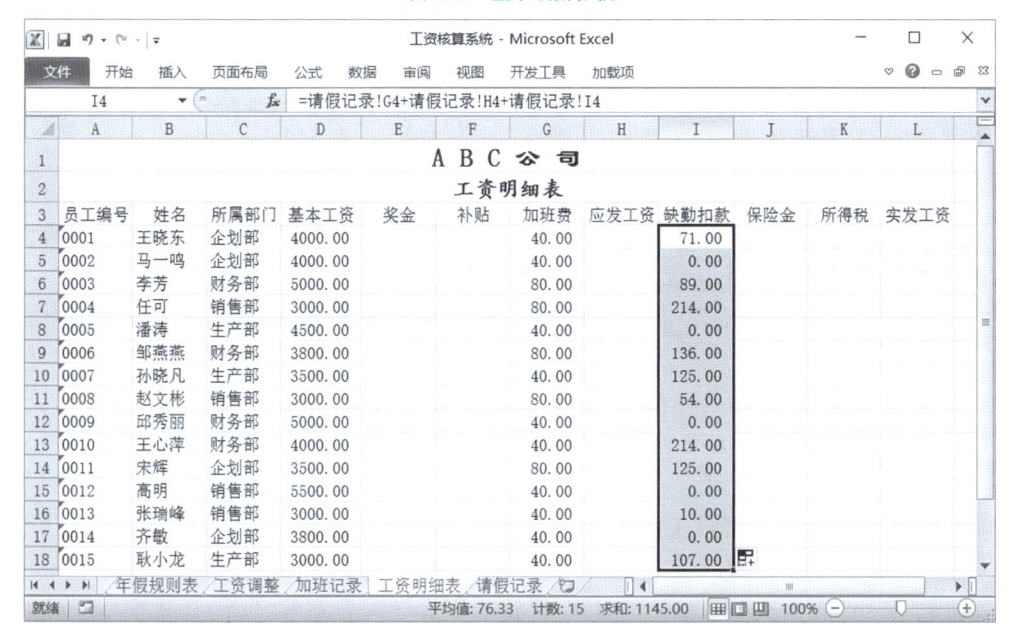

图 3-32 计算其他员工的缺勤扣款

致,则填充后显示的结果就是错误的。为谨慎起见,最好还是结合 VLOOKUP 函数进行计算。下面以链接缺勤扣款为例,介绍一下 VLOOKUP 函数的应用。为了更清楚地说明问题,先将前面创建的"工资明细表"中"缺勤扣款"列的公式删除。

具体操作步骤如下:

①在"请假记录"工作表中加一列"缺勤总扣款",然后选中单元格 J4,输入公式"＝G4＋H4＋I4"。

②按“Enter”键，显示结果为“71.00”，说明该员工的缺勤总扣款为 71 元。

③用鼠标拖动单元格 J4 的填充柄，将公式填充到该列的其他单元格中，计算出其他员工的缺勤总扣款，结果如图 3-33 所示。

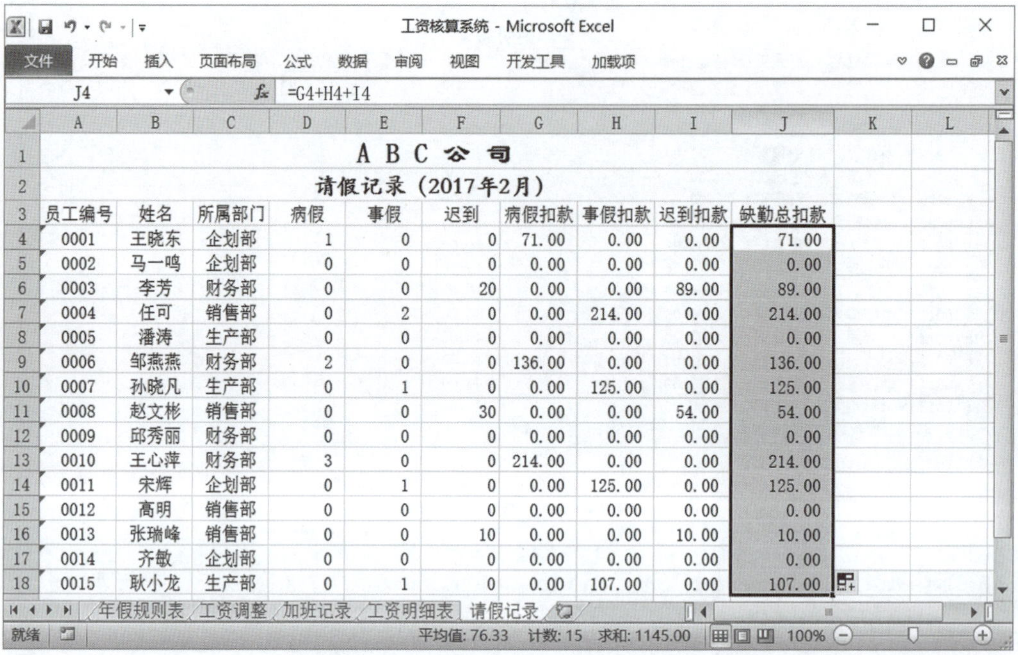

工资核算系统 - Microsoft Excel

J4 =G4+H4+I4

	A	B	C	D	E	F	G	H	I	J
1	ABC公司									
2	请假记录（2017年2月）									
3	员工编号	姓名	所属部门	病假	事假	迟到	病假扣款	事假扣款	迟到扣款	缺勤总扣款
4	0001	王晓东	企划部	1	0	0	71.00	0.00	0.00	71.00
5	0002	马一鸣	企划部	0	0	0	0.00	0.00	0.00	0.00
6	0003	李芳	财务部	0	0	20	0.00	0.00	89.00	89.00
7	0004	任可	销售部	0	2	0	0.00	214.00	0.00	214.00
8	0005	潘涛	生产部	0	0	0	0.00	0.00	0.00	0.00
9	0006	邹燕燕	财务部	2	0	0	136.00	0.00	0.00	136.00
10	0007	孙晓凡	生产部	0	1	0	0.00	125.00	0.00	125.00
11	0008	赵文彬	销售部	0	0	30	0.00	0.00	54.00	54.00
12	0009	邱秀丽	财务部	0	0	0	0.00	0.00	0.00	0.00
13	0010	王心萍	财务部	3	0	0	214.00	0.00	0.00	214.00
14	0011	宋辉	企划部	0	1	0	0.00	125.00	0.00	125.00
15	0012	高明	销售部	0	0	0	0.00	0.00	0.00	0.00
16	0013	张瑞峰	销售部	0	0	10	0.00	0.00	10.00	10.00
17	0014	齐敏	企划部	0	0	0	0.00	0.00	0.00	0.00
18	0015	耿小龙	生产部	0	1	0	0.00	107.00	0.00	107.00

年假规则表 工资调整 加班记录 工资明细表 请假记录

平均值: 76.33 计数: 15 求和: 1145.00 100%

图 3-33　计算其他员工的缺勤总扣款

④单击“公式”选项卡｜“定义的名称”工作组｜“定义名称”按钮，弹出“新建名称”对话框，将单元格区域 A4:J18 定义名称为“缺勤总扣款”。

⑤切换到“工资明细表”，选中单元格 I4，输入公式“＝VLOOKUP(A4，缺勤总扣款，10，0)”。

⑥按“Enter”键，显示结果为“71.00”，结果正确。向下拖曳填充柄，将公式填充到该列的其他单元格中，显示出其他员工的缺勤扣款。

对照“请假记录”工作表中的数据，可以发现其他员工的缺勤扣款均正确。由于使用了 VLOOKUP 函数，只要员工编号准确无误，就能保证缺勤扣款数据的准确无误。

7.核算出勤奖金

ABC 公司规定：只要员工每月请假天数不超过 2 天且迟到不超过 30 分钟，月底时就可以拿到出勤奖金 200 元。下面看一下如何计算。

核算出勤奖金

(1)为方便计算，在“请假记录”工作表中添加一列“出勤奖金”。

(2)选中单元格 K4，输入公式“＝IF(IF((D4＋E4)＜＝2，0，1)＋IF(F4＜＝30，0，1)＝0，200，0)”。

(3)按“Enter”键，显示结果为“200”，如图 3-34 所示。因为该员工请假时间为 1 天，没有迟到，所以拿到了 200 元的出勤奖金。

注：在上例中，出现了 IF 函数的嵌套使用。当出现三种以上的结果时，就需要嵌套

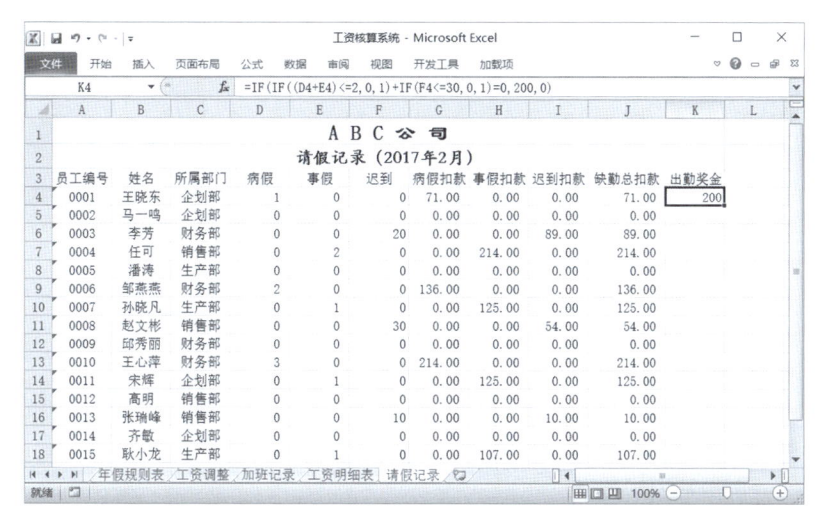

图 3-34 计算出勤奖金

使用 IF 函数。在嵌套使用中,第二个 IF 语句同时也是第一个 IF 语句的参数 value_if_false 参数。同样,第三个 IF 语句是第二个 IF 语句的参数 value_if_false 参数。如果第一个 logical_test 为 TRUE,则返回第一个结果;如果第一个 logical_test 为 FALSE,则计算第二个 IF 语句,以此类推。本例中,则是将 IF 函数用在了第一个参数判断条件中,本例中的 logical_test 为一个复杂的判断条件,需将两个内嵌 IF 函数的计算结果相加,然后根据计算结果再来判断员工的出勤奖金。

(4)向下拖动单元格 K4 的填充柄,将公式填充到该列的其他单元格中,即可得到其他员工的出勤奖金,如图 3-35 所示。

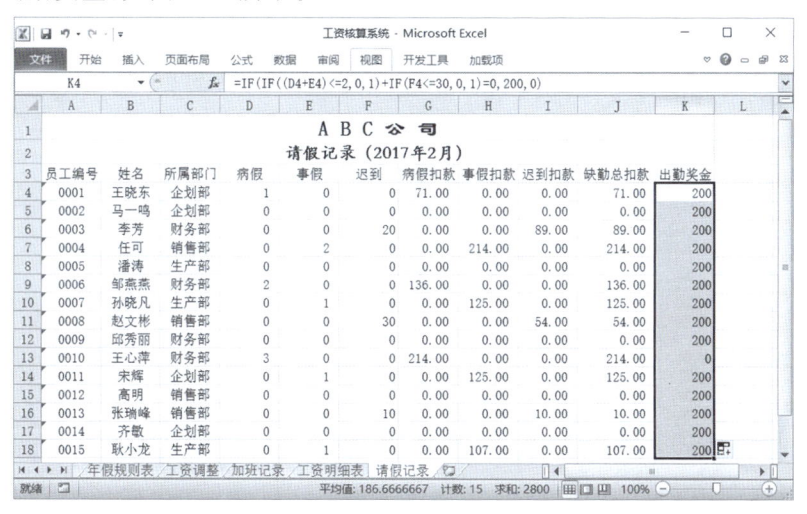

图 3-35 填充公式

(5)切换到"工资明细表",选中单元格 E4,输入公式"＝VLOOKUP(A4,请假记录! A4:K18,11,0)"。

(6)按"Enter"键,显示结果为"200.00",如图 3-36 所示。该员工符合月底奖金的条件,因此奖励 200 元。

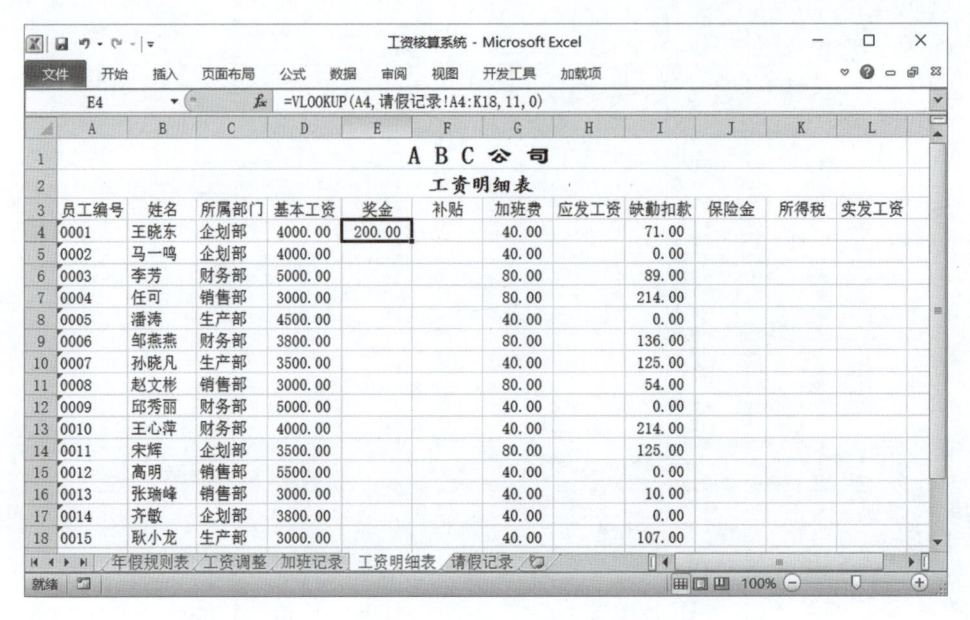

图 3-36　引用员工出勤奖金

(7)向下拖动单元格 E4 的填充柄,将公式填充到该列的其他单元格中,即可得到其他员工的出勤奖金。

8.合计应发工资

根据基本工资、奖金、补贴和加班费,就可以计算出员工的应发工资。

操作方法如下:

(1)将"工资明细表"按所属部门排序,并添加表格边框,结果如图 3-37 所示。

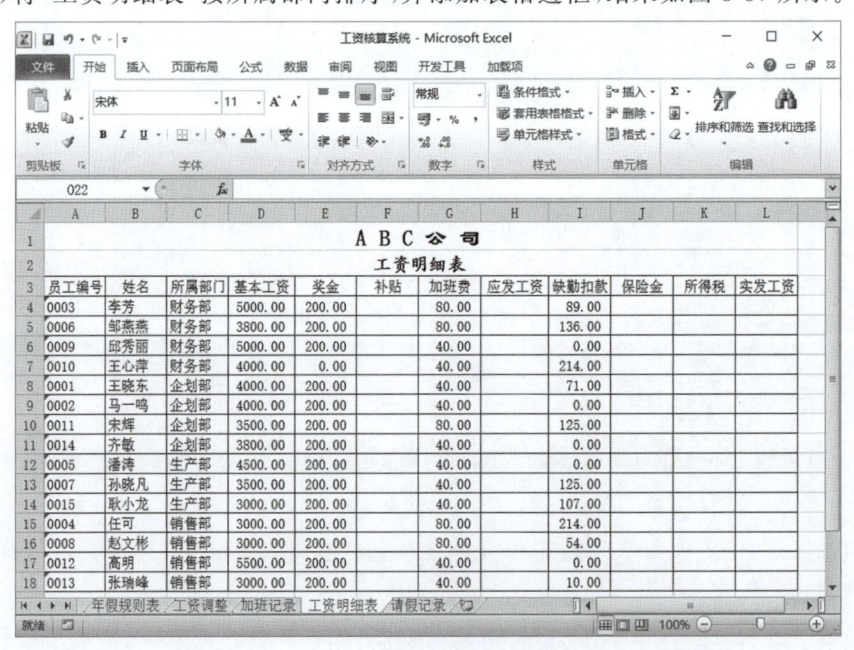

图 3-37　设置"工资明细表"

(2)在 F 列中输入每个员工的补贴,如图 3-38 所示。按公司规定,补贴包括午餐补贴和话费补贴等,部门不同,补贴也有所不同。

(3)选中单元格 H4,输入公式"＝SUM(D4:G4)",按"Enter"键即可得出该员工的应发工资,如图 3-39 所示。

合计应发工资

(4)用鼠标向下拖动单元格 H4 的填充柄,将公式填充到该列的其他单元

图 3-38　输入补贴

图 3-39　计算应发工资

格中,即可得出其他员工的应发工资,如图 3-40 所示。

图 3-40 计算其他员工的应发工资

9.代扣个人所得税

具体操作步骤如下：

(1)对"工资明细表"中员工按应发工资进行自动筛选。选中工作表中的单元格区域 A3:L18,单击"数据"选项卡|"排序和筛选"工作组|"筛选"按钮,进入自动筛选状态,如图 3-41 所示。

图 3-41 自动筛选数据

(2)单击"应发工资"列的筛选按钮,在弹出的下拉列表中选择"数字筛选"|"自定义筛选"选项,即可打开"自定义自动筛选方式"对话框,参数设置如图 3-42 所示。

图 3-42 设置筛选条件

(3)单击"确定"按钮,筛选出个人所得税率为 0,即不扣税的员工,如图 3-43 所示。

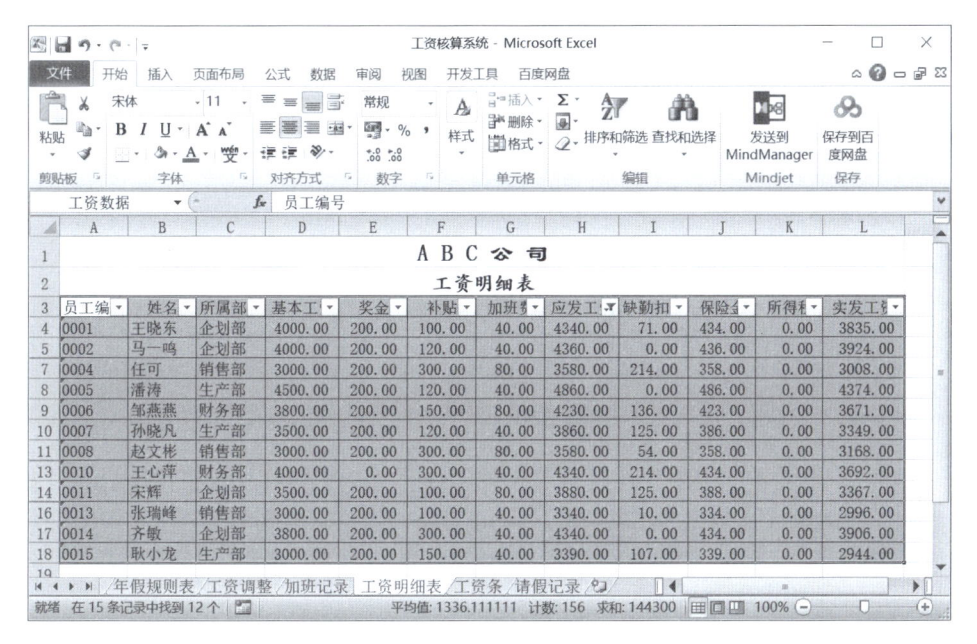

图 3-43 筛选出部分员工

(4)直接在单元格中将所得税金额设置为 0 即可。

(5)在"应发工资"下拉列表中选择"全选"复选框,显示全部资料。然后选择"数字筛选"|"自定义筛选"选项,打开"自定义自动筛选方式"对话框,参数设置如图 3-44 所示。

图 3-44 设置新筛选条件

(6)单击"确定"按钮,筛选出个人所得税率为 3% 的员工,如图 3-45 所示。

Excel 在财务中的应用

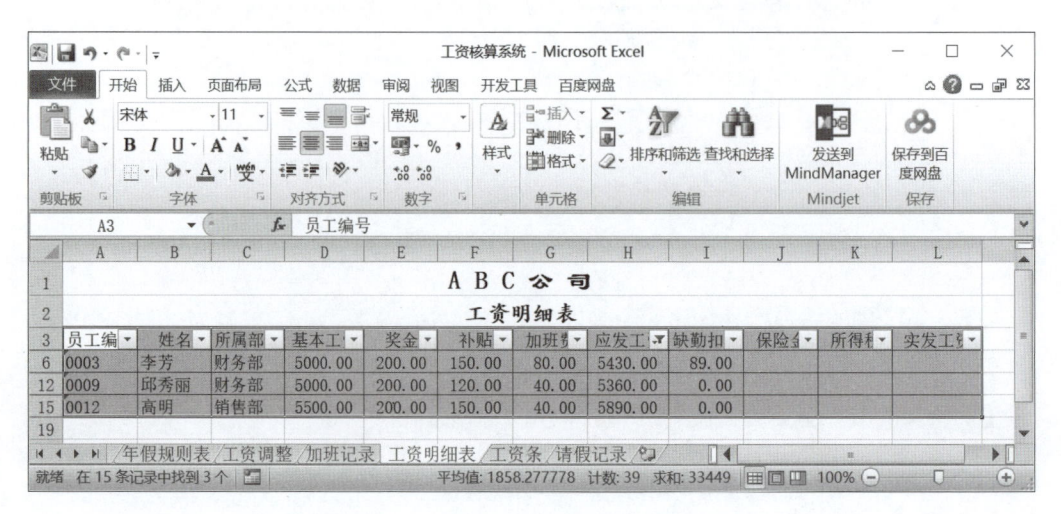

图 3-45　筛选结果

（7）选中单元格 K6，输入公式"=（H6－5 000）*0.03"，按"Enter"键，显示结果为"12.90"，该员工应扣个人所得税为 12.90 元，然后拖动填充柄将公式填充到下面的单元格，如图 3-46 所示。

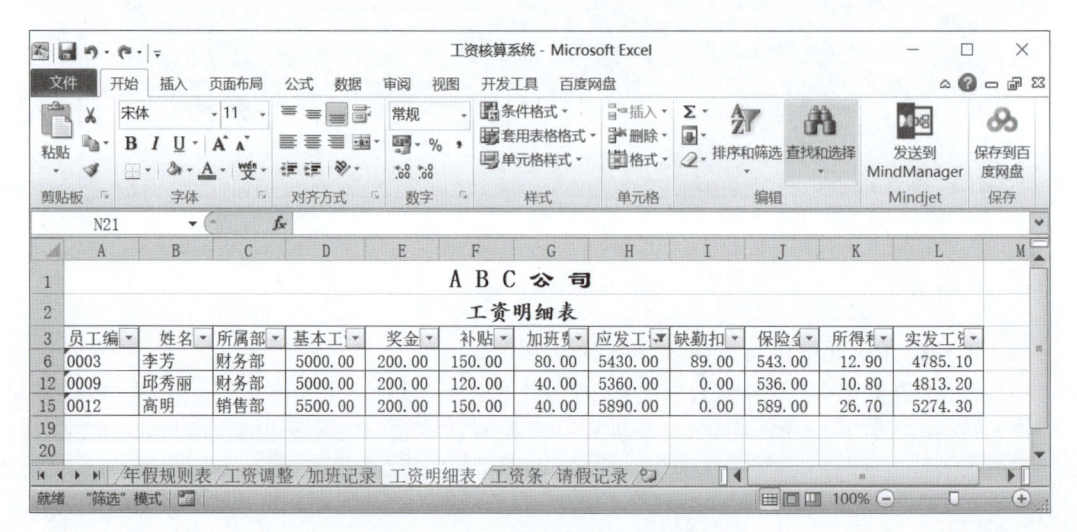

图 3-46　输入个人所得税的计算公式

（8）依次计算其他员工的个人所得税，如图 3-47 所示。

（9）单击"数据"选项卡｜"排序和筛选"工作组｜"筛选"按钮，退出自动筛选状态。

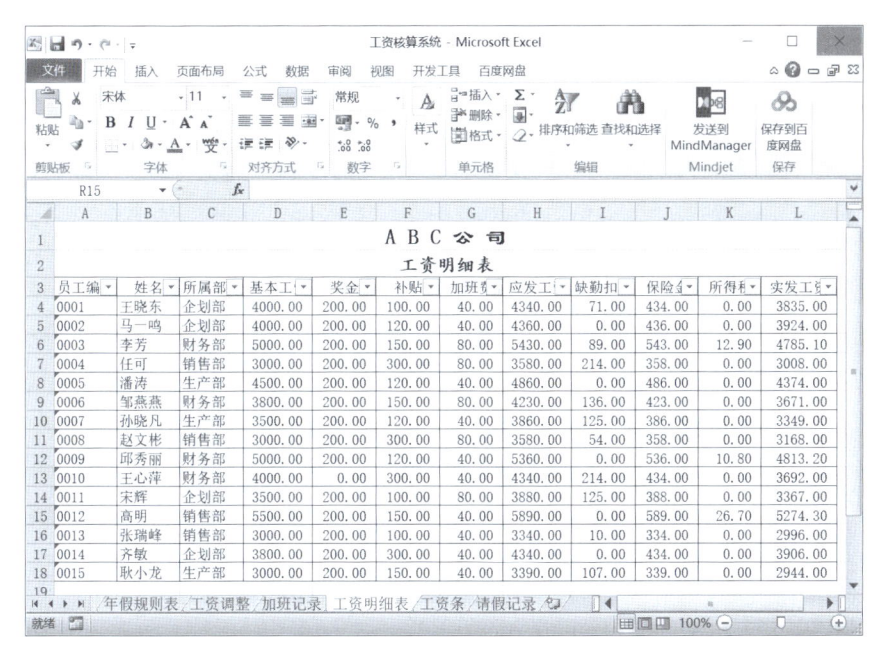

图 3-47　计算其他员工所得税

10.代缴养老保险金

一般的单位都会给员工缴纳养老保险,假如 ABC 公司为每个人缴纳的养老保险金是基本工资的 10%。

核算养老保险金的操作步骤如下:

(1)打开"工资明细表",选中单元格 J4,输入公式"＝H4＊10%",如图 3-48 所示。

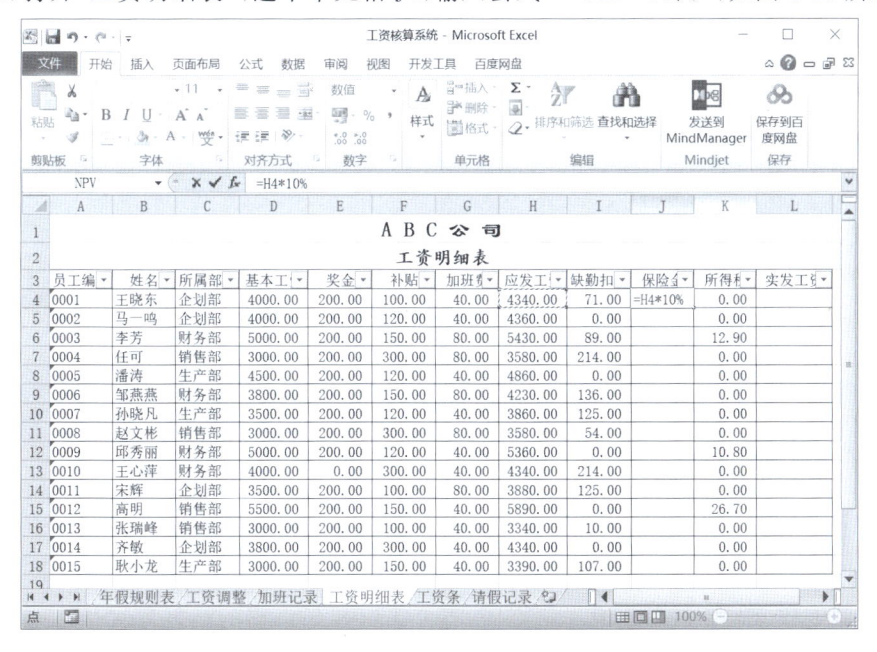

图 3-48　输入保险金的计算公式

(2)按"Enter"键,显示结果为"434.00",说明该员工应缴纳的养老保险金为434元。

(3)选中单元格J4,向下拖动填充柄,显示出其他员工应缴纳的养老保险金额,结果如图3-49所示。

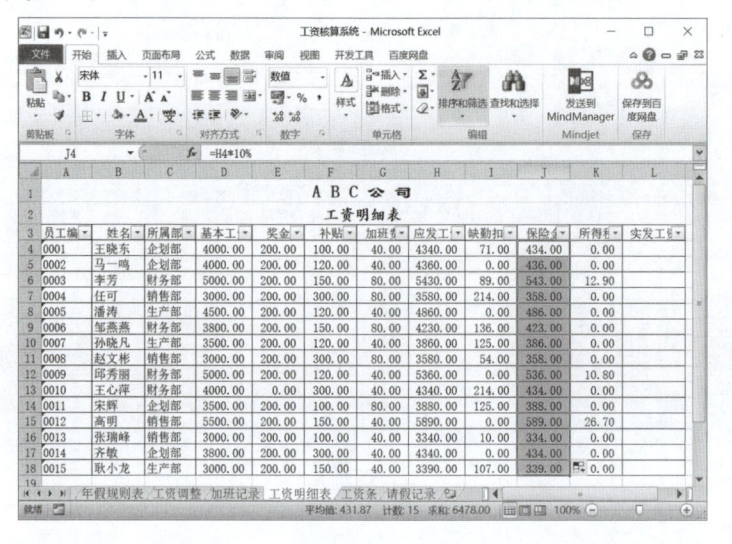

图3-49 计算其他员工的养老保险金

11.合计实发工资

下面进行薪资汇总。每个员工月底能拿到的工资,其实就是扣完缺勤、税费后的实发工资。

操作步骤如下:

(1)在"工资明细表"中选中单元格L4,输入公式"＝H4－I4－J4－K4"。

(2)按"Enter"键,显示结果为"3 835.00",如图3-50所示,该员工实得薪资为3 835元。

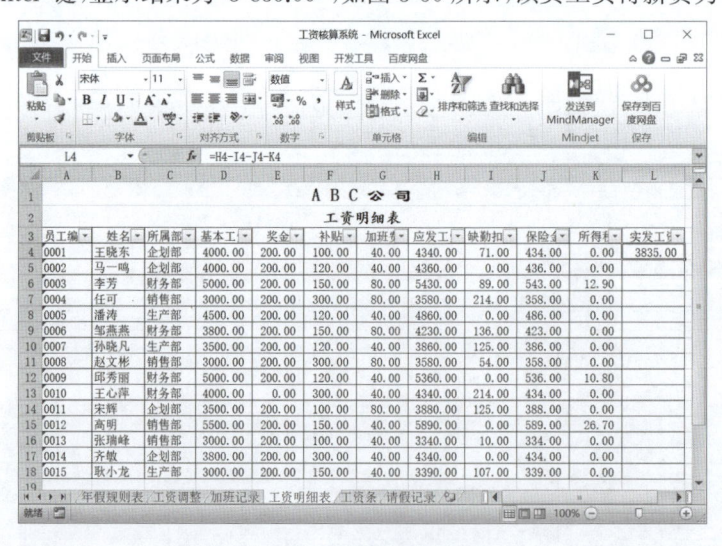

图3-50 输入实发工资的计算公式

(3)选中单元格L4,向下拖动填充柄,将公式填充到该列的其他单元格中,即可得出其他员工的实发工资,结果如图3-51所示。

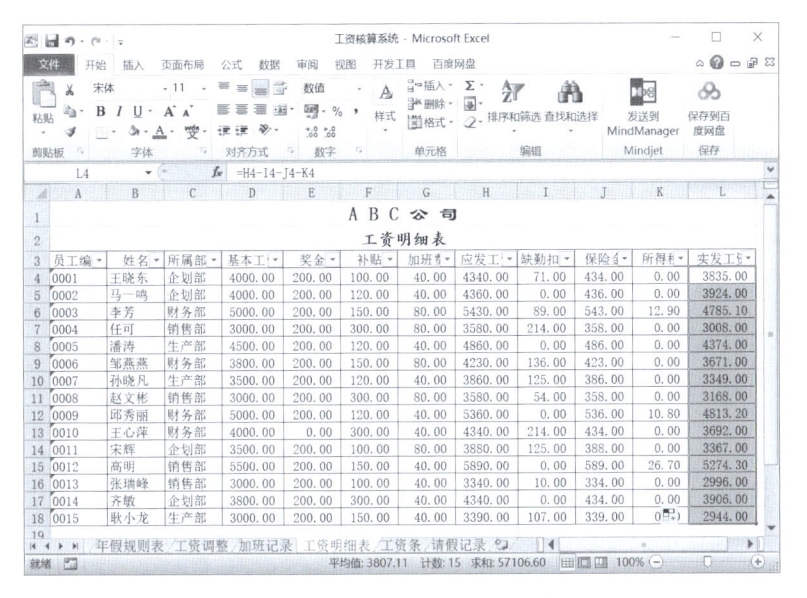

图 3-51 计算其他员工的实发工资

四、问题深究

依照我国税法的最新规定,在职员工应缴纳个人所得税。那么怎么计算所得税呢? 李芳认真查阅了相关资料。

首先李芳认真了解了有关我国职工工资个人所得税的起征点和计算方法。

按月征收,国家新规定的起征点为 5 000 元,即对每月超过 5 000 元以上的部分征税。

由于工资、薪金所得在计算应纳所得税时,应用的是超额累进税率,所以计算比较烦琐。运用速算扣除数计算法,可以简化计算过程。工资、薪金所得适用的速算扣除数见表 3-1。

表 3-1　　　　　工资、薪金所得适用的速算扣除数

级数	全月应纳税所得额(含税级距)	税率/%	速算扣除数
1	不超过 3 000 元的	3	0
2	超过 3 000 元至 12 000 元的部分	10	210
3	超过 12 000 元至 25 000 元的部分	20	1 410
4	超过 25 000 元至 35 000 元的部分	25	2 660
5	超过 35 000 元至 55 000 元的部分	30	4 410
6	超过 55 000 元至 80 000 元的部分	35	7 160
7	超过 80 000 元的部分	45	15 160

工资、薪金所得的个人所得税计算公式为:应纳税额＝应纳税所得额×适用税率－速算扣除数。

举例如下：

某纳税人 2020 年 1 月在中国境内取得工资、薪金收入 5 600 元,请计算其应纳税额。

应纳税所得额＝5 600－5 000＝600(元)

应纳税额＝600×3％－0＝18(元)

因此该纳税人 1 月份应纳税额为 18 元。

根据表 3-1 和工资、薪金所得的个人所得税计算公式,试计算一下最新规定下的个人所得税。

五、知识拓展

在创建工资核算系统的过程中,会遇见很多需要计算的地方,其中 Excel 2010 给予很大的帮助,其中的奥妙之处就是函数的运用和公式的计算。

1.COUNTIF 函数

功能:计算区域中满足给定条件的单元格个数。

语法:COUNTIF(range,criteria)。

说明:range 为需要计算其中满足条件的单元格数目的单元格区域;criteria 为确定哪些单元格将被计算在内的条件,其形式可以为数字、表达式或文本。例如,条件可以表示为"32""＞32"或"apples"。

2.ROUND

功能:返回某个按指定位数取整后的数字。

语法:ROUND(number,num_digits)。

说明:number 为需要进行四舍五入的数字;num_digits 为指定的位数,按此位数进行四舍五入。

如果 num_digits 大于 0,则四舍五入到指定的小数位。

如果 num_digits 等于 0,则四舍五入到最接近的整数。

如果 num_digits 小于 0,则在小数点左侧进行四舍五入。

3.VLOOKUP 函数

功能:VLOOKUP 函数在表格数组的首列查找值,并由此返回表格数组当前行中其他列的值。

VLOOKUP 中的 V 表示垂直方向。当比较值位于需要查找的数据左边的一列时,可以使用 VLOOKUP,而不用 HLOOKUP。

语法:VLOOKUP(lookup_value,table_array,col_index_num,range_lookup)。

说明:lookup_value 为需要在表格数组(数组:用于建立可生成多个结果或可对在行和列中排列的一组参数进行运算的单个公式。数组区域共用一个公式;数组常量是用作参数的一组常量。)第一列中查找的数值。lookup_value 可以为数值或引用。若 lookup_value 小于 table_array 第一列中的最小值,VLOOKUP 将返回错误值♯N/A。

table_array 为两列或多列数据。可使用对区域的引用或区域名称。table_array 第一列中的值是由 lookup_value 搜索的值。这些值可以是文本、数字或逻辑值。不区分大小写。

col_index_num 为 table_array 中待返回的匹配值的列序号。col_index_num 为 1 时，返回 table_array 第一列中的数值；col_index_num 为 2 时，返回 table_array 第二列中的数值，以此类推。如果 col_index_num 小于 1，VLOOKUP 返回错误值 ♯VALUE！。大于 table_array 的列数，VLOOKUP 返回错误值♯REF！。

range_lookup 为逻辑值，指定希望 VLOOKUP 查找精确的匹配值还是近似匹配值：如果为 TRUE 或省略，则返回精确匹配值或近似匹配值。也就是说，如果找不到精确匹配值，则返回小于 lookup_value 的最大数值。table_array 第一列中的值必须以升序排序；否则 VLOOKUP 可能无法返回正确的值。如果为 FALSE，VLOOKUP 将只寻找精确匹配值。在此情况下，table_array 第一列的值不需要排序。如果 table_array 第一列中有两个或多个值与 lookup_value 匹配，则使用第一个找到的值。如果找不到精确匹配值，则返回错误值 ♯N/A。

注：在 table_array 第一列中搜索文本值时，请确保 table_array 第一列中的数据没有前导空格、尾随空格、不一致的直引号（'或"）、弯引号（'或"）或非打印字符。在上述情况下，VLOOKUP 可能返回不正确或意外的值。在搜索数字或日期值时，请确保 table_array 第一列中的数据未保存为文本值。否则，VLOOKUP 可能返回不正确或意外的值。如果 range_lookup 为 FALSE 且 lookup_value 为文本，则可以在 lookup_value 中使用通配符、问号（？）和星号（＊）。问号匹配任意单个字符；星号匹配任意字符序列。如果您要查找实际的问号或星号本身，请在该字符前键入波形符（～）。

六、课后训练

利用 Excel 2010 的函数和公式计算工资表中的各项数据。具体要求如下：

（1）启动 Excel 2010，将工作表 Sheet1 重命名为"工资表"，将工作表 Sheet2 重命名为"职务聘任表"，参照图 3-52 和图 3-53 输入有关数据并设置格式。

图 3-52 "工资表"数据及样式

图 3-53 "职务聘任表"数据及样式

（2）使用"职务聘任表"中人员职务数据，结合 IF 函数，计算"工资表"中人员的职务工资。标准为：教授 600 元、副教授 500 元、讲师 300 元、助教 200 元。

（3）计算"工资表"中的"应发工资"（基本工资＋职务工资＋奖金）、"实发工资"（应发工资－水电费）及各项合计。所有数据保留两位小数。

（4）将文件以"zy3-1"为文件名保存在个人文件夹。

任务二　员工工资的管理

工作情境：

　　ABC公司为了更好地激励员工，提高经济效益。因此对工资管理工作极为重视，公司总经理要求随时掌握员工工资的变动情况，并根据变化适时推出新的工资调整措施。这就要求李芳必须做好公司工资管理工作，以满足企业管理的需求，从而更好地发挥会计的管理职能。

一、学习目标

1. 学会工资表的分类汇总。
2. 掌握工资表的公式隐藏。
3. 制作工资条。
4. 创建"工资核算系统"的模板。
5. 系统模板的应用。

二、工作流程

　　工作表制作完毕后，用户需要对表中的数据进行编辑、更新和管理。

　　工资条是发放工资时交给员工的工资项目清单，其数据来源于工资表。由于工资条是发放给员工个人的，所以工资条应该包括工资中各个组成部分的项目名称和数值。

三、实践操作

1. 分类汇总

　　要统计各个部门的月工资总额和平均值，虽然用SUM函数和AVERAGE函数可以做到，但数据较多且复杂时，这两个函数的功能就显得有局限性了。下面介绍Excel 2010的另一项功能：分类汇总。

　　分类汇总是对数据清单上的数据进行分析的一种方法，它可以在数据清单上插入分类汇总行，然后按照选择的方式对数据进行汇总。同时，在插入分类汇总时，Excel还会自动在数据清单底部插入一个总计行。下面统计ABC公司各部门2017年2月发放的工资总额，并计算出各部门员工的月工资，其操作步骤如下：

　　(1) 分类汇总工资总额

　　计算分类汇总薪资总额的操作步骤如下：

　　① 打开"工资明细表"，将数据按部门排序，选择单元格区域A3:L18。

　　② 单击"数据"选项卡｜"分级显示"工作组｜"分类汇总"按钮，弹出"分类

汇总"对话框,在"分类字段"下拉列表框中选择"所属部门"选项,在"汇总方式"下拉列表框中选择"求和"选项,在"选定汇总项"列表框中选中"实发工资"复选框,如图 3-54 所示。

③单击"确定"按钮,分类汇总效果如图 3-55 所示。

④分类汇总的数据清单中,可以隐藏明细数据,以便更加清晰地显示汇总信息。在第 8 行行号的左侧单击按钮 —,此时,财务部明细数据被隐藏,只显示该部门汇总数据,如图 3-56 所示。如果要重新显示明细数据,只要单击旁边的按钮 + 即可。

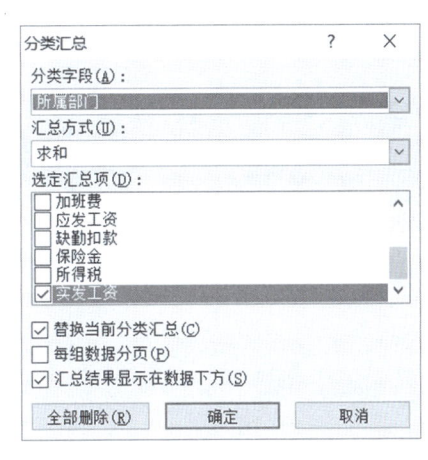

图 3-54 "分类汇总"对话框

图 3-55 分类汇总结果

⑤单击第 23 行行号左侧的按钮 —,也就是最外层的按钮 —,可隐藏全部明细数据。明细数据全部隐藏后,只显示所有部门的"总计"数据,如图 3-57 所示。

此时在行号旁边有三个可以显示数据汇总层次的按钮 1 2 3。单击按钮 1,隐藏全部明细数据,效果等同于单击最外层的按钮 —。

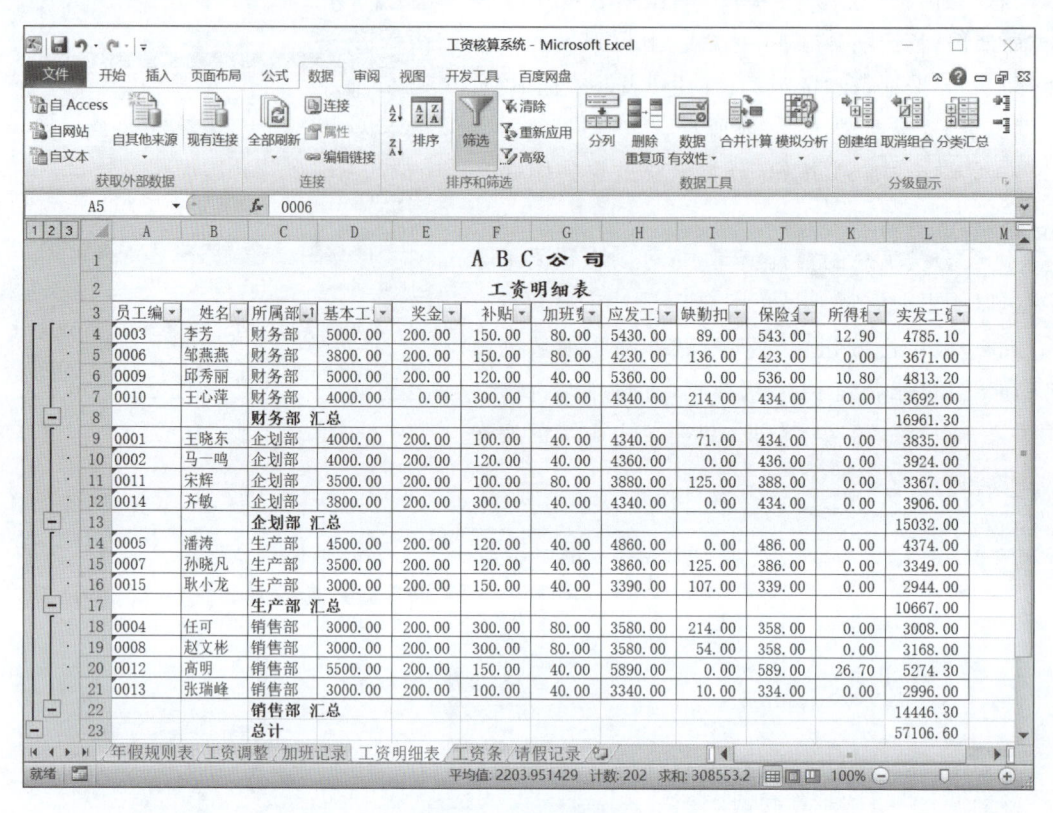

图 3-56　隐藏明细数据

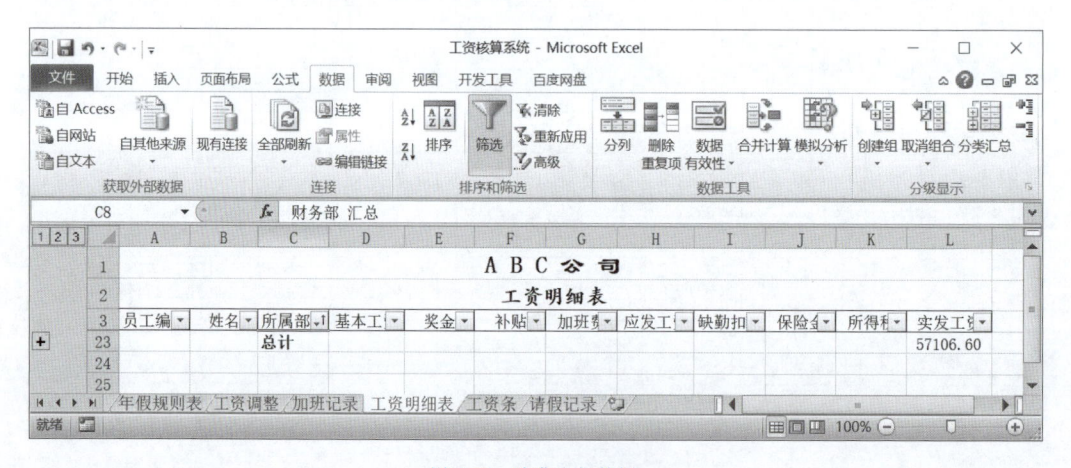

图 3-57　隐藏全部数据

⑥单击按钮2，隐藏各部门明细数据，只显示部门分类汇总和总计数据，结果如图 3-58 所示。

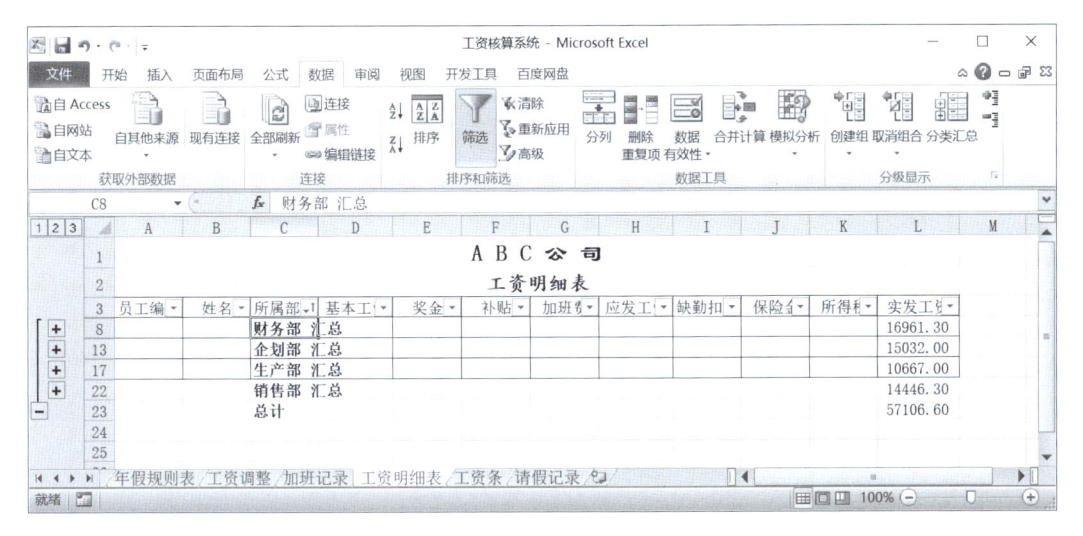

图 3-58　显示部门汇总

⑦单击按钮 3，显示全部明细数据和分类汇总数据。

（2）嵌套平均值的分类汇总

要显示各部门的薪资汇总数据，并且显示各部门薪资数据的平均值，就必须在现有分类汇总的基础上再添加一个嵌套的分类汇总。

具体操作步骤如下：

①在现有分类汇总的基础上再次应用分类汇总功能。单击"数据"选项卡｜"分级显示"工作组｜"分类汇总"按钮，弹出"分类汇总"对话框。

②在"汇总方式"下拉列表框中选择"平均值"选项，并且取消"替换当前分类汇总"复选框，如图 3-59 所示。

图 3-59　设置平均值分类汇总

③单击"确定"按钮，嵌套的分类汇总就创建完成了，数据清单中不仅有汇总值，还有平均值，如图 3-60 所示。

如果想取消分类汇总，可单击"数据"选项卡｜"分级显示"工作组｜"分类汇总"按钮，弹出"分类汇总"对话框，单击"全部删除"按钮，这样分类汇总就被取消了。

2.制作工资条

（1）定义单元格

计算完工资之后，可以根据需要利用"工资明细表"中的数据制作工资条，首先进行单元格定义。具体操作步骤如下：

①将"工资明细表"按员工编号升序排列，结果如图 3-61 所示。

②选中单元格区域 A3:L18，将本单元格区域命名为"工资数据"。

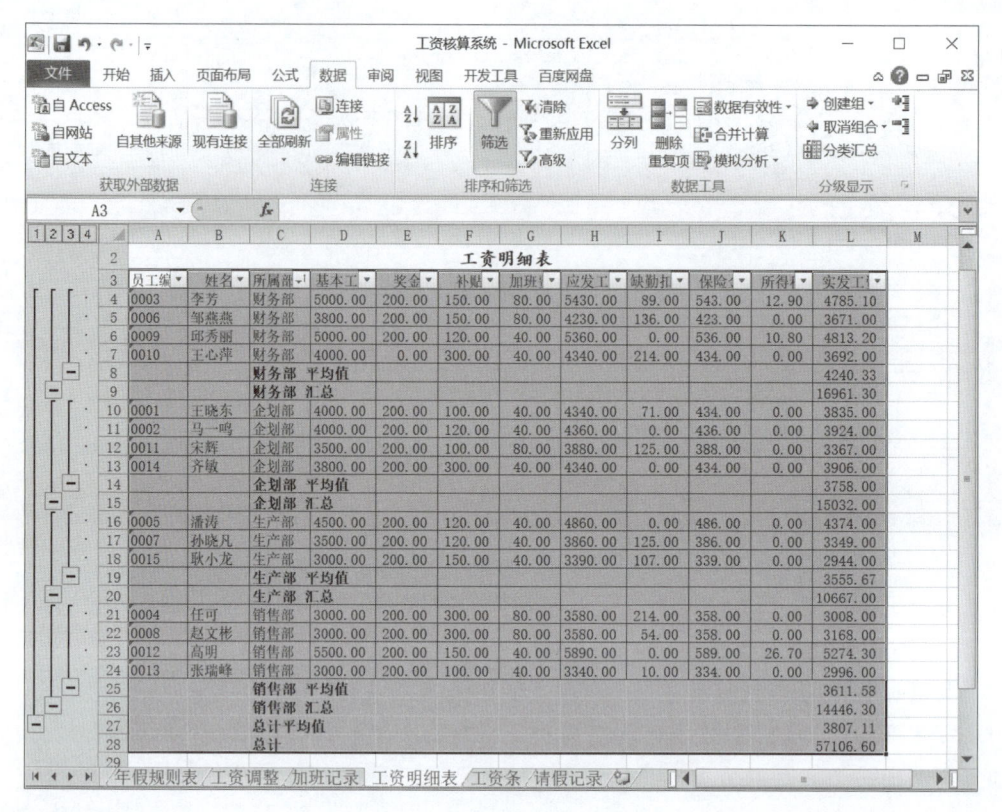

图 3-60　嵌套平均值分类汇总

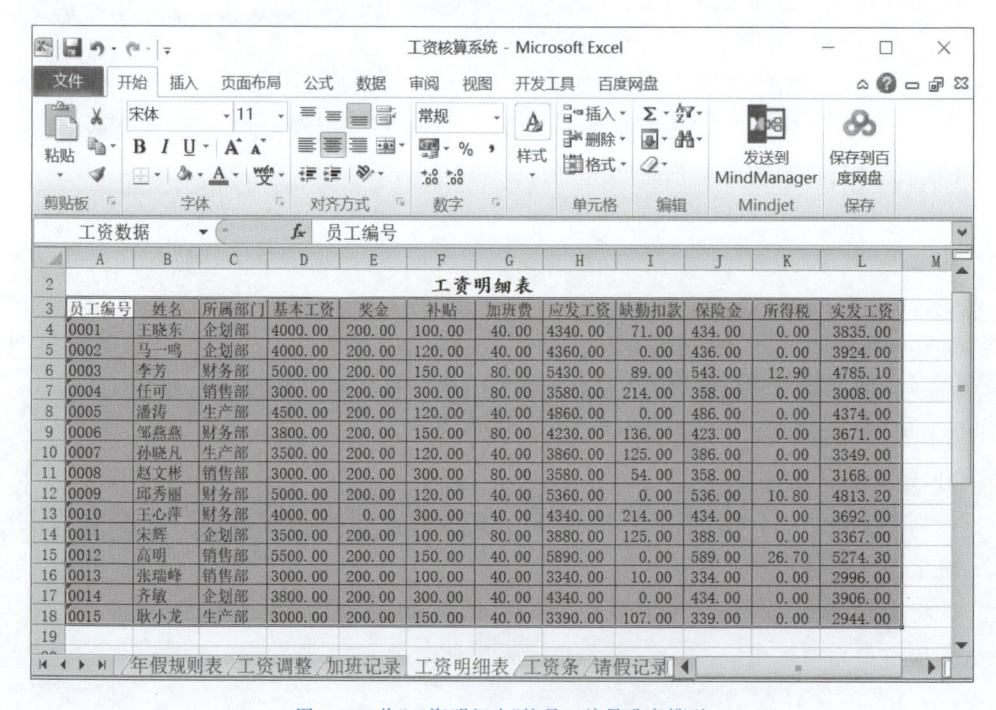

图 3-61　将"工资明细表"按员工编号升序排列

(2)制作工资条

①在"工资明细表"的后面插入一张工作表,并将其重命名为"工资条"。

②将"工资明细表"中的工资项目复制到"工资条"工作表中,插入一个"月份"列,然后在第一行输入标题,并设置格式,如图3-62所示。

③在单元格A3中输入公式"＝NOW()",然后打开"单元格格式"对话框,将单元格格式设置为"××××年××月"的格式。

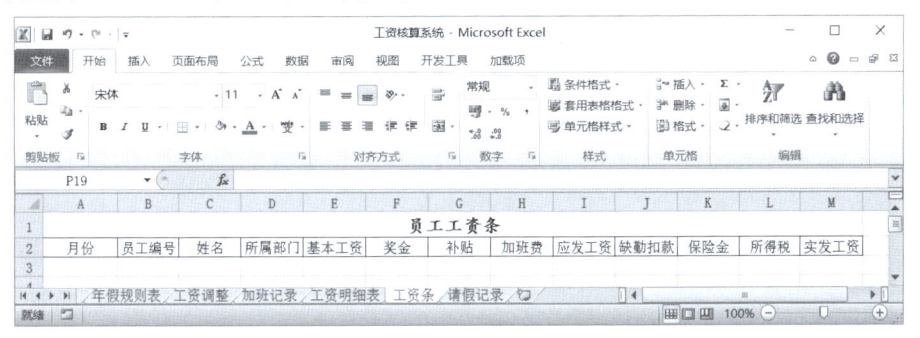

图3-62 创建"工资条"工作表

④在单元格B3中输入员工的编号0001,然后单击单元格C3,输入公式"＝VLOOKUP(B3,工资数据,2,0)",按"Enter"键,结果如图3-63所示。

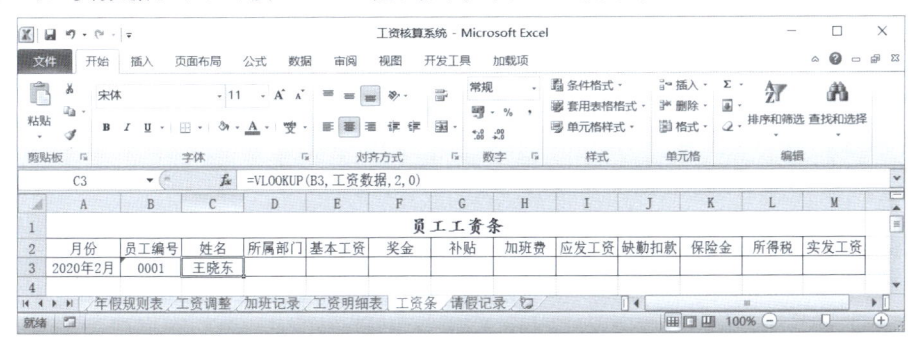

图3-63 引用相应的公式

⑤依次在单元格D3～M3中输入公式:＝VLOOKUP(B3,工资数据,3,0)、＝VLOOKUP(B3,工资数据,4,0)、＝VLOOKUP(B3,工资数据,5,0)……＝VLOOKUP(B3,工资数据,12,0),则数据全部被引用过来,结果如图3-64所示。

图3-64 引用数据后的结果

⑥选中单元格区域 A1:M3，将鼠标指针移至单元格 M3 的右下角，当指针呈"+"形状时，向下拖曳至第 45 行，然后释放鼠标，显示的部分结果如图 3-65 所示。此时，可以很清楚地看出每个员工的工资情况。

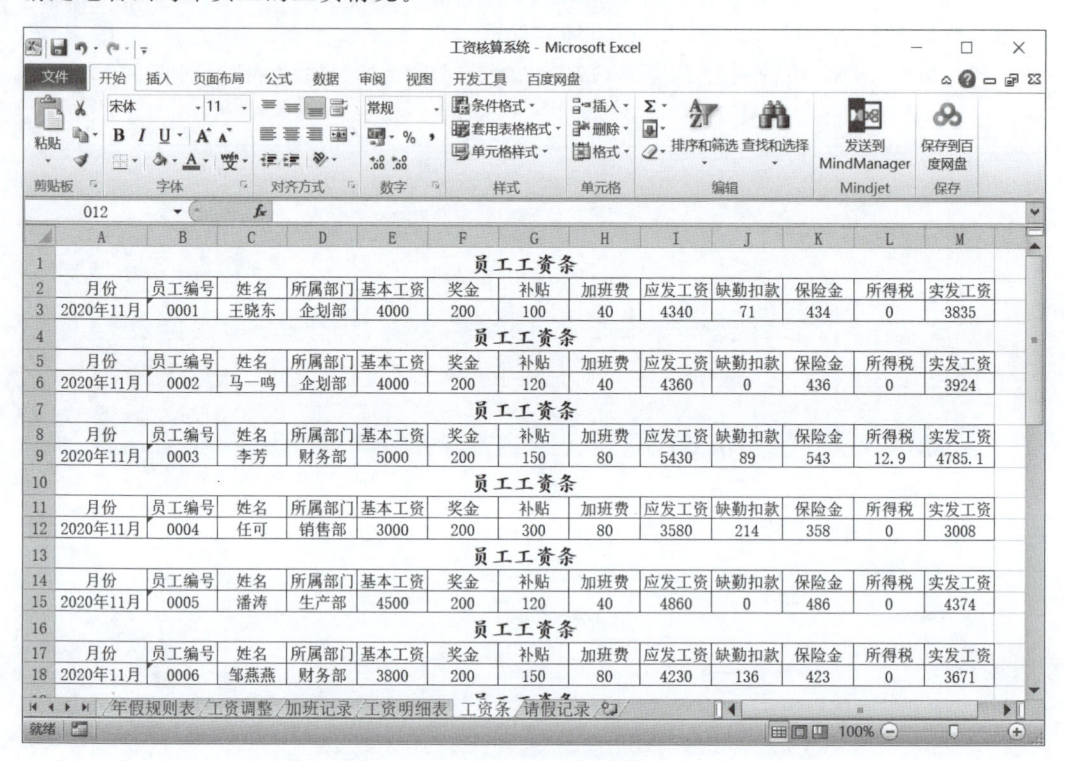

	A	B	C	D	E	F	G	H	I	J	K	L	M
1							员工工资条						
2	月份	员工编号	姓名	所属部门	基本工资	奖金	补贴	加班费	应发工资	缺勤扣款	保险金	所得税	实发工资
3	2020年11月	0001	王晓东	企划部	4000	200	100	40	4340	71	434	0	3835
4							员工工资条						
5	月份	员工编号	姓名	所属部门	基本工资	奖金	补贴	加班费	应发工资	缺勤扣款	保险金	所得税	实发工资
6	2020年11月	0002	马一鸣	企划部	4000	200	120	40	4360	0	436	0	3924
7							员工工资条						
8	月份	员工编号	姓名	所属部门	基本工资	奖金	补贴	加班费	应发工资	缺勤扣款	保险金	所得税	实发工资
9	2020年11月	0003	李芳	财务部	5000	200	150	80	5430	89	543	12.9	4785.1
10							员工工资条						
11	月份	员工编号	姓名	所属部门	基本工资	奖金	补贴	加班费	应发工资	缺勤扣款	保险金	所得税	实发工资
12	2020年11月	0004	任可	销售部	3000	200	300	80	3580	214	358	0	3008
13							员工工资条						
14	月份	员工编号	姓名	所属部门	基本工资	奖金	补贴	加班费	应发工资	缺勤扣款	保险金	所得税	实发工资
15	2020年11月	0005	潘涛	生产部	4500	200	120	40	4860	0	486	0	4374
16							员工工资条						
17		月份	员工编号	姓名	所属部门	基本工资	奖金	补贴	加班费	应发工资	缺勤扣款	保险金	所得税	实发工资
18	2020年11月	0006	邹燕燕	财务部	3800	200	150	80	4230	136	423	0	3671

图 3-65　制作全部工资条

（3）预览和打印工资条

工资条制作完成后，就可以将其打印出来，发放到每一位员工的手中，在领工资时员工需要核实并签字。

四、问题探究：隐藏公式

财务工作中有些工作表的重要数据公式不便被别人看见，但当选中公式单元格时，编辑栏中就会显示出公式的实际内容，这时可以利用 Excel 隐藏公式的功能把这些公式隐藏起来。

例如，要将"工资明细表"中的"所得税"列的数据公式隐藏起来，操作步骤如下：

(1)选择要保护的单元格区域 K4:K18，单击鼠标右键，在弹出的右键菜单中，单击"设置单元格格式"，打开"设置单元格格式"对话框。

(2)单击"保护"选项卡，选中"隐藏"复选框。单击"确定"按钮。

(3)单击"开始"选项卡｜"单元格"工作组｜"格式"按钮，在弹出的下拉菜单中选择"保护工作表"命令，在弹出的"保护工作表"对话框中输入解除工作表保护时的密码。

(4)单击"确定"按钮，在弹出的"确认密码"对话框中再次输入刚才设置的密码。

(5)单击"确定"按钮返回到"工资明细表"中，选中任意被保护的单元格就会发现编辑栏中的公式不再显示了。

(6)要撤销公式隐藏,只要取消工作表保护即可。单击"开始"选项卡│"单元格"工作组│"格式"按钮,在弹出的下拉菜单中选择"撤销工作表保护"命令,在弹出的对话框中输入解除保护的密码,单击"确定"按钮。

五、知识拓展:创建工资核算系统模板

创建"工资核算系统"工作簿后,在以后的使用过程中,一般的项目内容是不修改的,每月需要更新的只有相关的数据。因此,我们可以把制作好的"工资核算系统"保存成与 Excel 2010 中的其他模板一样的模板文件,这样下一次再使用时,就可以使用该模板直接生成新的工作表,然后对相应的数据进行更新即可。

1.保存模板

将"工资核算系统"保存为模板的操作步骤如下:

(1)打开"工资核算系统"工作簿,单击"文件"选项卡│"另存为"命令,打开"另存为"对话框。

(2)在"保存位置"下拉列表框中设置好模板的存放位置,在"文件名"下拉列表框中设置好模板的名称,在"保存类型"下拉列表框中选择"Excel 模板"选项,如图 3-66 所示。

图 3-66　另存为模板

2.应用模板

创建完模板后,如何使用它来创建新的工作表呢?下面就介绍一下"工资核算系统"模板的使用方法。

(1)启动 Excel 2010,单击"文件"选项卡│"新建"命令。

(2)选择"可用模板"│"我的模板",弹出如图 3-67 所示"我的模板"对话框,双击选中刚刚保存过的模板,即可新建一个员工工资管理工作簿,只需要在各个工作表中修改部分数据即可。

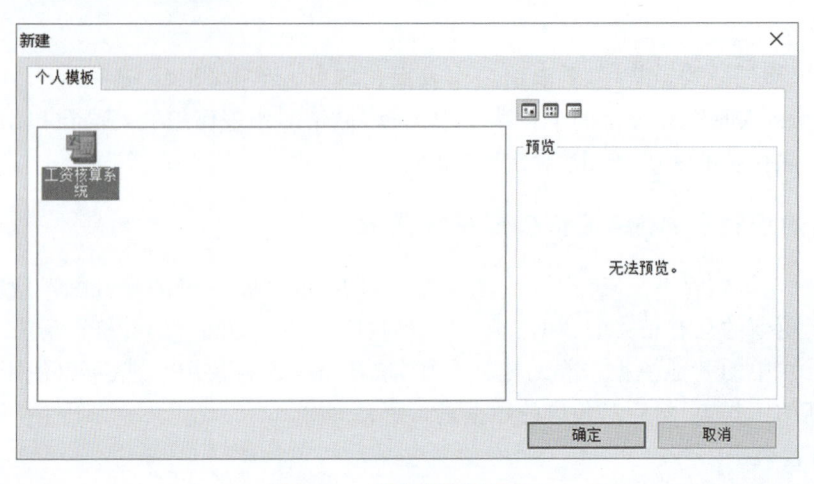

图 3-67 "我的模板"对话框

六、课后训练

利用 Excel 2010 的函数和公式计算某公司各项工资。
(1) 公司员工基本信息见表 3-2。

表 3-2　　　　　　　　　员工基本信息

职员编号	姓名	所属部门	职员类别	工龄	基本工资	请假天数
1001	林同	厂办	企业管理人员	20	4 450	1
1002	李钢	厂办	企业管理人员	15	2 360	
1003	李芳	财务处	企业管理人员	8	2 310	
1004	刘明	财务处	企业管理人员	25	3 520	1
1005	张晨	人事处	企业管理人员	30	2 520	
1006	薛明	人事处	企业管理人员	7	2 320	
1007	张仪	后勤部	福利人员	8	2 290	
1009	何年	后勤部	福利人员	4	2 260	
1010	向强	后勤部	福利人员	6	2 360	
2001	沈宏	金工车间	车间管理人员	16	4 460	2
2005	张贤	金工车间	基本生产人员	11	2 410	
2006	张群	金工车间	基本生产人员	18	2 450	
2007	李明	金工车间	基本生产人员	8	4 350	3
2008	王小林	金工车间	基本生产人员	12	2 400	
2015	张占英	金工车间	基本生产人员	16	2 450	
2017	赵一岚	金工车间	基本生产人员	3	2 310	
2002	刘华	装配车间	车间管理人员	15	2 430	
2009	杜华	装配车间	基本生产人员	20	2 420	
2010	付强	装配车间	基本生产人员	17	5 420	4
2011	李更生	装配车间	基本生产人员	18	4 420	
2003	周红	供气车间	辅助生产人员	5	2 290	
2012	张小红	供气车间	辅助生产人员	17	3 420	

(续表)

职员编号	姓名	所属部门	职员类别	工龄	基本工资	请假天数
2016	李天一	供气车间	辅助生产人员	10	2 380	
2004	王虎	机修车间	辅助生产人员	18	2 480	
2013	张道山	机修车间	辅助生产人员	20	3 450	
2014	郑华三	机修车间	辅助生产人员	26	2 520	
3001	赵飞	库房	企业管理人员	10	2 280	
3002	陈正卿	库房	企业管理人员	14	4 280	
4001	马敏	本地销售部门	销售人员	12	2 380	
4002	郭芳	外地销售部门	销售人员	6	4 360	
4033	高惠荣	外地销售部门	销售人员	9	2 530	
4003	高洁	采购部	企业管理人员	6	3 360	

(2)公司工资项目有岗位工资、奖金、交补、日工资、病假扣款、事假扣款、计税基数等。具体计算标准如下：

岗位工资：企业管理人员800；福利人员750；其他人员850。

奖金：企业管理人员和福利人员200；其他人员300。

交补：销售人员200；其他人员150。

日工资：(基本工资+岗位工资+奖金)/21.17。

病假扣款：工龄10年以上，每天扣日工资的20%；工龄在5年以上，每天扣日工资的30%；工龄5年以下，每天扣日工资的50%。

事假扣款：事假天数×日工资。

计税基数：基本工资+岗位工资+奖金－病假扣款－事假扣款。

(3)计算每个职工的工资，并制作工资条及部门汇总表。

情境四　固定资产管理

情境导入：

固定资产是企业生产经营过程中的重要劳动资料,指企业为生产商品、提供劳务、出租或经营管理而持有的,使用寿命超过一年的有形资产。新的一年开始,李芳决定使用 Excel 2010 来管理 ABC 公司的固定资产。

素质培养：

1. 培养学生自我革新,守正创新的创新精神。
2. 培养学生自信自强,勇毅前行的精神。
3. 掌握基本信息技术科学素质,具有宽阔的科学视野和技术的思维习惯。
4. 培养学生具备与本专业职业发展相适应的劳动素养、劳动技能。
5. 培养学生团结协作的集体主义精神。

任务一　制作固定资产卡片

工作情境：

在固定资产的卡片管理中,不同的单位有不同的格式,企业可以根据自己的需要制定符合自身情况的格式。李芳经过思考决定制作一份通用格式的固定资产卡片,粘贴到每个固定资产上,以便更好地管理公司的固定资产。

一、学习目标

1. 能够设置固定资产卡片的基本信息。
2. 能够美化固定资产卡片的格式。
3. 掌握固定资产折旧的计算方法。

二、工作流程

1. 设置固定资产基本参数。

2.设置固定资产清单。
3.生成固定资产卡片。

三、实践操作

1.准备素材
李芳上网搜集有关固定资产卡片的内容和格式,制作了一份草图。

2.启动 Excel 2010
单击任务栏中的"开始"按钮,在"所有程序"中查找并单击"Microsoft Office"程序组,然后在展开的程序列表中单击"Microsoft Excel 2010"即可启动 Excel 2010,新建空白工作簿,将其命名为"固定资产管理"。

3.设置固定资产基本参数
李芳在制作固定资产卡片之前,首先建立了一个固定资产基本参数表,这是为了方便以后输入数据。在参数表中,李芳根据 ABC 公司的特点,设置了"类别编号""类别名称""所属部门""存放位置""折旧方法""资产状态"等字段,并定义各字段。具体操作如下:

(1)在工作表 Sheet1 处单击鼠标右键,从弹出的右键菜单中选择"重命名",将 Sheet1 重命名为"基本参数表",如图 4-1 所示。

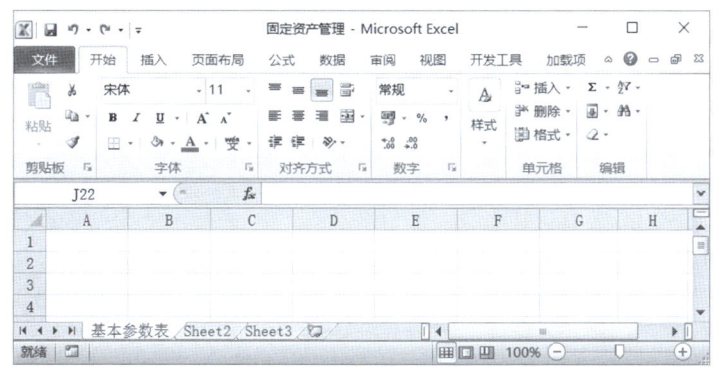

图 4-1　重命名为"基本参数表"

(2)在"基本参数表"中输入相关内容。选择单元格区域 A1:G1,单击"开始"选项卡|"对齐方式"工作组|"合并后居中"按钮。选择单元格区域 A2:G6,单击"开始"选项卡|"单元格"工作组|"格式"按钮,在弹出的下拉菜单中选择"设置单元格格式"命令,弹出"设置单元格格式"对话框,切换到"数字"选项卡,在"分类"列表框中选择"文本",单击"确定"按钮,效果如图 4-2 所示。

(3)选择单元格 A2,单击"公式"选项卡|"定义的名称"工作组|"定义名称"按钮。

(4)弹出"新建名称"对话框,在"名称"文本框中输入"类别编号"的拼音缩写"lbbh",如图 4-3 所示,然后单击"引用位置"文本框后面的折叠按钮。

(5)弹出"新建名称-引用位置:"对话框,选定需要引用的单元格区域 A3:A6,如图 4-4 所示。

Excel 在财务中的应用

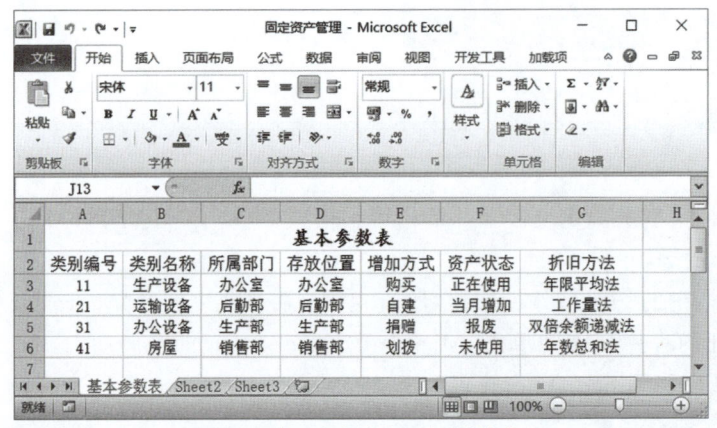

图 4-2 输入内容并设置单元格格式

图 4-3 "新建名称"对话框

图 4-4 选取引用单元格区域

(6)设置好引用位置后,再次单击折叠按钮,返回"新建名称"对话框,如图 4-5 所示,单击"确定"按钮。

同样,将单元格区域 B3:B6、C3:C6、D3:D6、E3:E6、F3:F6、G3:G6 按上述方法分别定义名称为"lbmc""ssbm""cfwz""zjfs""zczt""zjff"。

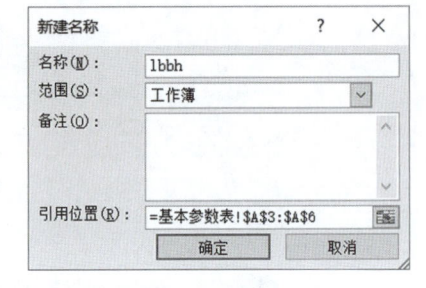

图 4-5 "新建名称"对话框

4. 设置固定资产清单

接下来李芳要做的是设计固定资产清单的格式,并把上年年末的固定资产添加到清单中,这样一方面有利于查询固定资产并计算折旧,另一方面也可以由此生成固定资产卡片。

(1)将工作表 Sheet2 重命名为"固定资产清单",选择单元格 A1 输入"固定资产清单",选择单元格区域 A1:R1,单击"开始"选项卡 | "对齐方式"工作组 | "合并后居中"按钮,调整字体和字符间距。选择单元格 A2 输入"时间:",选择单元格 B2 输入公式"=TODAY()"。在单元格 A3 至 R3 中依次输入:类别编号、类别名称、固定资产编号、固定资产名称、所属部门、存放位置、增加方式、开始使用日期、资产状态、入账原值、折旧方法、预计使用年限、预计净残值、净残值率、已计提月份、月折旧额、本年折旧月数、本年折旧额,调整各列的列宽,如图 4-6 所示。

(2)选择单元格区域 A4:A200(为了以后输入方便),单击"数据"选项卡 | "数据工具"工作组 | "数据有效性"按钮,弹出"数据有效性"对话框。

图4-6 输入标题行

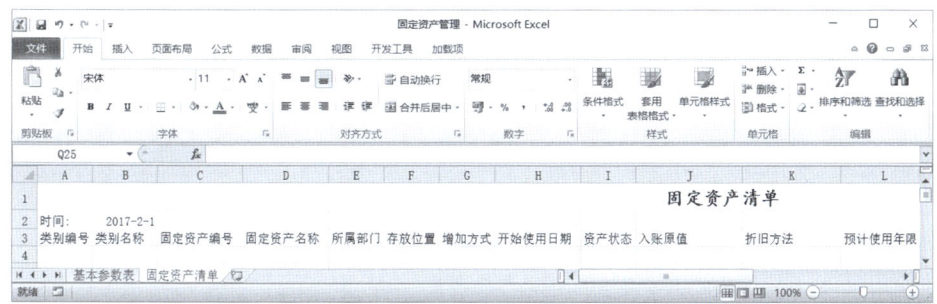

（3）单击"设置"选项卡，在"允许"下拉列表框中选中"序列"选项，然后在"来源"参数框中输入"=lbbh"，单击"确定"按钮，如图4-7所示。

设置固定
资产清单

图4-7 设置数据有效性

（4）单元格区域B4：B200、E4：E200、F4：F200、G4：G200、I4：I200、K4：K200也要按上述方法设置数据有效性，在"来源"文本框中分别输入"＝lbmc""＝ssbm""＝cfwz""＝zjfs""＝zczt""＝zjff"。

（5）选择单元格区域C4：C200，单击"开始"选项卡｜"单元格"工作组｜"格式"按钮，在弹出的下拉菜单中选择"设置单元格格式"命令，弹出"设置单元格格式"对话框，切换到"数字"选项卡，在"分类"列表框中选择"文本"，单击"确定"按钮。分别选择单元格区域J4：J200、M4：M200、P4：P200、R4：R200，然后打开"设置单元格格式"对话框，切换到"数字"选项卡，在"分类"列表框中选择"会计专用"，小数位数选择"2"，货币符号选择"无"。

李芳把ABC公司现有的固定资产输入表格，如图4-8所示。

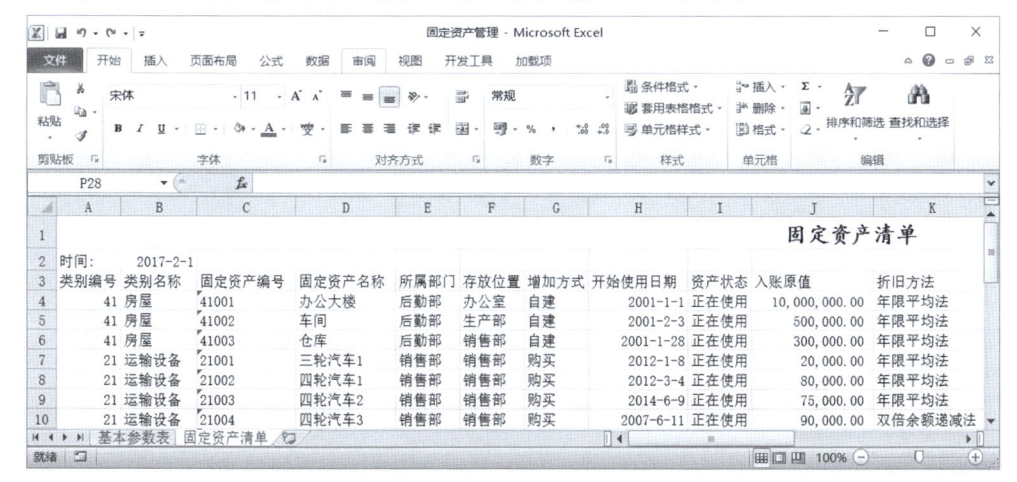

图4-8 输入固定资产信息

5.生成固定资产卡片

(1)输入固定资产卡结构

将 Sheet3 重命名为"固定资产卡片",输入固定资产卡片的结构,调整列的宽度,如图 4-9 所示。

图 4-9　输入固定资产卡片结构

(2)设计固定资产卡片格式

选择单元格区域 A1:D1,单击"开始"选项卡|"单元格"工作组|"格式"按钮,在弹出的下拉菜单中选择"设置单元格格式"命令,弹出"设置单元格格式"对话框,单击"字体"选项卡,在"下划线"下拉列表中选择"会计用双下划线",调整字体、字号和行高,在这里,李芳选择 24 号黑体字。选择单元格区域 A2:A9,打开"设置单元格格式"对话框,单击"填充"选项卡,选择灰色,单击"确定"按钮。单元格区域 C2:C10 也要填充为灰色,将单元格 B5 填充为红色,如图 4-10 所示。

设计固定资产卡片格式

图 4-10　设置固定资产卡片格式

(3)利用固定资产清单生成固定资产卡片

在"固定资产清单"工作表中,选择单元格区域 C4:C200。并将其定义为"gdzcbh"。在"固定资产卡片"工作表中,选择单元格 B5 设置数据有效性,在"来源"中输入"=gdzcbh"。

生成固定
资产卡片

"固定资产卡片"工作表中的其他单元格内容可以从"固定资产清单"中选取,其计算公式分别为:

选择单元格 B3,输入"=INDEX(固定资产清单!A4:A200,MATCH(B5,固定资产清单!C4:C200,0))"。

选择单元格 B4,输入"=INDEX(固定资产清单!B4:B200,MATCH(B5,固定资产清单!C4:C200,0))"。

选择单元格 B6,输入"=INDEX(固定资产清单!D4:D200,MATCH(B5,固定资产清单!C4:C200,0))"。

选择单元格 B7,输入"=INDEX(固定资产清单!E4:E200,MATCH(B5,固定资产清单!C4:C200,0))"。

选择单元格 B8,输入"=INDEX(固定资产清单!F4:F200,MATCH(B5,固定资产清单!C4:C200,0))"。

选择单元格 B9,输入"=INDEX(固定资产清单!G4:G200,MATCH(B5,固定资产清单!C4:C200,0))"。

选择单元格 D2,输入"=固定资产清单!B2"。

选择单元格 D3,输入"=INDEX(固定资产清单!H4:H200,MATCH(B5,固定资产清单!C4:C200,0))"。

选择单元格 D4,输入"=INDEX(固定资产清单!I4:I200,MATCH(B5,固定资产清单!C4:C200,0))"。

选择单元格 D5,输入"=INDEX(固定资产清单!J4:J200,MATCH(B5,固定资产清单!C4:C200,0))"。

选择单元格 D6,输入"=INDEX(固定资产清单!K4:K200,MATCH(B5,固定资产清单!C4:C200,0))"。

选择单元格 D7,输入"=INDEX(固定资产清单!L4:L200,MATCH(B5,固定资产清单!C4:C200,0))"。

选择单元格 D8,输入"=INDEX(固定资产清单!M4:M200,MATCH(B5,固定资产清单!C4:C200,0))"。

选择单元格 D9,输入"=INDEX(固定资产清单!P4:P200,MATCH(B5,固定资产清单!C4:C200,0))"。

选择单元格 D10,输入"=INDEX(固定资产清单!R4:R200,MATCH(B5,固定资产清单!C4:C200,0))"。

设置单元格 D5、D8、D9、D10 的单元格格式为"会计专用",且保留两位小数,货币符号选择"无"。设置单元格 B2、B3、B5 的格式为"文本"。单元格 D3 的日期格式设置为"2001-3-4"的格式。

在"固定资产卡片"工作表中,李芳只需要输入固定资产编号就可以生成固定资产卡片的内容。在固定资产编号中选择"41001",单击"确定",最后李芳对本卡片进行编号00001,结果如图 4-11 所示。

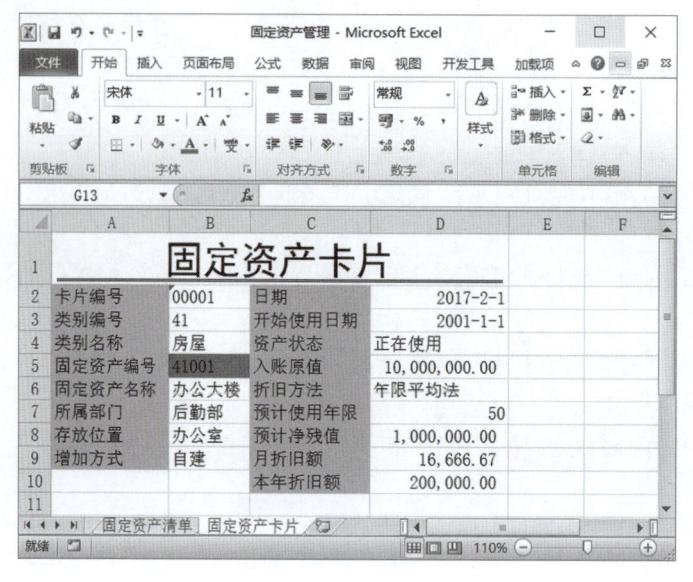

图 4-11 生成的固定资产卡片

四、问题探究

1.年限平均法的概念及函数 SLN

年限平均法,即将固定资产的价值均衡地分摊到每一期间中,又称直线法,其计算公式为

$$年折旧额 = \frac{固定资产原值 - 预计净残值}{折旧年限}$$

其中,　　　　　预计净残值 = 预计残值收入 - 预计清理费用

也可采用相对比率,即:

$$年折旧率 = \frac{1 - 预计残值率}{折旧年限} \times 100\%$$

使用年限平均法计算某项固定资产在一个期间中的线性折旧值,函数公式如下:

$$SLN(cost,salvage,life)$$

cost 为资产原值;salvage 为资产在折旧期末的价值(也称为资产残值);life 为折旧期限。

2.年数总和法的概念及函数 SYD

年数总和法是一种加速折旧方法,它以固定资产的原始成本减去预计净残值后的余额乘以一个逐年递减的分数,作为该期的折旧额。

$$年折旧率 = \frac{可使用年限}{固定资产使用年限的各年年数之和}$$

假定使用年限为 n,自第 1 期至第 n 期的折旧率分别为:$n/[n(n+1)/2]$,$(n-1)/[n(n+1)/2]$,$(n-2)/[n(n+1)/2]$,…,$1/[n(n+1)/2]$。

年折旧额的计算公式为

$$年折旧额=\frac{(原始成本-预计净残值)\times 可使用年限}{\sum 各年使用年限}$$

其特点为：每年的折旧基数相等，但折旧率不等。

按年数总和法计算某项固定资产的指定期间的折旧值，函数公式如下：

SYD(cost, salvage, life, per)

cost 为资产原值；salvage 为资产在折旧期末的价值(也称为资产残值)；life 为折旧期限；per 为期间，其单位与 life 相同。

3.双倍余额递减法的概念及函数 DDB

双倍余额递减法也是一种加速折旧的方法。其计算公式为

$$年折旧额=期初固定资产账面余额\times 双倍直线折旧率$$

其中，
$$双倍直线折旧率=\frac{2}{预计使用年限}\times 100\%$$

但是，如果在最后两期计算的折旧额已经少于按直线法计算的折旧额时，应将固定资产净值(扣除净残值)平均摊销。

其特点是：每年的折旧率相同，但折旧基数不相同，并且在最后两年改为直线法折旧。

使用双倍余额递减法计算某项固定资产在给定期间内的折旧值，函数公式如下：

DDB(cost, salvage, life, period, factor)

cost 为资产原值；salvage 为资产在折旧期末的价值(也称为资产残值)；life 为折旧期限(有时也称作资产的使用寿命)；period 为需要计算折旧额的期间，period 必须使用与 life 相同的单位；factor 为余额递减速率，如果 factor 被省略，则假设为 2(双倍余额递减法)。

注：这五个参数都必须为正数。

五、知识拓展

1.固定资产折旧的计算

ABC 公司的固定资产清单如图 4-12 和图 4-13 所示。

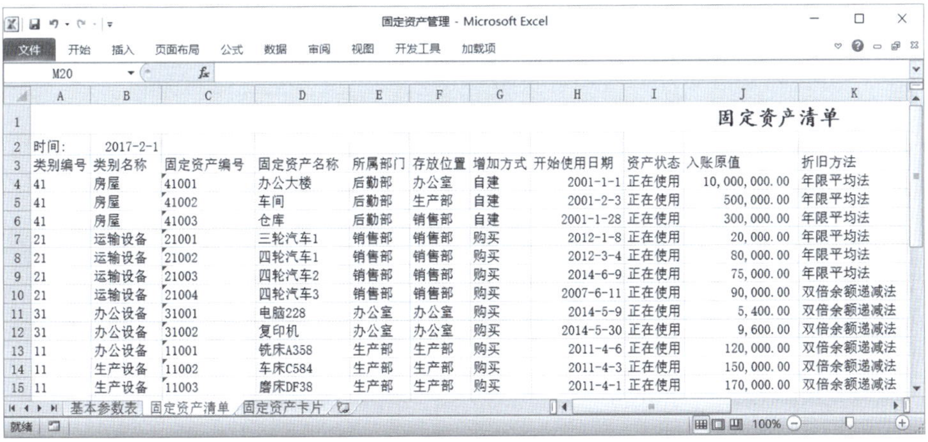

固定资产清单

时间： 2017-2-1

类别编号	类别名称	固定资产编号	固定资产名称	所属部门	存放位置	增加方式	开始使用日期	资产状态	入账原值	折旧方法
41	房屋	41001	办公大楼	后勤部	办公室	自建	2001-1-1	正在使用	10,000,000.00	年限平均法
41	房屋	41002	车间	后勤部	生产部	自建	2001-2-3	正在使用	500,000.00	年限平均法
41	房屋	41003	仓库	后勤部	销售部	自建	2001-1-28	正在使用	300,000.00	年限平均法
21	运输设备	21001	三轮汽车1	销售部	销售部	购买	2012-1-8	正在使用	20,000.00	年限平均法
21	运输设备	21002	四轮汽车1	销售部	销售部	购买	2012-3-4	正在使用	80,000.00	年限平均法
21	运输设备	21003	四轮汽车2	销售部	销售部	购买	2014-6-9	正在使用	75,000.00	年限平均法
21	运输设备	21004	四轮汽车3	销售部	销售部	购买	2007-6-11	正在使用	90,000.00	双倍余额递减法
31	办公设备	31001	电脑228	办公室	办公室	购买	2014-5-9	正在使用	5,400.00	双倍余额递减法
31	办公设备	31002	复印机	办公室	办公室	购买	2014-5-30	正在使用	9,600.00	双倍余额递减法
11	办公设备	11001	铣床A358	生产部	生产部	购买	2011-4-6	正在使用	120,000.00	双倍余额递减法
11	生产设备	11002	车床C584	生产部	生产部	购买	2011-4-3	正在使用	150,000.00	双倍余额递减法
11	生产设备	11003	磨床DF38	生产部	生产部	购买	2011-4-1	正在使用	170,000.00	双倍余额递减法

图 4-12 固定资产清单前部分

各个固定资产的折旧要根据折旧方法、使用年限、资产残值等参数来计算。具体步

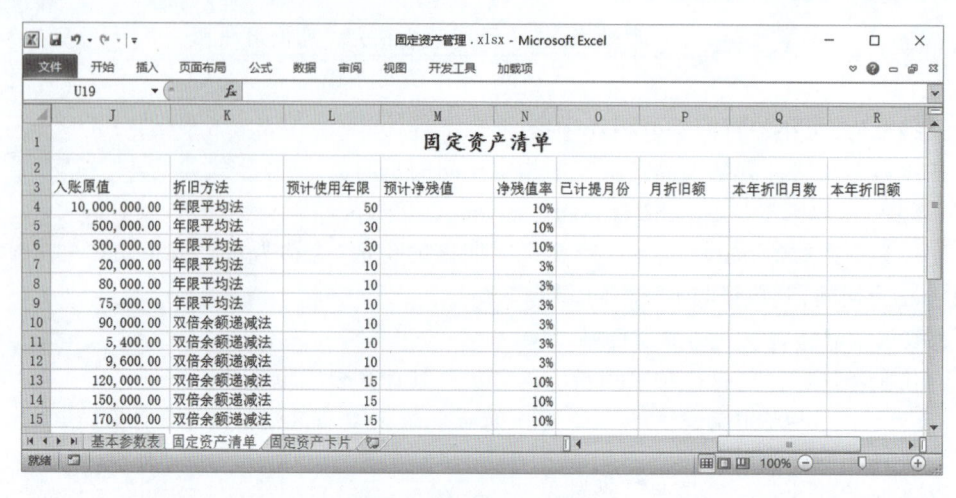

图 4-13 固定资产清单后部分

骤如下：

(1) 在单元格 M4 中输入公式"＝J4＊N4"，按"Enter"键，拖动鼠标向下自动填充，计算出各固定资产的净残值，如图 4-14 所示。

图 4-14 计算净残值

(2) 在单元格 O4 中输入公式"＝IF(A4＝""，""，IF(I4＝"当月增加"，0，IF(I4＝"报废"，L4＊12－1，(YEAR($B$2)－YEAR(H4))＊12＋MONTH($B$2)－MONTH(H4)－1)))"，按"Enter"键，拖动鼠标向下自动填充，计算出各固定资产的已计提月份，如图 4-15 所示。

(3) 在单元格 P4 中输入公式"＝SLN(J4，M4，L4)/12"，按"Enter"键，拖动鼠标向下自动填充至第 9 行，计算出各固定资产的月折旧额，如图 4-16 所示。

(4) 第 10 行中的固定资产采用的折旧方法是"双倍余额递减法"，在单元格 P10 中输

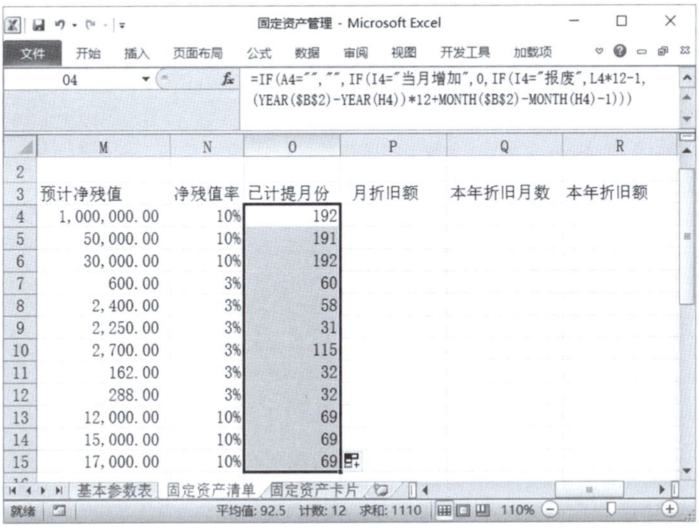

	M	N	O	P	Q	R
2						
3	预计净残值	净残值率	已计提月份	月折旧额	本年折旧月数	本年折旧额
4	1,000,000.00	10%	192			
5	50,000.00	10%	191			
6	30,000.00	10%	192			
7	600.00	3%	60			
8	2,400.00	3%	58			
9	2,250.00	3%	31			
10	2,700.00	3%	115			
11	162.00	3%	32			
12	288.00	3%	32			
13	12,000.00	10%	69			
14	15,000.00	10%	69			
15	17,000.00	10%	69			

图 4-15 计算已计提月份

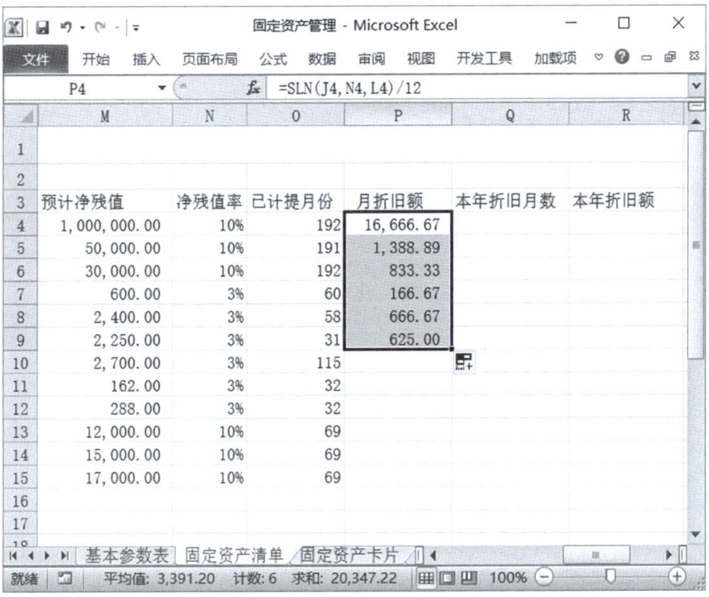

	M	N	O	P	Q	R
1						
2						
3	预计净残值	净残值率	已计提月份	月折旧额	本年折旧月数	本年折旧额
4	1,000,000.00	10%	192	16,666.67		
5	50,000.00	10%	191	1,388.89		
6	30,000.00	10%	192	833.33		
7	600.00	3%	60	166.67		
8	2,400.00	3%	58	666.67		
9	2,250.00	3%	31	625.00		
10	2,700.00	3%	115			
11	162.00	3%	32			
12	288.00	3%	32			
13	12,000.00	10%	69			
14	15,000.00	10%	69			
15	17,000.00	10%	69			
16						
17						

图 4-16 计算年限平均法下的月折旧额

入公式“=DDB(J10,M10,L10,INT(O10/12+1))/12”,按“Enter”键,拖动鼠标向下自动填充,计算出各固定资产的月折旧额,如图 4-17 所示。

(5)在单元格 Q4 中输入公式“=IF(AND(I4="报废",YEAR($B$2)>YEAR(H4)+L4),0,IF(AND(YEAR($B$2)>YEAR(H4),YEAR($B$2)<(YEAR(H4)+L4)),12,IF(YEAR($B$2)=YEAR(H4),12-MONTH(H4),MONTH(H4))))”,按“Enter”键,拖动鼠标向下自动填充,计算出各固定资产的本年折旧月数,如图 4-18 所示。

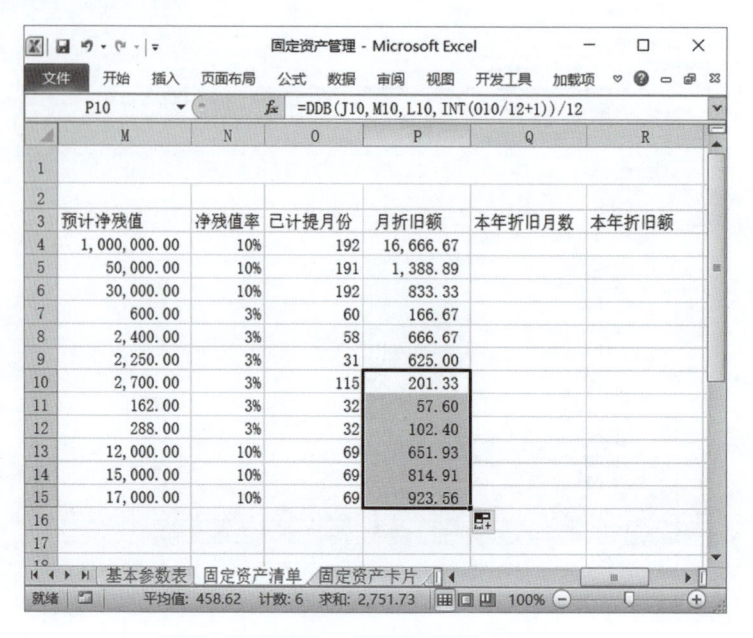

图 4-17　计算双倍余额递减法下的月折旧额

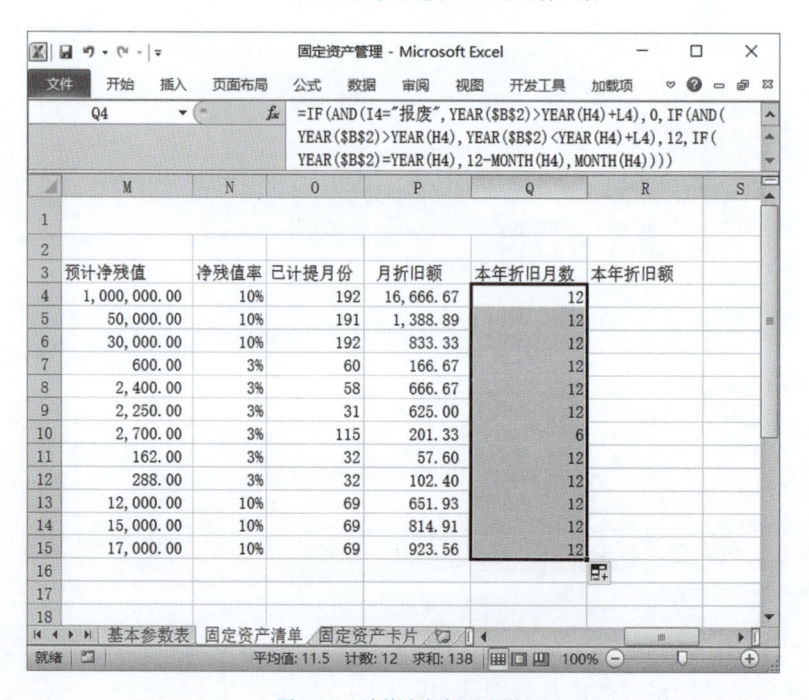

图 4-18　计算本年折旧月数

(6)在单元格 R4 中输入公式"=P4*Q4",并拖动鼠标向下填充,如图 4-19 所示。

2.数据的查询

月末,李芳想查询固定资产有多少是自建的,查询具体步骤如下:

(1)选择"固定资产清单"工作表的第 3 行,单击"数据"选项卡 | "排序和筛选"工作组 | "筛选"按钮,进入自动筛选状态,如图 4-20 所示。

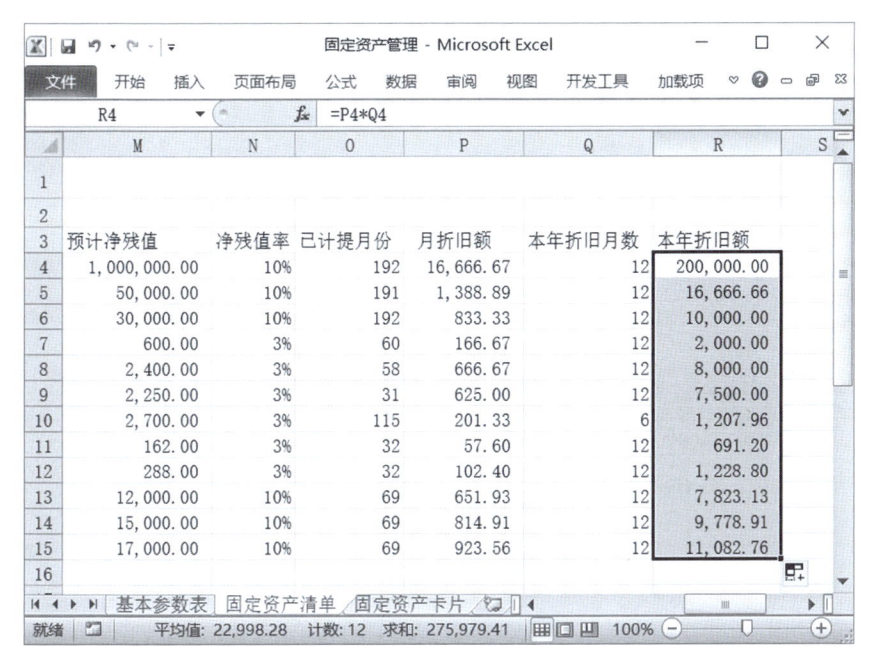

图 4-19 计算本年折旧额

图 4-20 数据的筛选

(2)按照查询"自建"要求,单击"增加方式"下拉箭头,选择"自建",则查出所有自建的固定资产,如图 4-21 所示。

3.数据的分析

月末,李芳想要分析不同类别资产在不同折旧方法下的本年折旧额是多少,具体分析步骤如下:

(1)进入"固定资产清单"工作表,单击"插入"选项卡│"表格"工作组│"数据透视表"下拉按钮,选择"数据透视表"命令。

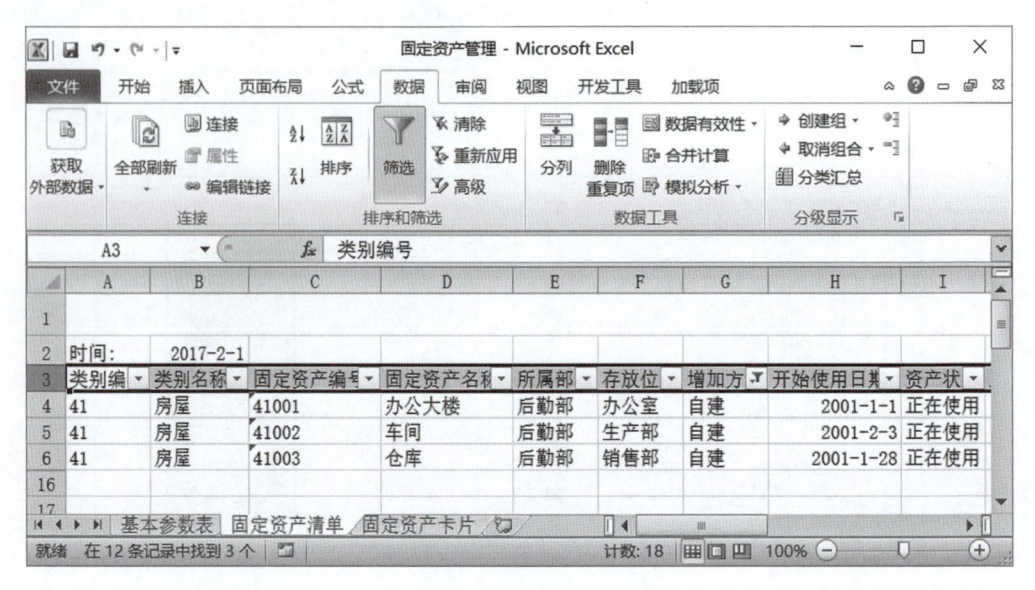

图 4-21 数据的查询

(2)在弹出的"创建数据透视表"对话框中单击选中"选择一个表或区域"选项,并确认要分析的数据区域为"固定资产清单!＄A＄3：＄R＄15",然后单击选中"新工作表"选项,如图 4-22 所示,完成后单击"确定"按钮。

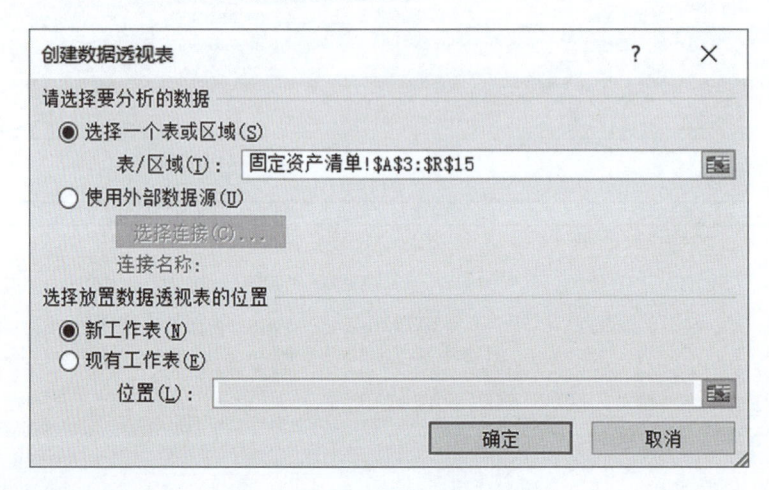

图 4-22 "创建数据透视表"对话框

(3)系统自动创建一个名为"Sheet1"的工作表存放数据透视表,并打开"数据透视表字段列表"任务窗格,如图 4-23 所示。

(4)在"数据透视表字段列表"任务窗格中的"选择要添加到报表的字段"列表框中将"类别编号"字段拖动至"行标签"区域,将"折旧方法"字段拖动至"列标签"区域,将"本年折旧额"字段拖动至"数值"区域,将工作表重命名为"数据透视表",如图 4-24 所示。

图 4-23 "数据透视表"任务窗格

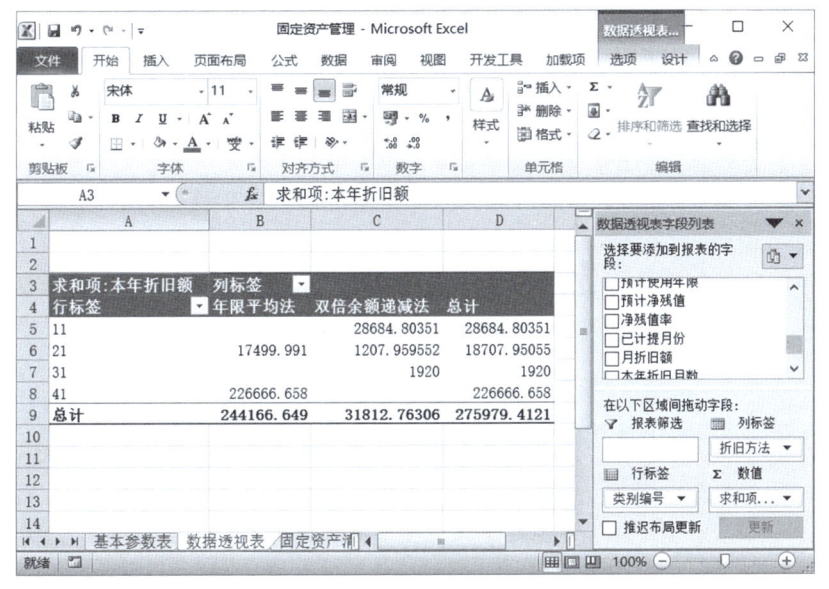

图 4-24 生成的"数据透视表"

六、课后训练

ABC 公司 2017 年 2 月份的固定资产如图 4-12 和图 4-13 所示,2 月 18 日购买了一台磨床,价值 10 万元,使用年限 5 年,采用平均年限法,预计净残值为 5 000 元。

要求:(1)增加到固定资产清单中,并生成固定资产卡片。

(2)查询 2017 年 2 月末固定资产的种类。

任务二　固定资产的投资决策

工作情境：

在企业日常经营管理中，除对固定资产进行日常管理，计提折旧之外。有时候为了扩大生产规模，还需要购买新资产，或者对旧资产进行改良、大修以便提高生产效率及产品品质。所以，接下来李芳还需掌握一些固定资产投资决策方面的知识，以便利用 Excel 2010 的相关工具进行固定资产的投资决策管理。

一、学习目标

1. 掌握固定资产投资决策中的相关指标及其基本函数。
2. 能够根据计算结果做出投资决策。

二、工作流程

1. 输入相关函数指标，计算结果。
2. 根据计算结果，做出固定资产投资决策。

三、实践操作

1. A、B 两个投资方案的决策

（1）在"固定资产管理"工作簿中插入一张新工作表"Sheet1"，输入基本数据，适当调整字体、字号，如图 4-25 所示。

图 4-25　投资方案

(2)在单元格 B11 中输入"＝－PV(C3,A10,B6)＋B5"。(净现值之所以要用 PV 函数加期初现金流出量,是因为 PV 函数计算出来的值不是真正的净现值,并且按它的定义是一个投出数,为负数,所以要在 PV 之前加上一个负号),设置单元格 B11 的格式为"数值",保留两位小数,如图 4-26 所示。

A、B 两个投资方案的决策

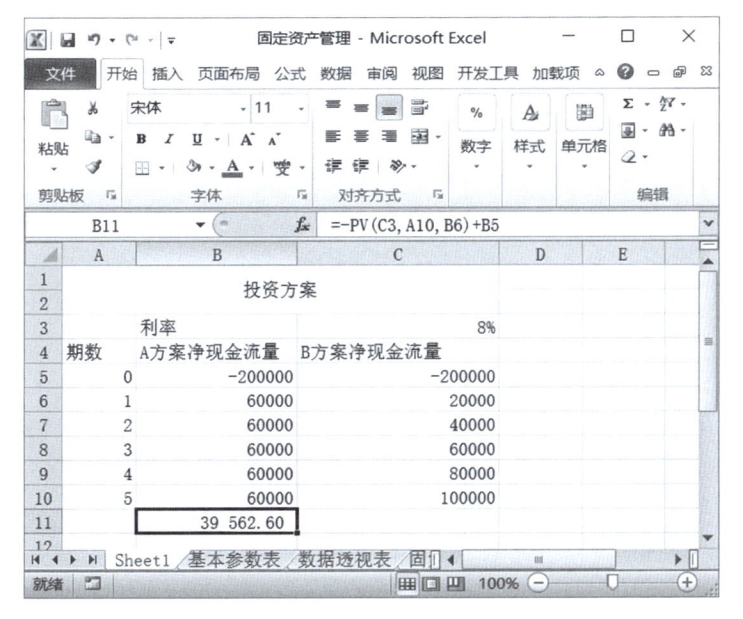

图 4-26　A 方案的净现值

(3)在单元格 C11 中输入"＝NPV(C3,C6:C10)＋C5"计算 B 方案的净现值,设置单元格 C11 的格式为"数值",保留两位小数,如图 4-27 所示。

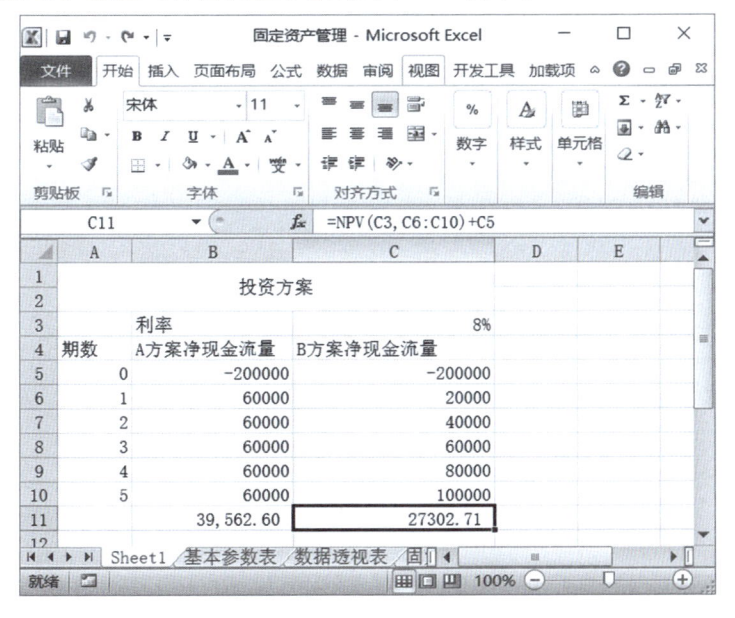

图 4-27　B 方案的净现值

(4)不考虑其他条件,A方案的净现值大于B方案的净现值,应该选择A方案。

2.计算内含报酬率

(1)插入一张新工作表"Sheet2",输入基本数据,适当调整字体、字号。

(2)在单元格B9中输入"=IRR(B3:B8)",得出以下结果,如图4-28所示。

图4-28　IRR函数的应用

3.计算现值指数

(1)插入一张新工作表"Sheet3",输入基本数据,适当调整字体、字号。

(2)在单元格B12中输入"=－PV(C3,A10,B6)/ABS(B5)",在单元格C12中输入"=NPV($C$3,C6:C10)/ABS(C5)",计算结果如图4-29所示。

图4-29　PI的应用

四、问题探究

非贴现现金流量指标是指不考虑资金时间价值的各种指标。这类指标主要有两个。

1.投资回收期(PP)

投资回收期是指收回初始投资所需要的时间,一般以年为单位,是一种长期以来一直使用的投资决策指标。投资回收期的计算视现金流量的规则程度分两种情况:

(1)如果每年的经营净现金流量(NCF)相等,则投资回收期计算公式为

$$投资回收期 = \frac{原始投资额}{每年 NCF}$$

(2)如果每年的 NCF 不相等,计算投资回收期可以根据每年年末尚未回收的投资额加以确定。

2.投资利润率(ROI)

投资利润率是指投资项目寿命周期内年均投资利润率,是年度利润或年均利润占投资总额的百分比。其计算公式为

$$投资利润率 = \frac{年利润(年均利润)}{投资总额}$$

在进行决策时,只有高于必要的投资利润率的方案才能入选。而在有多个方案的互斥选择中,<u>应选择投资利润率最高的方案</u>。

五、知识拓展

贴现现金流量指标是指考虑了资金时间价值的指标。这类指标主要有四个。

1.现值(PV)

功能:PV 函数是计算返回投资净现额的函数。

语法:PV(rate,nper,pmt,fv,type)。

说明:rate 为各期利率;nper 为总投资(或贷款)期数,即付款期总数;pmt 为各期所应支付的金额,其数值在整个年金期间保持不变;fv 为未来值,或在最后一次支付后希望得到的现金余额,如果省略,则假设其值为 0;type 为数字 0 或 1,用以指定各期的付款时间在期初还是期末。如果为 1,表示付款期在期初;为 0 或者忽略,则付款期在期末。

2.净现值(NPV)

$$NPV = \sum_{i=1}^{n} \frac{NPF_t}{(1+r)^t} - I_0$$

式中:NPV 为净现值;NPF_t 为第 t 年的净现金流量;r 为贴现率;n 为项目预计使用年限;I_0 为初始投资额。

功能:NPV 函数是基于一系列现金流和固定的各期贴现率,计算返回一项投资的净现值的函数。

语法:NPV(rate,value1,value2,…)。

说明:rate 是各期现金流量折为现值的利率,即投资方案的"必要报酬率"或"资本成本";value1,value2,…代表流入或流出的现金流量,最少 1 个,最多 254 个参数。

(1)"value1,value2,…"所属各区间的长度必须相等,而且支付及收入的时间都发生在期末;"value1,value2,…"按次序使用,用来注释现金流的次序。

(2) Excel 中计算的 NPV 实际上是未来报酬的总现值,与财务管理中的 NPV 有所不同,没有减去初始投资的现值。因此在设计公式时要减去初始投资的现值。

(3) 如果参数是数值、空白单元格、逻辑值或表示数值的文字表达式,都会被计算在内;如果参数是错误值或不能转化为数值的文字,则被忽略。

(4) 如果参数是个数组或引用,只有其中的数值部分计算在内。

(5) NPV 函数根据未来现金流量进行计算,如果第一笔现金流量发生在第一期的期初,则第一笔必须加入到 NPV 的计算结果。

3. 内含报酬率(IRR)

内含报酬率又称为内部报酬率,是投资项目的净现值等于零的贴现率。内含报酬率实际上反映了投资项目的真实报酬率,目前,越来越多的企业使用该指标对投资项目进行评价。

功能:IRR 即内含报酬率函数,是返回连续期间的现金流量(values)的内含报酬率。

语法:IRR(values,guess)。

说明:values 必须是含有数值的数组或参考地址;guess 为猜想的接近 IRR 结果的数值。

(1) values 必须含有至少一个正数及一个负数,否则内含报酬率可能会是无限解。IRR 函数根据 values 参数中数字的顺序来解释现金流量的顺序,所以在输入现金流入量及现金流出量时,必须按照正确的顺序排列。values 参数中的文本、逻辑值或空白单元,都被忽略不计。

(2) IRR 函数从 guess 猜测数开始,直到误差值小于 0.0001%,如果反复计算 20 次后,依旧无法求得结果,IRR 函数则会返回错误值♯NUM!。在大部分处理中,并不需要提供 guess 值。如果省略掉 guess,则 IRR 函数将假设它是 0.1(10%)。

4. 现值指数(PI)

现值指数又称获利指数或利润指数(PI),使投资项目未来报酬的总现值与初始投资额的现金值之比。其计算公式为

$$获利指数 = \frac{未来投资报酬总现值}{初始投资现值}$$

现值指数的决策规则为:当只有一个被选方案的采纳与否的决策中,获利指数大于或等于1,则采纳;否则,就拒绝。当有多个方案的互斥选择决策中,应采用获利指数超过1最多的投资项目。

六、课后训练

ABC 公司有两个方案,折现利率为 10%,资料见表 4-1。

表 4-1　　　　　　ABC 公司的两种方案

期数	A 方案净现金流量	B 方案净现金流量
0	−200 000	−200 000
1	50 000	30 000
2	50 000	40 000
3	50 000	50 000
4	50 000	60 000
5	50 000	70 000

要求：(1)计算两个方案的现值指数。
(2)计算两个方案的净现值，并做出投资决策。

任务三　固定资产的更新决策

工作情境：
在 ABC 公司固定资产的管理过程中，有时需要根据固定资产的不同情况做出更新决策。因此，李芳需要掌握一些决策的方法。

一、学习目标

1.掌握在 Excel 2010 中应用固定资产的更新决策方法。
2.能够根据计算结果确定最佳方案。

二、工作流程

1.计算税后现金流量。
2.做出是否更新的决策。

三、实践操作：固定资产更新决策模型—寿命相等

在"固定资产管理"工作簿中插入一张新工作表"Sheet4"，输入基本数据，适当调整字体、字号，如图 4-30 所示。

固定资产更
新决策模型

图 4-30　相关资料

从图 4-30 中可以看出，这属于寿命相等的更新决策。到底是否更新？如果更新应选择哪种设备？这就需要建立固定资产更新决策模型来进行分析。

根据以上资料建立寿命相等的固定资产更新决策模型,分别计算新旧设备的各年折旧额,然后将具体设备的数据输入模型中,净现值的计算结果将自动产生。

固定资产更新决策模型的建立过程如下:

(1)建立新、旧固定资产现金流量对比表,输入相关数据,如图 4-31 所示。

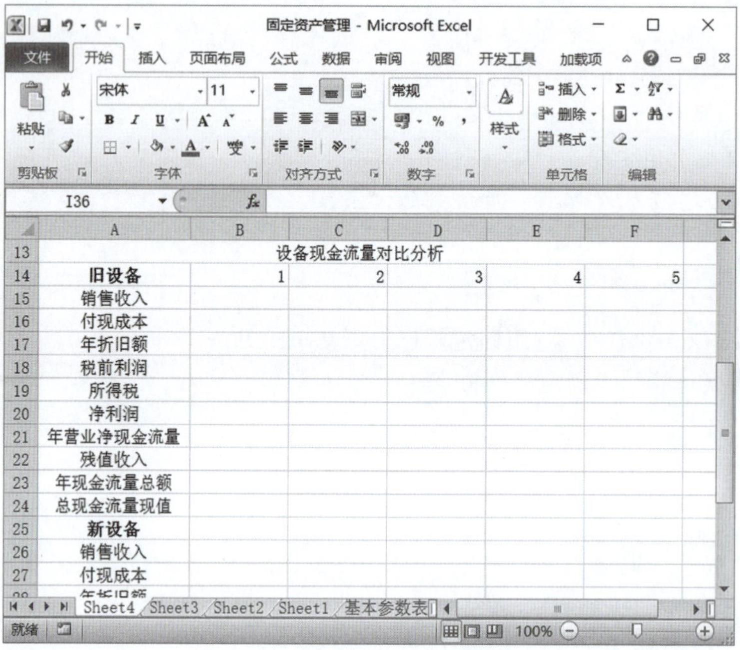

图 4-31　现金流量对比表

(2)选择单元格 B17,输入公式"=SLN(B4,B9,B5)",即可计算出"年折旧额",2、3、4、5 期折旧额相同。

(3)选择单元格 B18,输入公式"=B15－B16－B17",即计算出"税前利润",2、3、4、5 期税前利润相同。

(4)选择单元格 B19,输入公式"=B18*D2",即计算出"所得税",2、3、4、5 期所得税相同。

(5)选择单元格 B20,输入公式"=B18－B19",即计算出"净利润",2、3、4、5 期净利润相同。

(6)选择单元格 B21,输入公式"=B17＋B20",即计算出"年营业净现金流量",2、3、4、5 期净现金流量相同。

(7)选择单元格 F22,输入公式"=B9",即计算出第 5 期的"残值收入"。

(8)选择单元格 B23,输入公式"=B21＋B22",即计算出第一期的"年现金流量总额",拖动填充柄即可计算其余各期的年现金流量总额。

(9)选择单元格 B24,输入公式"=NPV(B2,B23:F23)",即计算出旧设备的未来现金流量现值。

(10)新设备的未来现金流量现值也按照上述方法计算,然后进行比较。设置单元格区域 B15:F35 的格式为"数值",小数位数为"2",如图 4-32 所示。

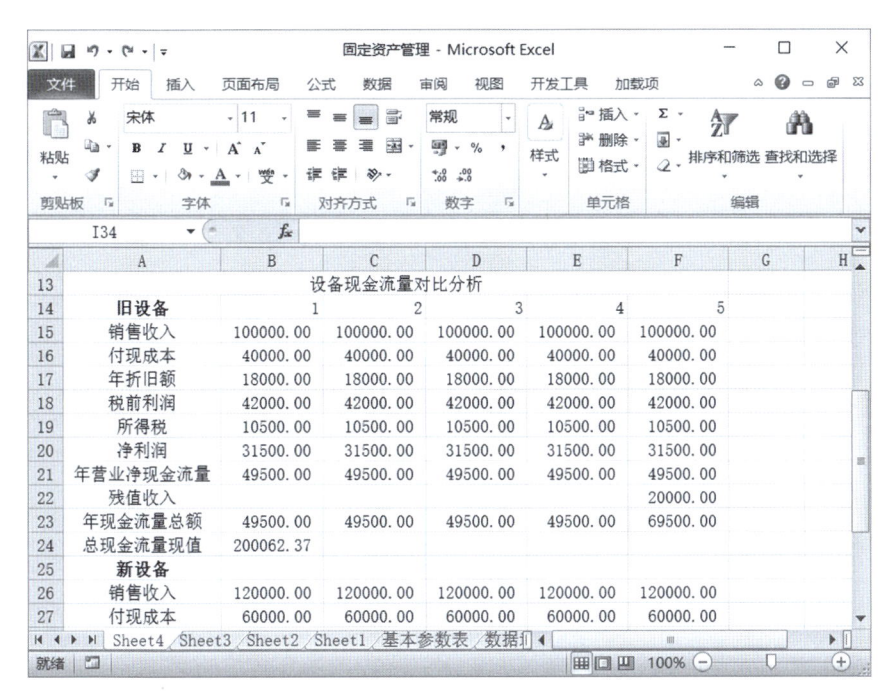

图 4-32 计算旧设备净现金流量

(11)按总现金流量的现值做出决策。

四、问题探究

1.税后现金流量的计算

折旧具有抵税的作用,考虑所得税因素后,现金流量的计算有三种方法。

(1)根据现金流量的定义计算

根据现金流量的定义,所得税是一种现金支付,应作为每年营业现金流量的一个减项。营业现金流的计算如下:

$$营业现金流＝营业收入－付现成本－所得税$$

(2)根据年末营业结果来计算

企业每年现金增减主要来自两个方面:一是每年增减的净利;二是计提的折旧,以现金的形式从销售收入中扣回,留在企业里。营业现金流的计算如下:

$$营业现金流＝税后净利＋折扣$$

(3)根据所得税收入和折旧的影响计算

根据前面讲到的税后成本、税后收入和折旧抵税可知,营业现金流的计算如下:

$$营业现金流＝税后收入－税后成本＋税负减少$$

2.决策方法

在固定资产更新决策过程中,会遇到新设备的经济寿命与旧设备的剩余寿命相等和不相等两种情况。

(1)对于寿命相等情况下的决策,可以采用差额分析法计算两者的现金流量差额,并以此计算增减的净现值或内部报酬率,以判断是否应予更新。

(2)对于新设备的经济寿命与旧设备的剩余寿命不等的情况,在进行决策时,可以采用平均年成本法。固定资产平均年成本是未来使用年限内现金流出总现值与年金现值系数的比,即平均每年的现金流出。平均年成本分析法就是比较继续使用和更新的固定资产的平均年成本,平均年成本较低的方案为好方案。

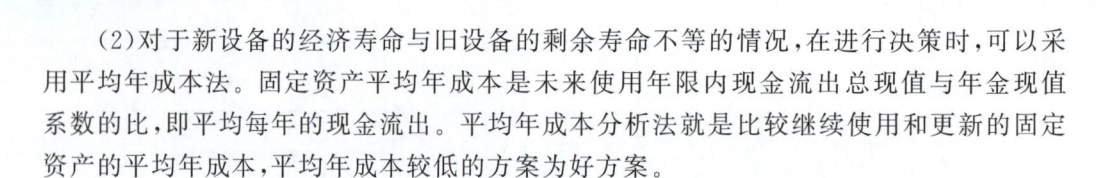

五、知识拓展:固定资产更新决策模型——寿命不相等

以上介绍了固定资产在进行更新时,使用寿命相等的情形,当固定资产使用寿命不相等时,每年现金流量没有可比性,则应采用年等额回收额法:

$$年等额投资回收额 = \frac{净现值}{年金现值系数}$$

在"固定资产管理"工作簿中插入一张新工作表"Sheet5",输入固定资产更新决策资料,如图4-33所示。

图4-33 更新决策资料

各年现金流量的计算方法与固定资产寿命相同时的决策方法相似,只是最后需要计算出各个项目的年均净现金流量。

以旧设备为例,具体步骤如下:

(1)选择单元格B15,输入"=B6*D2",即计算出旧设备"所得税"。2、3、4、5期所得税相同。

(2)选择单元格B16,输入"=B14-B15",即计算出旧设备的第一年的"税后净利",2、3、4、5期税后净利相同。

(3)选择单元格B17,输入"=SLN($B$4,$B$7,$B$5)",即计算出旧设备的第一年的折旧额,拖动填充柄可算出以后年度的数值。

(4)选择单元格B18,输入"=B16+B17",即计算出第一年的营业净现金流量,拖动填充柄可算出以后年度的数值。

(5)选择单元格 F19,输入"=B7"。

(6)选择单元格 B20,输入"=B18+B19",即计算出第一年的年现金流量总额,拖动填充柄可算出以后年度的数值。

(7)选择单元格 B21,输入"=NPV(B2,B20:F20)-B4",即计算出"总的现金流量现值"。

(8)选择单元格 B22,输入"=PMT(B2,B5-B9,-B21)",即计算出"年均现金流量",也就是年等额投资回收额。设置单元格区域 B14:F22 的格式为"数值",保留两位小数,结果如图 4-34 所示。

图 4-34 计算旧设备的年等额回收额

同样的方法可以求出新设备的年等额回收额,比较二者大小,选择大者。

六、课后训练

1. ABC 公司考虑用一台新的、效率高的设备来代替旧设备,有关资料见表 4-2。

表 4-2　　　　　新、旧设备相关资料

资金成本率	12%	所得税	25%
项目	旧设备	新设备1	新设备2
固定资产原值	100 000	90 000	105 000
预计使用年限	10	5	5
已经使用年限	5	0	0
年销售收入	80 000	90 000	100 000
年付现成本	40 000	50 000	50 000
预计净残值	10 000	6 000	6 500
可变现收入	20 000	90 000	105 000
折旧方法	直线法	年数总和法	双倍余额递减法

要求:(1)通过 Excel 2010 计算总现金流量净现值。

(2)如果更新,选择哪个方案。

2. ABC 公司计划用 A 设备来替代 B 设备,资金成本率为 10%,所得税率为 25%,具体资料见表 4-3。

表 4-3　　　　　　　　　　　A、B 两种设备相关资料

项目	A 设备	B 设备
固定资产原值	210 000	120 000
预计使用年限	8	5
税前利润	45 000	30 000
预计净残值	21 000	20 000
折旧方法	直线法	直线法

要求：(1)通过 Excel 2010 计算年等额投资回收额。

(2)确定是否更新。

情境五　会计凭证的制作

情境导入：
　　随着会计电算化的发展，越来越多的企业逐步使用计算机来进行会计业务的处理，这样既省力又计算准确，逐渐得到了大家的认同。

素质培养：
　　1.培养学生坚持守正创新、坚持系统观念、坚持胸怀天下。
　　2.培养学生工作中坚持不懈用新时代中国特色社会主义思想凝心铸魂。
　　3.培养学生正确的职业思维、职业规范等职业品质。
　　4.培养学生爱岗敬业，踏实钻研的优良作风。
　　5.培养学生对学科前沿动态的独立思考能力。

任务一　制作通用记账凭证

工作情境：
　　ABC公司财务部的出纳员按原始凭证逐笔登记现金日记账和银行存款日记账。然后将原始凭证转给会计李芳，李芳利用 Excel 2010 来制作记账凭证。

一、学习目标

1.掌握制作通用记账凭证的技能。
2.能够设置通用记账凭证的格式、颜色、字体等。
3.掌握用于打印输出格式的通用记账凭证的制作方法。
4.掌握金额数字的拆分方法。

二、工作流程

1.设置会计科目名称。
2.制作通用记账凭证的模板。

三、实践操作

1.准备素材

李芳上网搜集了有关的会计凭证图片并下载保存到计算机中,结合 ABC 公司的情况,设计了一份草图,做到心中有数。

2.启动 Excel 2010

(1)在 Windows 中,单击"开始"菜单→"所有程序"→"Microsoft Office"→"Microsoft Excel 2010"项,启动 Excel 2010。

(2)启动后,屏幕上出现 Excel 2010 工作窗口,如图 5-1 所示。

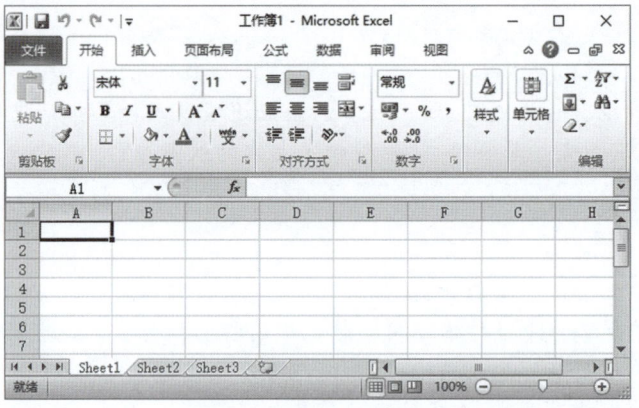

图 5-1　Excel 2010 工作窗口

3.设置会计科目名称

(1)在打开的 Sheet1 中,选择单元格 A1,输入"会计科目"。

(2)选择单元格 A2,输入"总账科目";选择单元格 B2,输入"明细科目"。

(3)从第 3 行开始,在 A 列单元格中输入 ABC 公司现有的总账科目名称,在 B 列单元格中输入明细科目名称,调整列 A、列 B 单元格的宽度,如图 5-2 所示。

编制会计科目表并定义名称

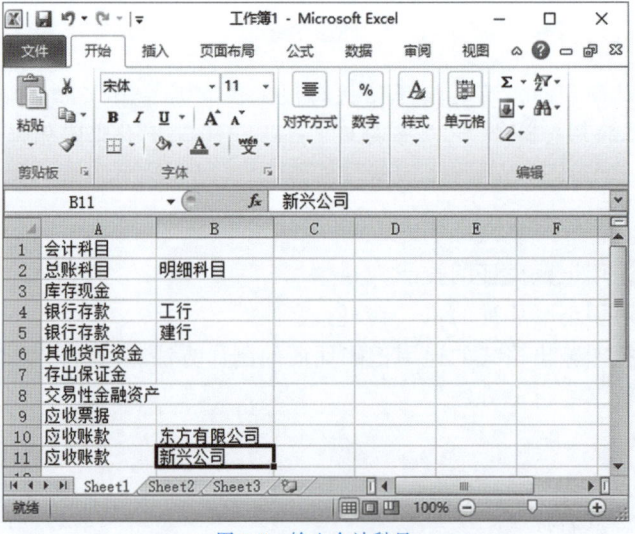

图 5-2　输入会计科目

(4)选择单元格 A2,单击"公式"选项卡│"定义的名称"工作组│"定义名称"命令,如图 5-3 所示。

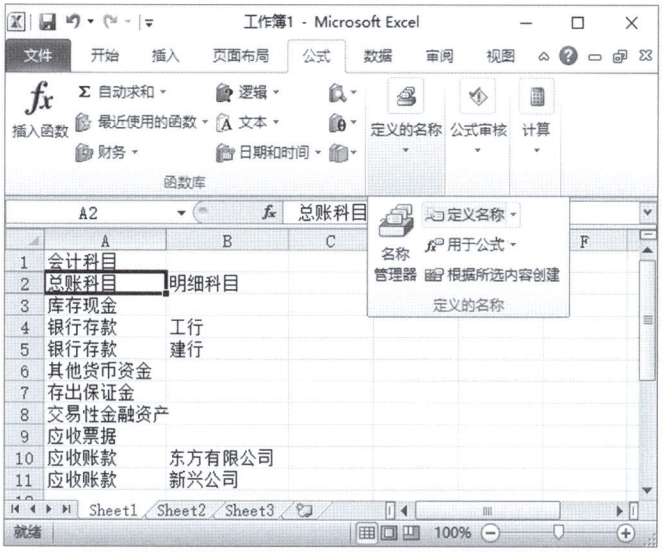

图 5-3　"公式"│"定义的名称"│"定义名称"命令

(5)在弹出的"新建名称"对话框中,输入"总账科目"的拼音缩写"zzkm",然后单击"引用位置"文本框右侧的折叠按钮,如图 5-4 所示。

图 5-4　"新建名称"对话框

(6)弹出"新建名称-引用位置:"对话框后,选定需要引用的单元格区域 A3:A200(便于以后添加科目),如图 5-5 所示。

(7)设置好引用位置后,再次单击折叠按钮,返回"新建名称"对话框,单击"确定"按钮,则定义名称成功,如图 5-6 所示。

图 5-5　选取引用单元格区域

图 5-6　返回"新建名称"对话框

(8)按前面所讲的方法,定义"明细科目"所在的 B 列单元格,输入"明细科目"的拼音缩写"mxkm",选定需要引用的单元格区域 B3:B200。

(9)在这里,李芳输入的科目是企业现在所用的科目,如果以后有增加或删除会计科目,可以使用插入、删除等方式进行修改。

4.制作通用记账凭证的模板

制作通用记账凭证模板的具体步骤如下:

(1)输入并调整表格的内容

①打开 Sheet2。

②选择单元格 A1,输入"记账凭证",选中单元格区域 A1:P1,单击"开始"选项卡|"对齐方式"工作组|"合并后居中"按钮,调整字间距及字体、字号,李芳选择黑体 24 号,把颜色改为红色。调整第一行的高度,如图 5-7 所示。

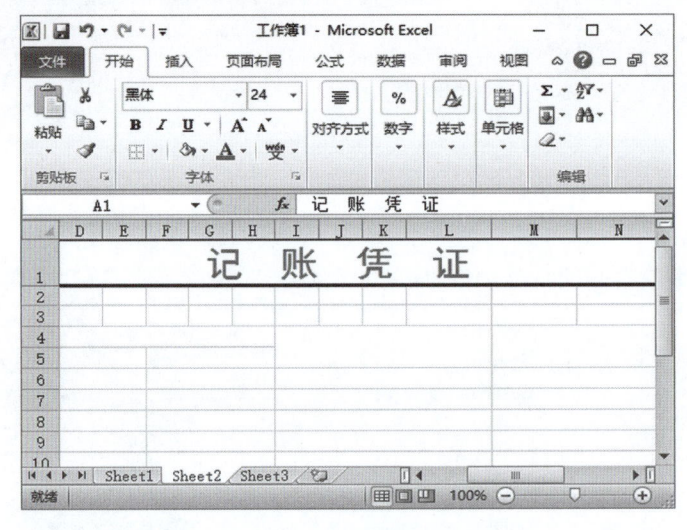

图 5-7 输入"记账凭证"

③选择单元格区域 A1:P1,单击"开始"选项卡|"单元格"工作组|"格式"下拉菜单中的"设置单元格格式"命令,如图 5-8 所示。

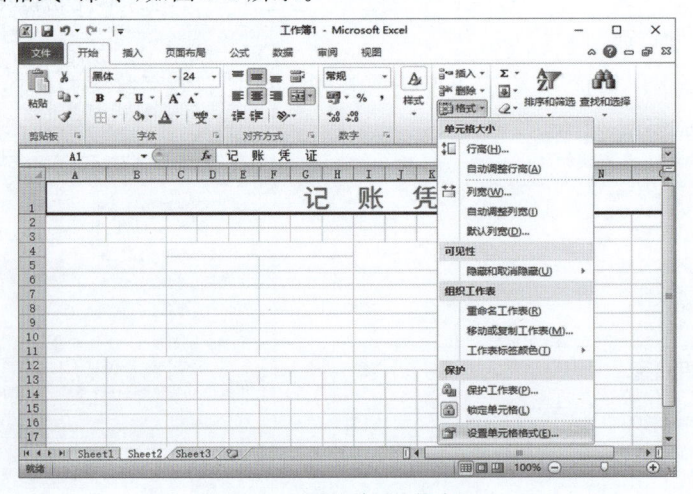

图 5-8 设置"单元格格式"

④弹出"设置单元格格式"对话框,切换到"对齐"选项卡,在"垂直对齐"列表框中选择"靠下",单击"确定"按钮,如图 5-9 所示。

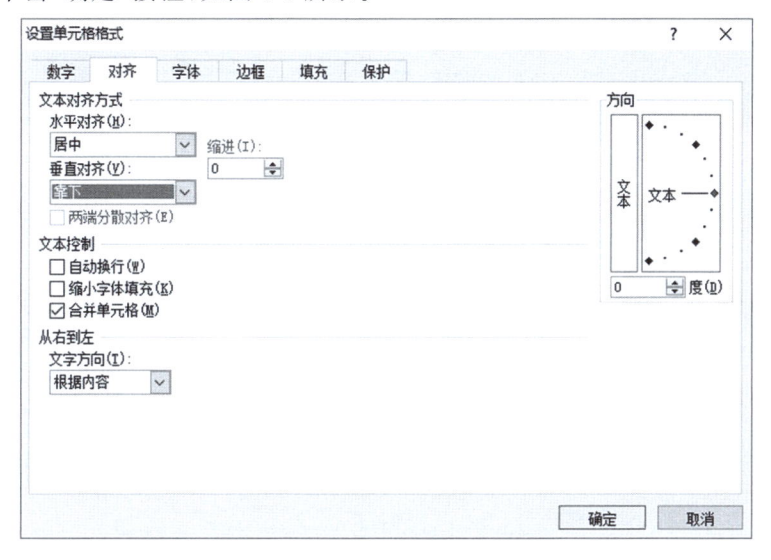

图 5-9 "设置单元格格式"对话框

⑤选择单元格 M2 和单元格 O2,分别输入"总字第""号"。选择单元格 M3 和单元格 O3,分别输入"通字第""号"。选择单元格区域 M2:M3,单击"开始"选项卡|"对齐方式"工作组|"文本右对齐"按钮。选择单元格 H3,输入"年",单击"开始"选项卡|"对齐方式"工作组|"文本右对齐"按钮。选择单元格 J3,输入"月",单击"开始"选项卡|"对齐方式"工作组|"居中"按钮。选择单元格 L3,输入"日",并将其设置为"居中",如图 5-10 所示。

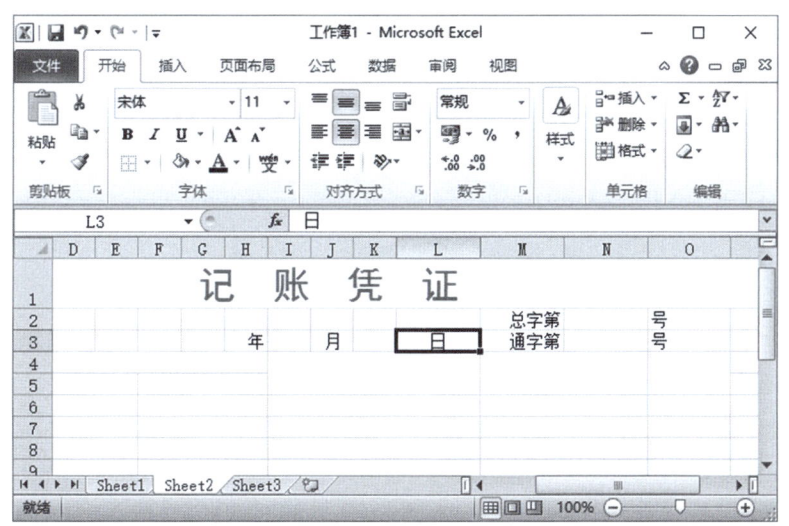

图 5-10 输入"总字第 号""通字第 号""年月日"

⑥选择单元格区域 A4:B5,单击"开始"选项卡|"对齐方式"工作组|"合并后居中"按钮,输入"摘要"并调整字间距。同时,分别合并单元格区域 A6:B6、A7:B7、A8:B8、A9:B9、A10:B10、A11:B11,如图 5-11 所示。

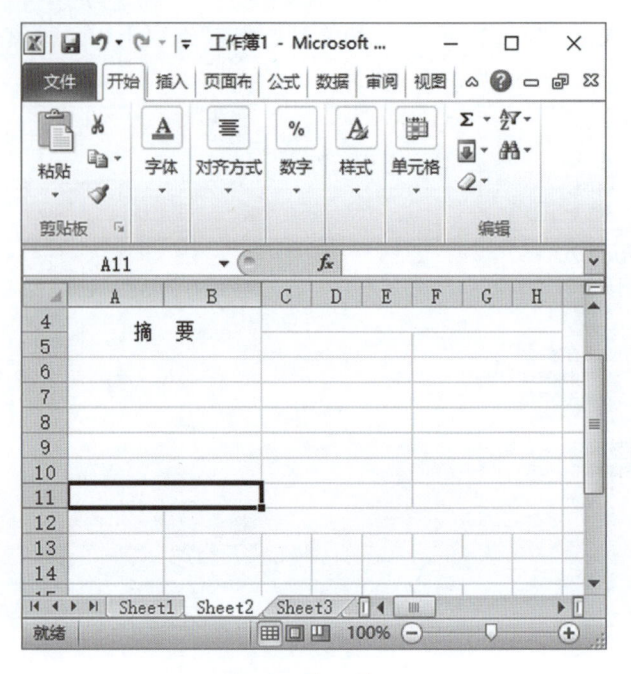

图 5-11　输入"摘要"

⑦选择单元格区域 C4：H4，单击"开始"选项卡|"对齐方式"工作组|"合并后居中"按钮，输入"会计科目"并调整字间距。选择单元格区域 C5：E5，单击"开始"选项卡|"对齐方式"工作组|"合并后居中"按钮，输入"总账科目"。选择单元格区域 F5：H5，单击"开始"选项卡|"对齐方式"工作组|"合并后居中"按钮，输入"明细科目"。分别合并单元格区域 C6：E6、C7：E7、C8：E8、C9：E9、C10：E10、C11：E11、F6：H6、F7：H7、F8：H8、F9：H9、F10：H10、F11：H11，如图 5-12 所示。

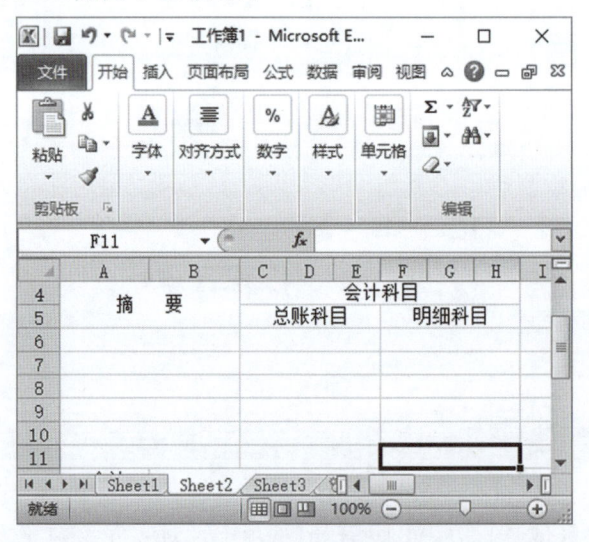

图 5-12　输入"会计科目""总账科目""明细科目"

⑧选择单元格区域 I4：L5，单击"开始"选项卡|"对齐方式"工作组|"合并后居中"按钮，输入"借方"，调整字间距。选择单元格区域 I6：L6、I7：L7、I8：L8、I9：L9、I10：L10、

I11:L11、I12:L12,分别单击"合并后居中"按钮,在单元格区域 I12:L12 中输入"=SUM(I6:L11)"。选择单元格区域 M4:N5,单击"开始"选项卡|"对齐方式"工作组|"合并后居中"按钮,输入"贷方",调整字间距。选择单元格区域 M6:N6、M7:N7、M8:N8、M9:N9、M10:N10、M11:N11、M12:N12,分别单击"合并后居中"按钮。在单元格区域 M12:N12 中输入"=SUM(M6:N11)"。选择单元格区域 O4:O5,单击"开始"选项卡|"对齐方式"工作组|"合并后居中"按钮,输入"过账",如图 5-13 所示。

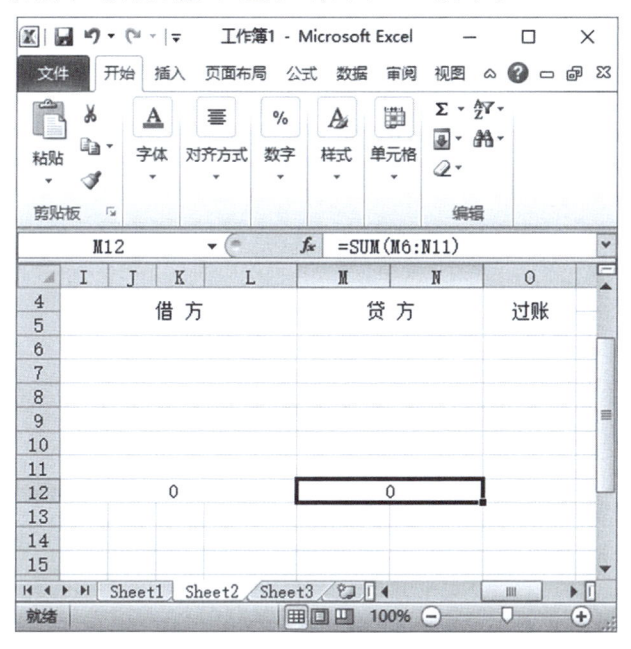

图 5-13　输入"借方""贷方""过账"

⑨在单元格 P6、P7、P8、P10 中分别输入"附""单""据""张",选择单元格 P9,单击"开始"选项卡|"对齐方式"工作组|"文本左对齐"按钮,如图 5-14 所示。

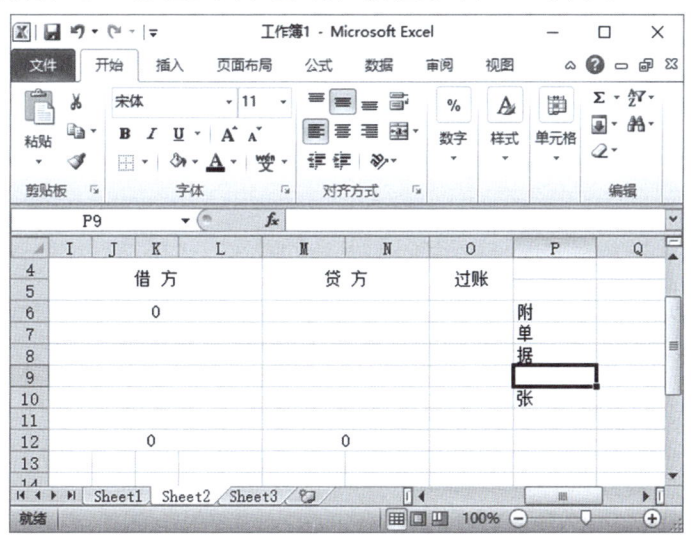

图 5-14　输入"附""单""据""张"

⑩选择单元格 A12 输入"合计:"。选择单元格 B13、F13、K13、M13 分别输入"会计主管:""记账:""审核:""制单:"。选择单元格 B13,单击"开始"选项卡|"对齐方式"工作组|"文本右对齐"按钮,选择单元格 M13,单击"开始"选项卡|"对齐方式"工作组|"文本右对齐"按钮,如图 5-15 所示。

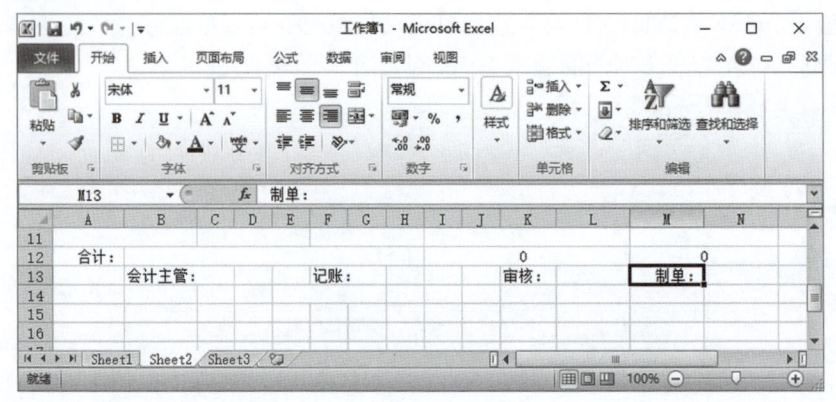

图 5-15　输入表尾

(2)调整列宽和加红线

①选择列 C 至列 K,单击"开始"选项卡|"单元格"工作组|"格式"下拉菜单中的"列宽"命令,弹出"列宽"对话框,输入"4",单击"确定"按钮,如图 5-16 所示。

②调整列 A、列 B、列 L、列 M、列 N、列 O 的列宽,可以按上述方法,输入不同值,也可以手工调整。调整之后如图 5-17 和图 5-18 所示。

图 5-16　设置列宽

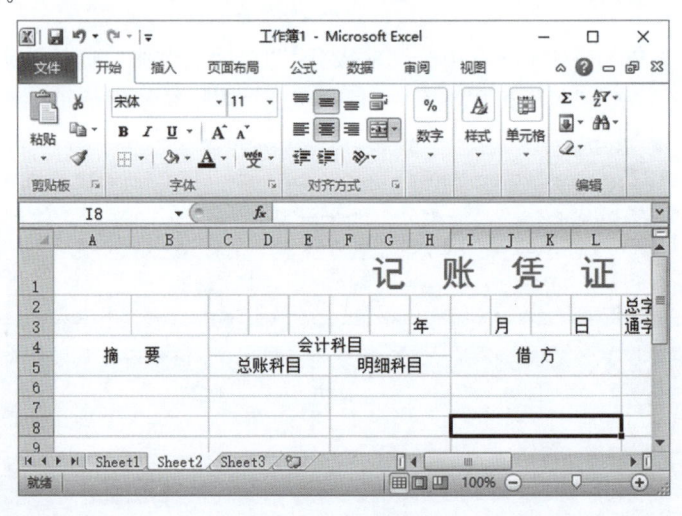

图 5-17　设置前部分列宽

③选择单元格区域 A4:O12,单击"开始"选项卡|"单元格"工作组|"格式"下拉菜单中的"设置单元格格式"命令,在弹出的对话框中选择"边框"选项卡,选择红色细实线,单击"外边框"和"内部",为单元格加上相应框线,如图 5-19 所示。

④把记账凭证上所有的固定字都改为红色,结果如图 5-20 所示。

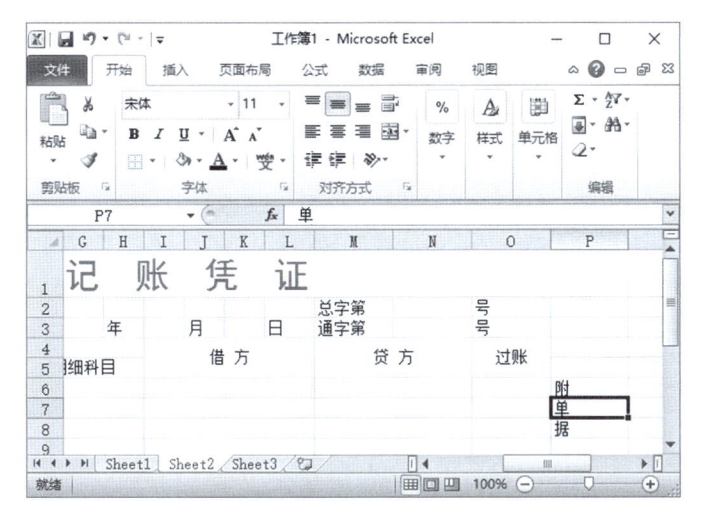

图 5-18　设置后部分列宽

图 5-19　"边框"选项卡

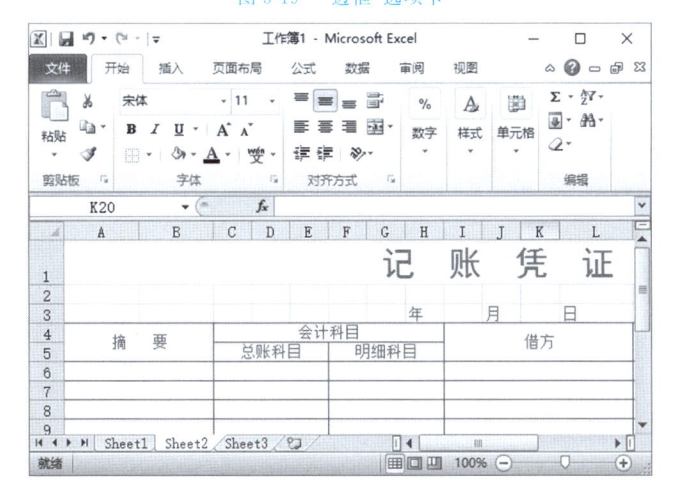

图 5-20　修改字的颜色

(3)设置下拉菜单和数字格式

①设置总账科目的下拉菜单。选择单元格区域 C6:E11,单击"数据"选项卡|"数据工具"工作组|"数据有效性"下拉菜单中的"数据有效性"命令,弹出"数据有效性"对话框,在"有效性条件"项目中的"允许"列表中选择"序列",在"来源"栏中输入"=zzkm",单击"确定"按钮,如图 5-21 所示。

设置数据有效性

②设置明细科目的下拉菜单。单元格区域 F6:H11 也要设置数据有效性,在"来源"栏中输入"=mxkm",如图 5-22 所示。

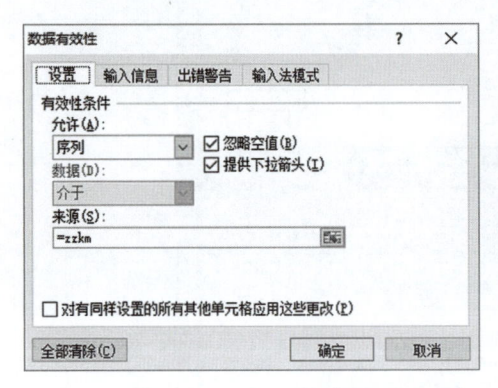

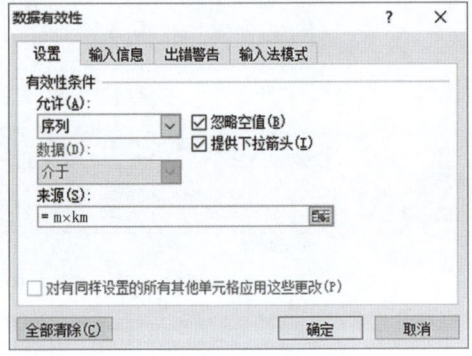

图 5-21 设置数据有效性　　　　图 5-22 设置数据有效性

③选择单元格区域 I6:L12,单击"开始"选项卡|"单元格"工作组|"格式"下拉菜单中的"设置单元格格式"命令,打开"设置单元格格式"对话框,单击"数字"选项卡,在"分类"列表框中选择"数值",在"小数位数"列表框中选择"2",选择"使用千位分隔符"复选框,在"负数"列表框中选择"(1,234.10)",单击"确定"按钮,如图 5-23 所示。单元格区域 M6:N12 也按上述方法设置。

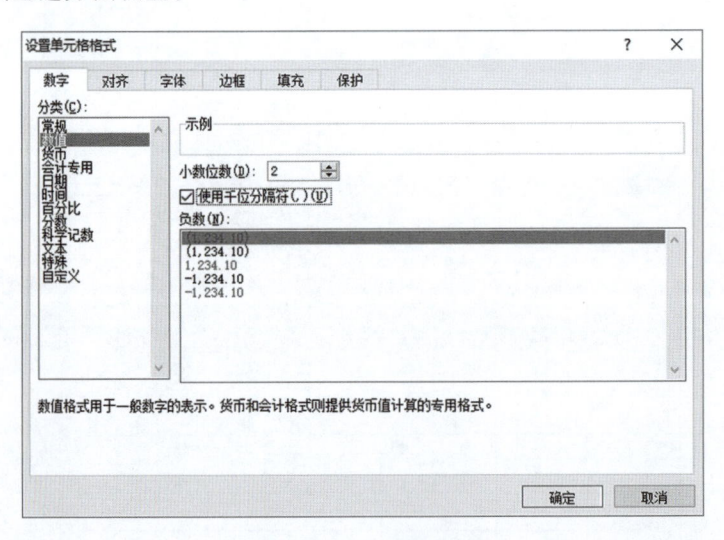

图 5-23 设置数值格式

④选择单元格区域 B12:H12,单击"合并后居中"按钮,然后单击"文本右对齐"按钮,如图 5-24 所示。

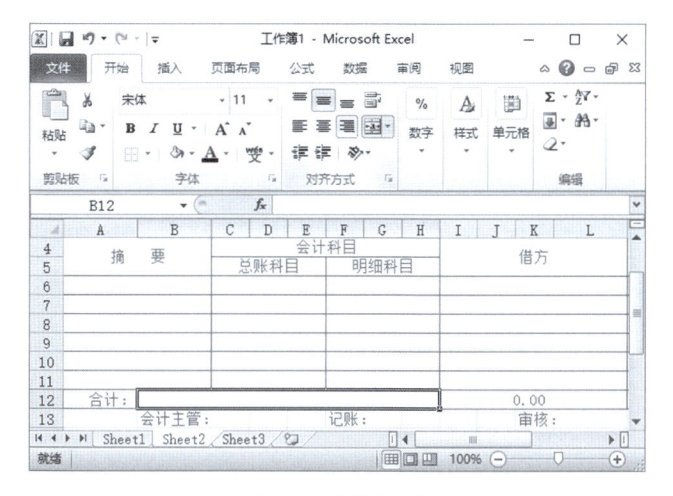

图 5-24 合并单元格

(4)设置"元""角""分"

①在借方合计数与贷方合计数相等时,选择单元格 C19、E19、G19,分别输入"元""角""分"。在单元格 B19 中输入"＝INT(I12)",用于提取借方合计金额的"元"部分。在单元格 D19 中输入"＝VALUE(MID(FIXED(I12,2),FIND(".",FIXED(I12,2))＋1,1))",用于提取借方合计金额的"角"部分。在单元格 F19 中输入"＝VALUE(RIGHT(FIXED(I12*100,0),1))",用于提取借方合计金额的"分"部分,如图 5-25 所示。

设置"元""角""分"

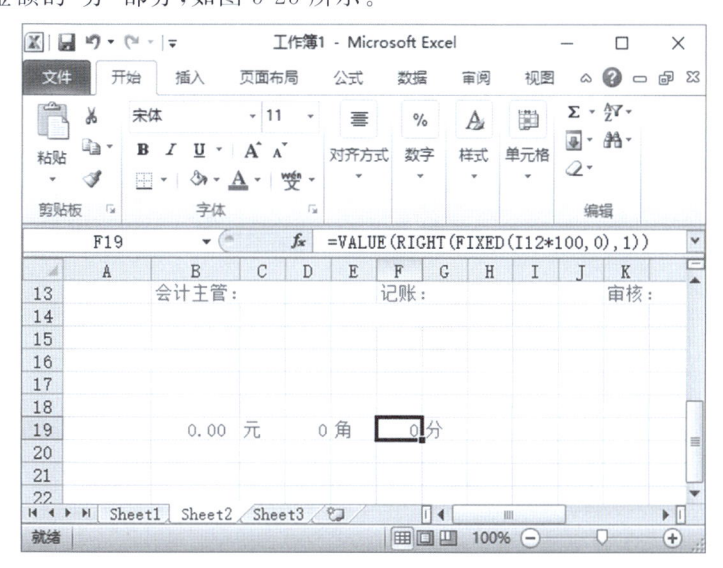

图 5-25 设置"元""角""分"的提取

②在单元格 B12 中输入"＝IF(B19<>0,NUMBERSTRING(B19,2)&"元","")&IF(AND(D19＝0,F19＝0),"",IF(B19<>0,IF(D19<>0,NUMBERSTRING(D19,2)&"角","零"),IF(D19<>0,NUMBERSTRING(D19,2)&"角","")))&IF(F19<>0,NUMBERSTRING(F19,2)&"分",IF(AND(B19＝0,D19＝0),"","整"))",在这里,李芳输入记账凭证的金额,合计为 684.33 元,如图 5-26 所示。

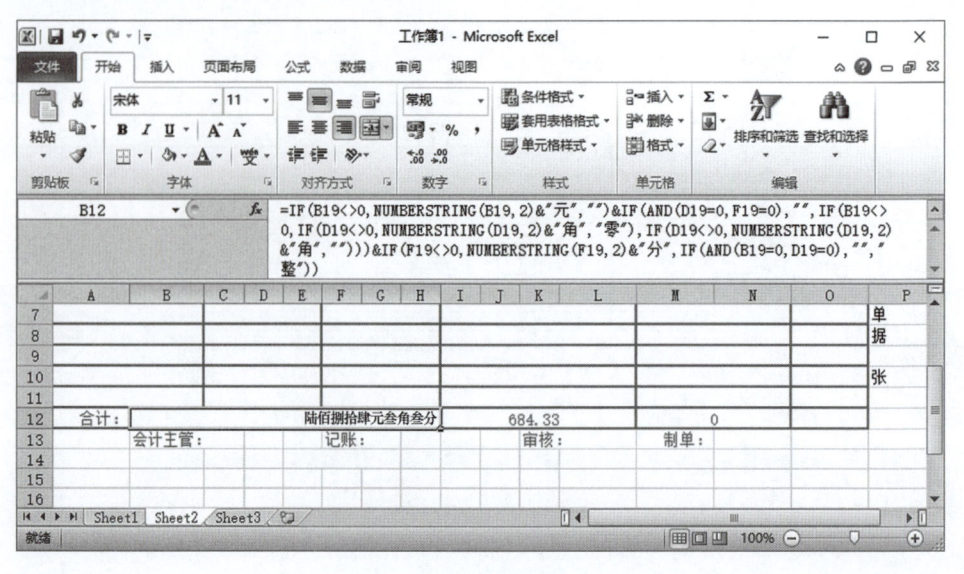

图 5-26 将金额数字转换为大写

③为了不显示行 19 中的计算公式，可以选择第 19 行向上提，将第 19 行隐藏起来。

④如果希望没有金额的时候单元格区域 I12:L12、M12:N12 为空，可以隐藏零值。单击"文件"选项卡|"选项"命令，弹出"Excel 选项"对话框，单击"高级"标签切换到"此工作表的显示"中，取消选择"在具有零值的单元格中显示零"复选框，如图 5-27 所示。

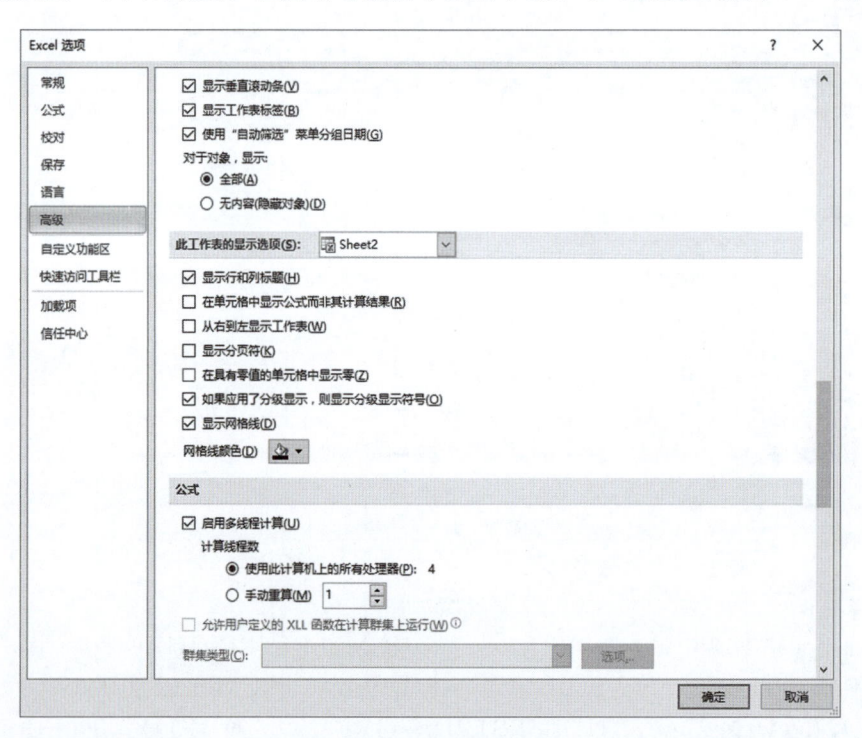

图 5-27 "Excel 选项"对话框

⑤结果显示如图 5-28 所示。

图 5-28 取消单元格区域的零值

（5）保存和打印

①单击"文件"选项卡|"另存为"命令，弹出"另存为"对话框，在"文件名"处输入"记账凭证模板"，单击"保存类型"框右边的下拉箭头，并从弹出的下拉列表中选择"Excel 模板"类型，此时"保存位置"框自动切换到"Templates"文件夹，最后单击"保存"按钮，这样所设置的记账凭证模板就被保存在 C:\Users\Administrator\AppData\Roaming\Microsoft\Templates 文件夹中，如图 5-29 所示，这样一个完整的记账凭证模板就设置完成了。

图 5-29 "另存为"对话框

②可以单击"文件"选项卡|"打印"命令，预览、打印记账凭证，在此之前可以把页面方向设置为"横向"。

四、问题探究

1.通用记账凭证的概念

通用记账凭证是记账凭证的一种,它不分收款、付款、转账业务,而是全部业务采用通用的一种记账凭证。

2.通用记账凭证的填制

采用通用记账凭证的经济单位,不再根据经济业务的内容分别填制收款凭证、付款凭证和转账凭证,所涉及货币资金收、付业务的记账凭证是由财务人员根据审核无误的原始凭证填制的。在借贷记账法下,将经济业务所涉及的会计科目全部填列在"借方金额"或"贷方金额"栏内。借、贷方金额合计数应相等。采用顺序连续编号。制证人应在填制凭证完毕后签名盖章,并在凭证右侧填写所附原始凭证的张数。

3.基本内容

一张填写完整的通用记账凭证一般包括以下几个方面:

(1)填制单位的名称;

(2)记账凭证的名称;

(3)凭证的填制日期和编号;

(4)经济业务的内容摘要;

(5)应借、应贷的科目名称、记账方向和金额(包括一级科目、二级或明细科目);

(6)记账备注(不一定是必要内容);

(7)所附原始凭证的张数;

(8)会计主管、审核、记账、制单人员的签名或盖章;收、付款凭证还要有出纳人员的签名或盖章。

五、知识扩展

1.通用记账凭证的打印输出结构制作

具体步骤如下:

(1)在"记账凭证模板"工作表中,选择单元格区域 A1:P13,按"Ctrl+C"组合键。

(2)在单元格 Q1 处单击鼠标右键,在弹出的右键菜单中选择"粘贴选项",单击"粘贴"按钮。

(3)在列标 Z 处单击鼠标右键,然后重复单击"插入"命令,插入 7 列。选择单元格区域 Y4:AI12,单击"合并后居中"按钮,取消合并。选择单元格区域 Y4:AI4,单击"合并后居中"按钮,调整字间距。调整列 Y 至列 AI 的列宽为"1.6"。在单元格 Y5 至 AI5 中分别输入"亿""千""百""十""万""千""百""十""元""角""分"。在列标 AK 处单击鼠标右键,然后重复单击"插入"命令,插入 9 列。选择单元格区域 AJ4:AT12,单击"合并后居中"按钮,取消合并。选择单元格区域 AJ4:AT4,单击"合并后居中"按钮,调整字间距。调整列 AJ 至列 AT 的列宽为"1.6"。在单元格 AJ5 至 AT5 中分别输入"亿""千""百""十""万""千""百""十""元""角""分",把黑色字改为红色字,如图 5-30 所示。

图 5-30　输入"借方""贷方"大写金额单位

（5）删除单元格 AJ2 中的"总字第"，合并单元格区域 AP2：AR2 并输入"总字第"。选择单元格区域 AS2：AT2，单击"合并后居中"按钮，空格颜色为黑字。删除单元格 AJ3 中的"通字第"，合并单元格区域 AP3：AR3 并输入"通字第"。选择单元格区域 AS3：AT3，单击"合并后居中"按钮。删除单元格 AG3 和单元格 AI3 中的内容，选择单元格 AA3 和 AD3 分别输入"月""日"。合并单元格 Y3 和单元格 Z3，合并单元格 AB3 和单元格 AC3。删除单元格 AH13 的内容，合并单元格 AA13、单元格 AB13、单元格 AC13 并输入"审核："。修改字的颜色为红色，如图 5-31 所示。

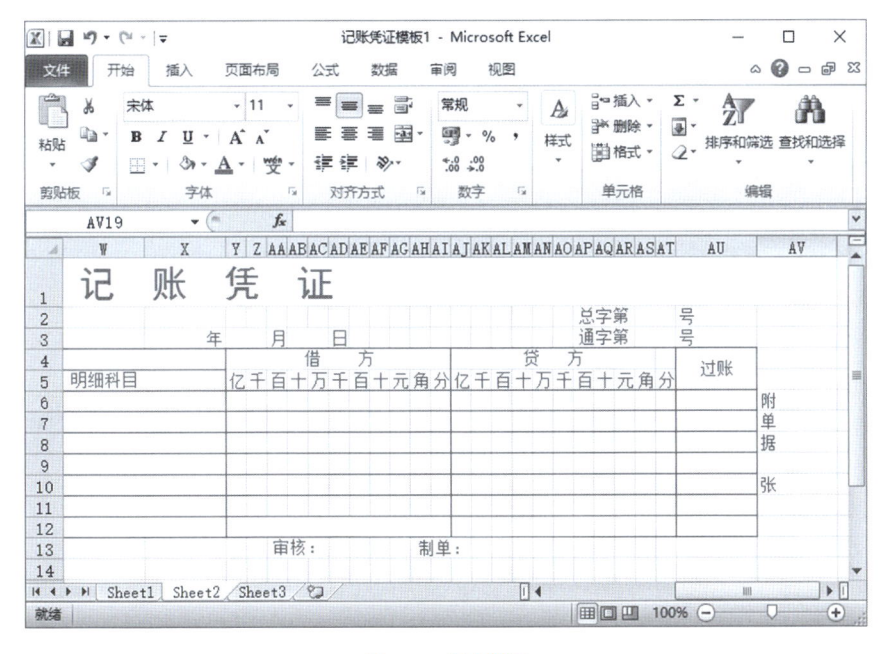

图 5-31　调整设置

(6)建立两个格式之间的联系：

选择单元格区域 AS2:AT2，输入"＝N2"。

选择单元格区域 AS3:AT3，输入"＝N3"。

选择单元格 W3，输入"＝G3"。

选择单元格 AV9，输入"＝P9"，单击"文本左对齐"按钮。

选择单元格区域 R12:X12，输入"＝B12"。

选择单元格 S13，输入"＝C13"。

选择单元格 W13，输入"＝G13"。

选择单元格 AD13，输入"＝L13"，空格颜色改为黑色。

选择单元格 AM13，输入"＝N13"。

选择单元格区域 Y3:Z3，输入"＝I3"。

选择单元格区域 AB3:AC3，输入"＝K3"。

选择单元格区域 Q6:R6，输入"＝A6"。选择单元格区域 Q6:R6，按"Ctrl"键向下拖动到单元格区域 Q11:R11。

对于第二种格式表格中的"总账科目""明细科目"，其内容可以使用下拉菜单，也可比照前述方法建立对应关系。

(7)将"借方"金额的各个数字拆开并分别填入不同的单元格：

选择单元格 Y6，输入"＝IF(LEN($I6*100)>=11,MIDB($I6*100,LEN($I6*100)-10,1),"""")"。

选择单元格 Z6，输入"＝IF(LEN($I6*100)>=10,MIDB($I6*100,LEN($I6*100)-9,1),"""")"。

选择单元格 AA6，输入"＝IF(LEN($I6*100)>=9,MIDB($I6*100,LEN($I6*100)-8,1),"""")"。

选择单元格 AB6，输入"＝IF(LEN($I6*100)>=8,MIDB($I6*100,LEN($I6*100)-7,1),"""")"。

选择单元格 AC6，输入"＝IF(LEN($I6*100)>=7,MIDB($I6*100,LEN($I6*100)-6,1),"""")"。

选择单元格 AD6，输入"＝IF(LEN($I6*100)>=6,MIDB($I6*100,LEN($I6*100)-5,1),"""")"。

选择单元格 AE6，输入"＝IF(LEN($I6*100)>=5,MIDB($I6*100,LEN($I6*100)-4,1),"""")"。

选择单元格 AF6，输入"＝IF(LEN($I6*100)>=4,MIDB($I6*100,LEN($I6*100)-3,1),"""")"。

选择单元格 AG6，输入"＝IF(LEN($I6*100)>=3,MIDB($I6*100,LEN($I6*100)-2,1),"""")"。

选择单元格 AH6，输入"＝IF(LEN($I6*100)>=2,MIDB($I6*100,LEN($I6*100)-1,1),"""")"。

选择单元格 AI6，输入"＝IF(LEN($I6)>=1,MIDB($I6*100,LEN($I6*100)-

0,1),"")"。

选择单元格区域 Y6:AI6,按"Ctrl"键向下拖动到单元格区域 Y11:AI11。

(8)将"贷方"金额的各个数字拆开并分别填入不同的单元格:

选择单元格 AJ6,输入"=IF(LEN($M6*100)>=11,MIDB($M6*100,LEN($M6*100)−10,1),"")"。

选择单元格 AK6,输入"=IF(LEN($M6*100)>=10,MIDB($M6*100,LEN($M6*100)−9,1),"")"。

选择单元格 AL6,输入"=IF(LEN($M6*100)>=9,MIDB($M6*100,LEN($M6*100)−8,1),"")"。

选择单元格 AM6,输入"=IF(LEN($M6*100)>=8,MIDB($M6*100,LEN($M6*100)−7,1),"")"。

选择单元格 AN6,输入"=IF(LEN($M6*100)>=7,MIDB($M6*100,LEN($M6*100)−6,1),"")"。

选择单元格 AO6,输入"=IF(LEN($M6*100)>=6,MIDB($M6*100,LEN($M6*100)−5,1),"")"。

选择单元格 AP6,输入"=IF(LEN($M6*100)>=5,MIDB($M6*100,LEN($M6*100)−4,1),"")"。

选择单元格 AQ6,输入"=IF(LEN($M6*100)>=4,MIDB($M6*100,LEN($M6*100)−3,1),"")"。

选择单元格 AR6,输入"=IF(LEN($M6*100)>=3,MIDB($M6*100,LEN($M6*100)−2,1),"")"。

选择单元格 AS6,输入"=IF(LEN($M6*100)>=2,MIDB($M6*100,LEN($M6*100)−1,1),"")"。

选择单元格 AT6,输入"=IF(LEN($M6)>=1,MIDB($M6*100,LEN($M6*100)−0,1),"")"。

选择单元格区域 AJ6:AT6,按"Ctrl"键向下拖动到单元格区域 AJ11:AT11。

(9)在第 12 行中输入借方的合计金额:

选择单元格 Y12,输入"=IF(LEN($I12*100)=10,"￥",IF(LEN($I12*100)>=11,MIDB($I12*100,LEN($I12*100)−10,1),""))"。

选择单元格 Z12,输入"=IF(LEN($I12*100)=9,"￥",IF(LEN($I12*100)>=10,MIDB($I12*100,LEN($I12*100)−9,1),""))"。

选择单元格 AA12,输入"=IF(LEN($I12*100)=8,"￥",IF(LEN($I12*100)>=9,MIDB($I12*100,LEN($I12*100)−8,1),""))"。

选择单元格 AB12,输入"=IF(LEN($I12*100)=7,"￥",IF(LEN($I12*100)>=8,MIDB($I12*100,LEN($I12*100)−7,1),""))"。

选择单元格 AC12,输入"=IF(LEN($I12*100)=6,"￥",IF(LEN($I12*100)>=7,MIDB($I12*100,LEN($I12*100)−6,1),""))"。

选择单元格 AD12,输入"=IF(LEN($I12*100)=5,"￥",IF(LEN($I12*100)>=6,

MIDB（＄I12＊100,LEN（＄I12＊100）－5,1）,""））"。

选择单元格AE12,输入"＝IF(LEN（＄I12＊100）＝4,"￥",IF(LEN（＄I12＊100）＞＝5,MIDB（＄I12＊100,LEN（＄I12＊100）－4,1）,""））"。

选择单元格AF12,输入"＝IF(LEN（＄I12＊100）＝3,"￥",IF(LEN（＄I12＊100）＞＝4,MIDB（＄I12＊100,LEN（＄I12＊100）－3,1）,""））"。

选择单元格AG12,输入"＝IF(LEN（＄I12＊100）＝2,"￥",IF(LEN（＄I12＊100）＞＝3,MIDB（＄I12＊100,LEN（＄I12＊100）－2,1）,""））"。

选择单元格AH12,输入"＝IF(LEN（＄I12）－1＝1,"￥",IF(LEN（＄I12＊100）＞＝2,MIDB（＄I12＊100,LEN（＄I12＊100）－1,1）,""））"。

选择单元格AI12,输入"＝IF(LEN（＄I12＊100）－1＝0,"￥",IF(LEN（＄I12＊100）＞＝1,MIDB（＄I12＊100,LEN（＄I12＊100）－0,1）,""））"。

(10)在第12行中输入贷方的合计金额:

选择单元格AJ12,输入"＝IF(LEN（＄M12＊100）＝10,"￥",IF(LEN（＄M12＊100）＞＝11,MIDB（＄M12＊100,LEN（＄M12＊100）－10,1）,""））"。

选择单元格AK12,输入"＝IF(LEN（＄M12＊100）＝9,"￥",IF(LEN（＄M12＊100）＞＝10,MIDB（＄M12＊100,LEN（＄M12＊100）－9,1）,""））"。

选择单元格AL12,输入"＝IF(LEN（＄M12＊100）＝8,"￥",IF(LEN（＄M12＊100）＞＝9,MIDB（＄M12＊100,LEN（＄M12＊100）－8,1）,""））"。

选择单元格AM12,输入"＝IF(LEN（＄M12＊100）＝7,"￥",IF(LEN（＄M12＊100）＞＝8,MIDB（＄M12＊100,LEN（＄M12＊100）－7,1）,""））"。

选择单元格AN12,输入"＝IF(LEN（＄M12＊100）＝6,"￥",IF(LEN（＄M12＊100）＞＝7,MIDB（＄M12＊100,LEN（＄M12＊100）－6,1）,""））"。

选择单元格AO12,输入"＝IF(LEN（＄M12＊100）＝5,"￥",IF(LEN（＄M12＊100）＞＝6,MIDB（＄M12＊100,LEN（＄M12＊100）－5,1）,""））"。

选择单元格AP12,输入"＝IF(LEN（＄M12＊100）＝4,"￥",IF(LEN（＄M12＊100）＞＝5,MIDB（＄M12＊100,LEN（＄M12＊100）－4,1）,""））"。

选择单元格AQ12,输入"＝IF(LEN（＄M12＊100）＝3,"￥",IF(LEN（＄M12＊100）＞＝4,MIDB（＄M12＊100,LEN（＄M12＊100）－3,1）,""））"。

选择单元格AR12,输入"＝IF(LEN（＄M12＊100）＝2,"￥",IF(LEN（＄M12＊100）＞＝3,MIDB（＄M12＊100,LEN（＄M12＊100）－2,1）,""））"。

选择单元格AS12,输入"＝IF(LEN（＄M12）－1＝1,"￥",IF(LEN（＄M12＊100）＞＝2,MIDB（＄M12＊100,LEN（＄M12＊100）－1,1）,""））"。

选择单元格AT12,输入"＝IF(LEN（＄M12＊100）－1＝0,"￥",IF(LEN（＄M12＊100）＞＝1,MIDB（＄M12＊100,LEN（＄M12＊100）－0,1）,""））"。

(11)选择单元格区域Y6:AI12,单击"开始"选项卡|"单元格"工作组|"格式"下拉菜单中的"设置单元格格式"命令,在弹出的对话框中选择"边框"选项卡,在"线条"的"样式"中选择"细点线",单击"内部"按钮和下边框,选择"双实线",单击左边框和右边框,单击"确定"按钮。"贷方"所在的单元格区域也是如此,选择单元格区域AJ6:AT12,单击

"开始"选项卡|"单元格"工作组|"格式"下拉菜单中的"设置单元格格式"命令,在弹出的对话框中选择"边框"选项卡,在"线条"的"样式"中选择"细点线",单击"内部"按钮和下边框,选择"双实线",单击右边框,单击"确定"按钮,如图5-32所示。

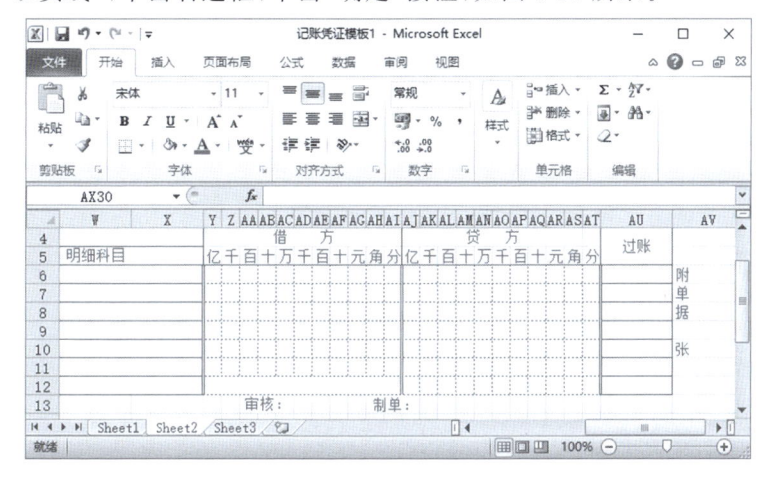

图 5-32 修改线条格式

(12)打印第二种格式表格时,可以先打印预览,调整表格的整体位置。

六、课后训练

ABC公司2017年2月5日购买原材料1 000千克,每千克15元,共计15 000元,增值税税额2 550元,用现金支付运费400元,材料尚未入库。开出期限为3个月的商业承兑汇票抵付价税款。

要求:(1)制作通用记账凭证。

(2)编制会计分录并填写记账凭证。

任务二 制作专用记账凭证

工作情境:

ABC公司每天发生的经济业务比较多,有时候会用到收、付、转等专用记账凭证。会计李芳制作好通用记账凭证后,试着用Excel 2010制作专用记账凭证,以备在以后的经济业务中使用。

一、学习目标

1.掌握制作专用记账凭证的技能。
2.能够设置专用记账凭证的格式、颜色、字体等。
3.掌握由通用记账凭证改为专用记账凭证的方法。

二、工作流程

1.打开先前制作的通用记账凭证。

2.把通用记账凭证改为转账凭证。

3.把通用记账凭证改为收款凭证。

4.把通用记账凭证改为付款凭证。

三、实践操作

1.打开先前制作的通用记账凭证。

2.把通用记账凭证改为转账凭证。

通用记账凭证和转账凭证基本一样,因此可以将"记账凭证"工作表复制一份,再进行相应的修改。注意简单复制之后,要调整列宽。有关需要进行修改的内容如下:

(1)将标题"记账凭证"改为"转账凭证";

(2)固定数据和边框的颜色改为绿色;

(3)删除"总字第　号";

(4)将"通字第　号"改为"转字第　号"。

结果如图 5-33 所示。

转账凭证的制作

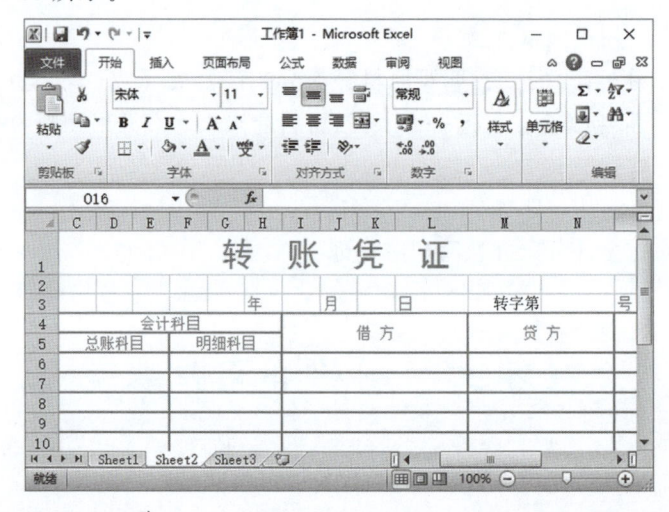

图 5-33　转账凭证

3.把通用记账凭证改为收款凭证。

(1)复制,调整列宽;

(2)将标题"记账凭证"改为"收款凭证";

(3)删除"总字第　号";

(4)调整 A 列单元格的宽度为"9",选择单元格 A3,输入"借方科目:";

(5)将"会计科目"改为"借方科目";

(6)将"借方"改为"金额";

(7)删除 M 列和 N 列;

(8)删除单元格 H3、J3、L3 的内容,在单元格 E3、G3、I3 中分别输入"年""月""日",单元格 E3"右对齐",单元格 G3"居中";

(9)删除单元格 B13、F13、K13 的内容,在单元格 A13、D13、G13、K13 中分别输入"会计主管:""记账:""审核:""制单:";

(10)合并单元格 J3 和单元格 K3,单击"文本右对齐"按钮,在合并后的单元格 J3 中输入"=IF(B3="库存现金","现收字第",IF(B3="银行存款","银收字第","收字第"))";

(11)调整列 C 至列 K 的宽度为"6";

(12)把黑色的字改为红色。

结果如图 5-34 所示。

图 5-34　收款凭证

4.把通用记账凭证改为付款凭证。

(1)复制,调整列宽;

(2)将标题"记账凭证"改为"付款凭证";

(3)删除"总字第　　号";

(4)调整 A 列单元格的宽度为"9",选择单元格 A3,输入"贷方科目:";

(5)将"会计科目"改为"贷方科目";

(6)将"借方"改为"金额";

(7)删除 M 列和 N 列;

(8)删除单元格 H3、J3、L3 的内容,在单元格 E3、G3、I3 中分别输入"年""月""日",单元格 E3"右对齐",单元格 G3"居中";

(9)删除单元格 B13、F13、K13 的内容,在单元格 A13、D13、G13、K13 中分别输入"会计主管:""记账:""审核:""制单:";

(10)合并单元格 J3 和单元格 K3,单击"文本右对齐"按钮,在合并后的单元格 J3 中输入"=IF(B3="库存现金","现付字第",IF(B3="银行存款","银付字第","付字第"))";

(11)调整列 C 至列 K 的宽度为"6";

(12)把黑色的字改为蓝色。

结果如图 5-35 所示。

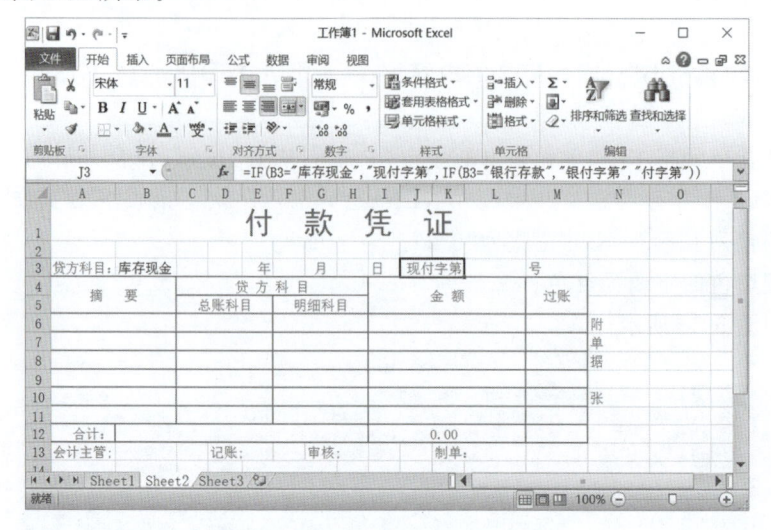

图 5-35 付款凭证

四、问题探究

1.专用记账凭证的概念

专用记账凭证是指专门用来记录某一类经济业务的记账凭证。专用记账凭证按其记录的经济业务是否与现金和银行存款收付业务有关,分为收款凭证、付款凭证和转账凭证。

2.专用记账凭证的种类

(1)收款凭证

收款凭证是用以反映货币资金收入业务的记账凭证,根据货币资金收入业务的原始凭证填制而成。在实际工作中,出纳人员应根据审核批准后的收款凭证,作为记录货币资金的收入依据。出纳人员根据收款凭证收款时,要在凭证上加盖"收讫"戳记。收款凭证一般按库存现金和银行存款分别编制。

(2)付款凭证

付款凭证是用以反映货币资金支出业务的记账凭证,根据货币资金支出业务的原始凭证填制而成。在实际工作中,出纳人员应根据审核批准后的付款凭证,作为记录货币资金的支出的依据。出纳人员根据付款凭证收款时,要在凭证上加盖"付讫"戳记。

(3)转账凭证

转账凭证是用以反映与货币资金收付无关的转账业务的凭证,它由会计人员根据有关转账业务的原始凭证或记账编制凭证填制而成。

会计实务中,某些经济业务既是货币资金的收入业务,又是货币资金的支出业务,如现金和银行存款之间的划转业务,为了避免记账重复,对于这类业务一般编制付款凭证,不编制收款凭证。即将现金存入银行时,编制现金付款凭证;从银行提取现金时,编制银行存款付款凭证。

五、知识扩展:把收款凭证改为付款凭证

1.将标题"收款凭证"改为"付款凭证"。

2.选择单元格 A3,将其改为"贷方科目:"。

3.选择单元格区域 C4:H4,将"借方科目"改为"贷方科目";

4.在单元格区域 J3:K3 中输入"=IF(B3="库存现金","现付字第",IF(B3="银行存款","银付字第","付字第"))"。

5.将固定数据和边框的颜色改为蓝色。

结果如图 5-36 所示。

图 5-36　付款凭证

六、课后训练

1.ABC 公司 2017 年 2 月 6 日发生了一笔业务,从银行提取 10 万元现金准备发放工资。

要求:(1)制作通用记账凭证。

(2)把通用记账凭证转换成付款凭证。

(3)编制会计分录并填写付款凭证。

2.ABC 公司 2017 年 2 月 7 日收到销售材料的转账支票一张,货款 10 000 元,增值税 1 700 元。

要求:(1)制作通用记账凭证。

(2)把通用记账凭证转换成收款凭证。

(3)编制会计分录并填写收款凭证。

情境六　Excel 在账簿中的应用

情境导入：
　　随着工作的不断开展，李芳要了解会计账簿的基本知识，以便于向领导具体地汇报公司资金的动向，并在市场拓展中没有后顾之忧。

素质培养：
　　1.提高学生岗位创新能力。
　　2.培养学生专业意识。
　　3.培养学生以发展数字经济，促进产业结构优化为己任的理想。
　　4.培养学生工作中践行社会主义核心价值观中的公正、法治、敬业、诚信等理念。
　　5.培养学生感受国家经济发展的需要，树立为共同富强祖国而努力的目标。

任务一　日记账和明细分类账的处理

工作情境：
　　ABC 公司财务部一直采用手工记账的方法，会计李芳觉得手工记账有些麻烦，她尝试着用 Excel 表格来建立日记账和明细分类账，发现在表格里可以方便、快捷地进行数据汇总，查询某一笔经济业务。

一、学习目标

1. 熟悉会计账簿的分类和格式。
2. 学会使用日记账。
3. 熟练掌握 IF 和 VLOOKUP 等相关函数在会计账簿中的使用。

二、工作流程

1. 建立日记账。
2. 登记日记账。

3.查询日记账。

4.建立明细分类账。

三、实践操作

1.设置日记账格式

根据日记账的格式,在 Excel 中设置步骤如下:

启动 Excel 2010,新建一工作簿,双击"Sheet1",重命名为"会计科目表",将企业的会计科目体系录入,并将工作簿保存为"会计账簿",如图 6-1 所示。

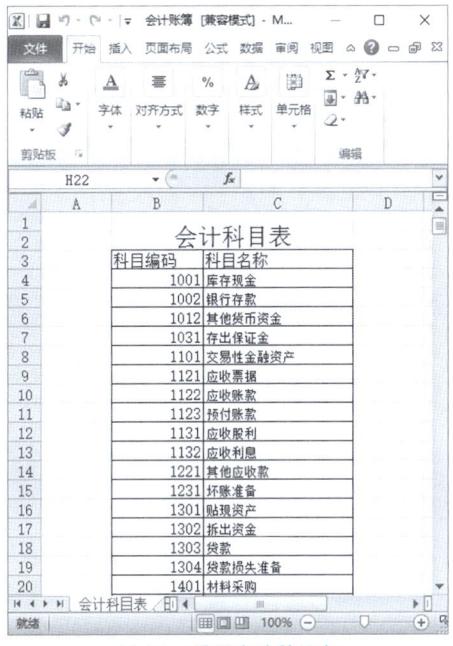

图 6-1 设置会计科目表

(1)打开"会计账簿"文件,双击"Sheet2",将其重命名为"日记账"。

(2)选择单元格区域 A1:J1,单击"开始"选项卡|"对齐方式"工作组|"合并后居中"按钮,然后输入"ABC 公司日记账",并设置为"楷体 18 号"。

(3)适当调整各列宽度。将单元格 A2、B2 合并,然后输入"2017 年"。

(4)在单元格 A3 中输入"月",单元格 B3 中输入"日"

(5)依次合并单元格区域 C2:C3 输入"序号",D2:D3 输入"凭证号数",E2:E3 输入"摘要",F2:F3 输入"科目编码",G2:G3 输入"账户名称",H2:H3 输入"借方",I2:I3 输入"贷方",J2:J3 输入"过账",并适当调整行高和列宽。

(6)选中第 2 行和第 3 行,单击"开始"选项卡|"对齐方式"工作组|"居中"按钮,并根据需要设置字体及字号。

(7)选中单元格区域 H4:I100 并单击鼠标右键,在弹出的右键菜单中选择"设置单元格格式"命令。

(8)在弹出的"设置单元格格式"对话框中,单击"数字"选项卡,选择"会计专用",在"小数位数"中输入"2"。

(9)单击"确定"按钮后,将"借方"和"贷方"两列设置为会计专用的数值格式。

(10)选中单元格区域 A2:I100 并单击鼠标右键,在弹出的右键菜单中选择"设置单元格格式"命令,在弹出的"设置单元格格式"对话框中单击"边框"选项卡,选择"内部""外边框"及"线条样式"后,单击"确定"按钮。

(11)日记账的格式设置基本完成,其效果如图 6-2 所示。还可以根据需要设置其他格式,在此不再一一赘述。

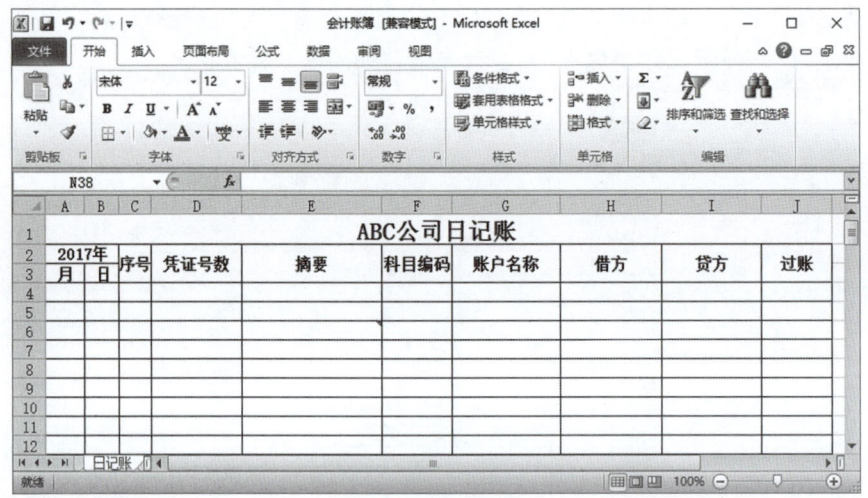

图 6-2 日记账基本格式

2.自动生成凭证号数

在财务工作中,登记日记账时需要对每笔经济业务进行编号,以便查找和核对。用 Excel 2010 进行日记账的登记时,可以利用 CONCATENATE 函数,以"月+日+序号"的形式自动生成"凭证号数"。操作步骤如下:

(1)选中 A:C 列并单击鼠标右键,在弹出的右键菜单中选择"设置单元格格式"命令,在弹出的对话框中选择"数字"选项卡,选择"文本"选项。

自动生成凭证号数

(2)选中单元格 D4,单击按钮 fx,打开"插入函数"对话框。

(3)在"或选择类别"中选择"全部",在"选择函数"列表框中选择"CONCATENATE"。如图 6-3 所示。

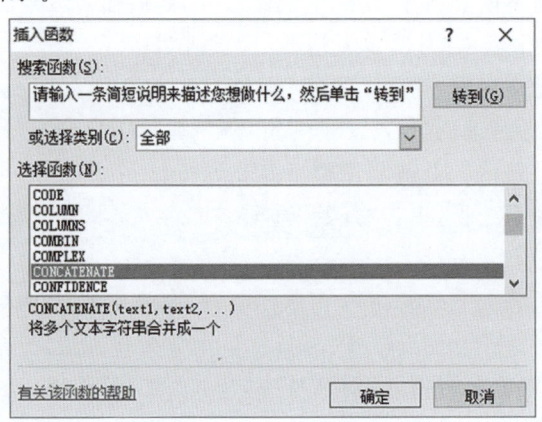

图 6-3 "插入函数"对话框

(4)单击"确定"按钮。

(5)在 D4 中输入公式"＝CONCATENATE(A4,B4,C4)",即在"函数参数"中输入"月,日,序号"等内容,如图 6-4 所示。

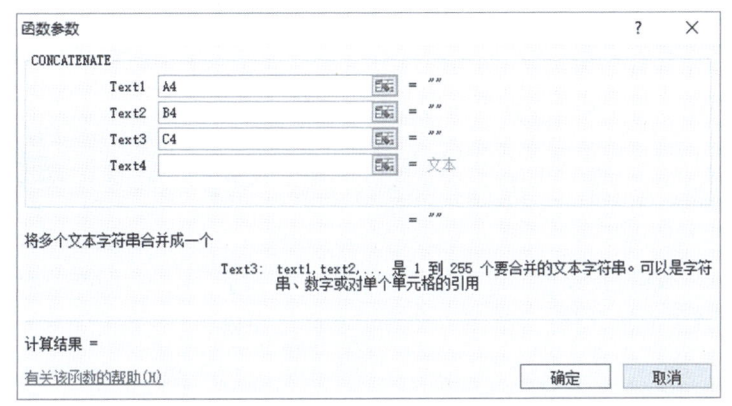

图 6-4 "函数参数"对话框

(6)单击"确定"按钮,则凭证号数按照输入的日期和序号自动生成,如图 6-5 所示。

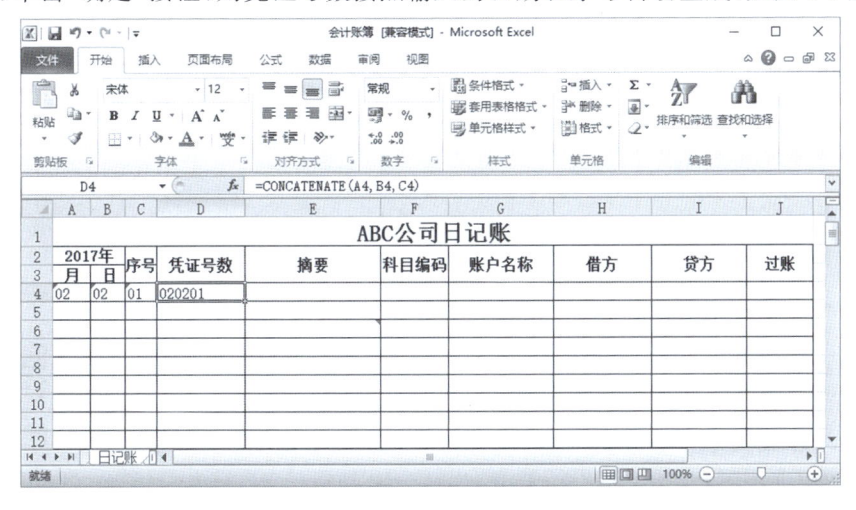

图 6-5 用 CONCATENATE 函数自动生成的凭证号数

(7)选中单元格 D4,依次向下"填充",将公式填充到下面的单元格中。则以后只需输入日期和序号,凭证号数均自动生成。

3.自动显示账户名称

在登记日记账的过程中,账户名称是一个重要的内容。我们可以用会计专门语言"会计科目"来记录企业发生的各项业务。由于上面我们已经定义了企业的会计科目体系,故在此不需要重复输入,可以借助 VLOOKUP 函数来自动显示"会计科目"。操作步骤如下:

(1)定义单元格区域名称

在 Excel 2010 中,可以直接使用单元格定义公式,这种方法虽然简单,但是公式不直观,不容易理解。我们可以对一个单元格进行命名,然后在定义公式时直接使用该名字即可,这样容易理解,符合我们的思维习惯。

①打开"会计账簿"工作簿中的"会计科目表"。单击"公式"选项卡|"定义的名称"工作组|"定义名称"命令。

②在打开的"新建名称"对话框中的"名称"文本框中输入"会计科目",如图6-6所示。

③单击"引用位置"中的折叠按钮。然后切换到"会计科目表",选中科目范围B4:C99。则"新建名称-引用位置:"对话框中的引用位置会随着变动,如图6-7所示。

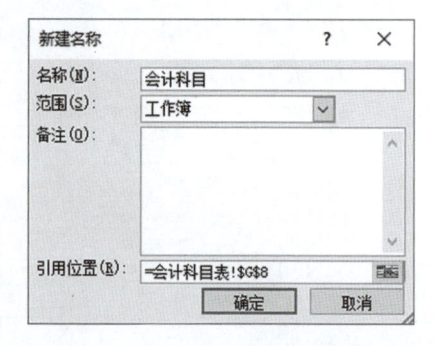

图6-6 "新建名称"对话框

④再次单击"折叠"按钮,回到如图6-8所示对话框,则"引用位置"已确定。

⑤单击"确定"按钮,则科目范围的名称定义已经完成。

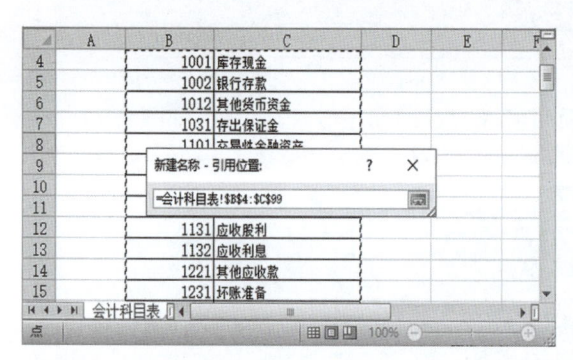

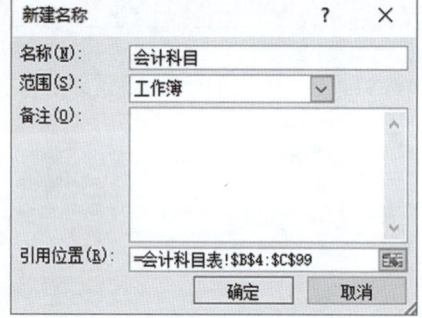

图6-7 选定引用范围

图6-8 完成"引用位置"设定

(2)自动显示账户名称

完成"科目范围"的定义之后,就可以进行自动显示会计科目的设置了。自动显示账户名称的操作步骤如下:

①选中单元格G4,单击按钮,打开"插入函数"对话框。

②在"或选择类别"中选择"常用函数"中的IF函数。单击"确定"按钮,弹出"函数参数"对话框。

③在Logical_text自变量中输入"F4="""",在Value_if_true自变量中输入""""",如图6-9所示。

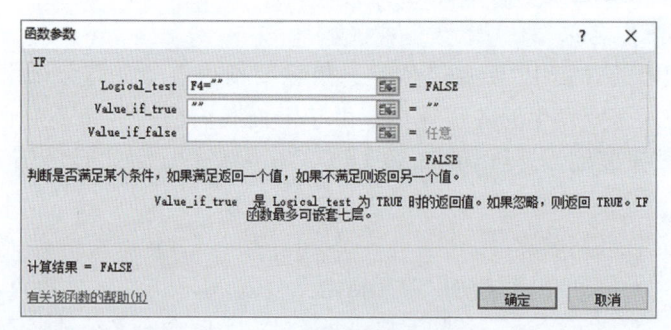

图6-9 输入IF函数参数

④将鼠标定位在 Value_if_false 自变量输入框中,单击"名称框"的下拉箭头,选择 VLOOKUP 函数。

⑤在 VLOOKUP 函数的 Lookup_value 自变量中输入"F4"。

⑥将光标定位到 VLOOKUP 函数的 Table_array 自变量输入框中,单击"公式"选项卡|"定义的名称"工作组|"用于公式"下拉菜单中的"粘贴名称"命令,如图 6-10 所示。

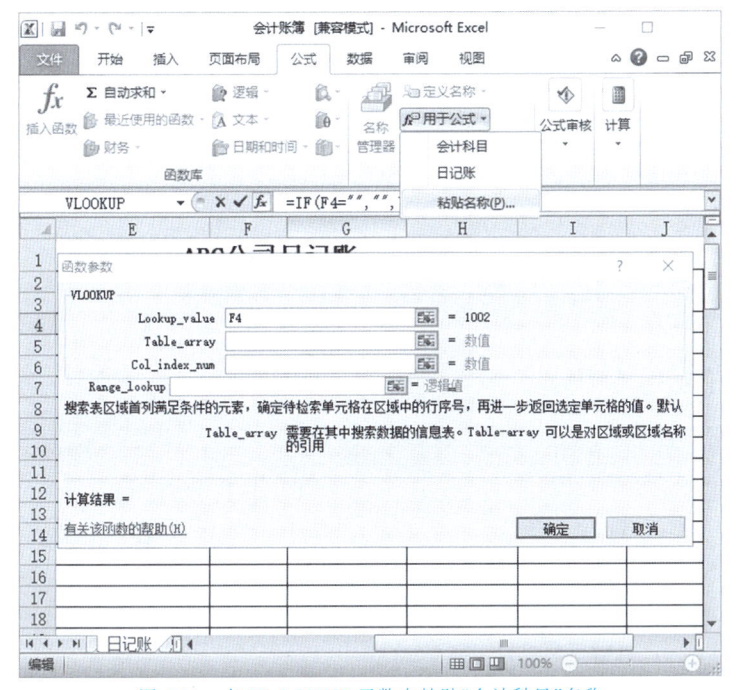

图 6-10 在 VLOOKUP 函数中粘贴"会计科目"名称

⑦在弹出的"粘贴名称"对话框中选择"会计科目",然后单击"确定"按钮。

⑧在 VLOOKUP 函数的 Col_index_num 自变量中输入"2"。在 Range_lookup 自变量中输入"1"。单击"确定"按钮,完成函数参数设置。如图 6-11 所示。

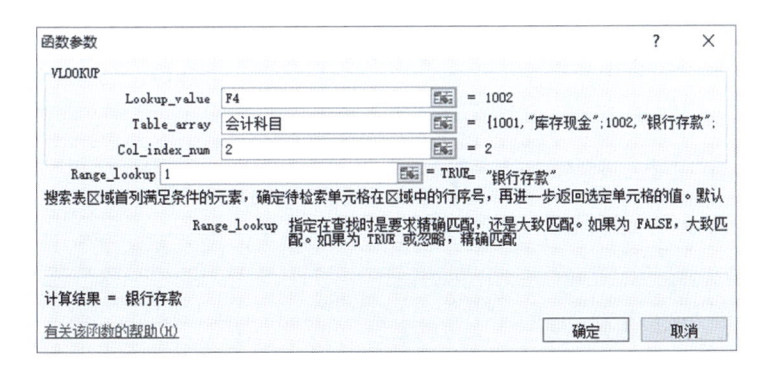

图 6-11 完成"VLOOKUP 函数参数输入"

⑨选中单元格 G4,依次向下填充,将公式应用到下面的其他单元格中。

⑩在"科目编码"中输入任意"科目编码",则在其后的"账户名称"中自动出现所对应的"会计科目"的名称。

4.登记日记账

日记账设置完成后,当日常业务发生时,便可据实登记。

(1)登记日常业务

如2月2日将现金1 000元存入银行,则操作步骤如下:

①在单元格A4、B4中输入"02"和"02",在C4中输入序号"01",则凭证号数"020201"按照月、日和序号规则自动生成。

②在E4中输入摘要"将现金存入银行",在F4中输入科目编码"1002",则账户名称"银行存款"自动带出。如图6-12所示。

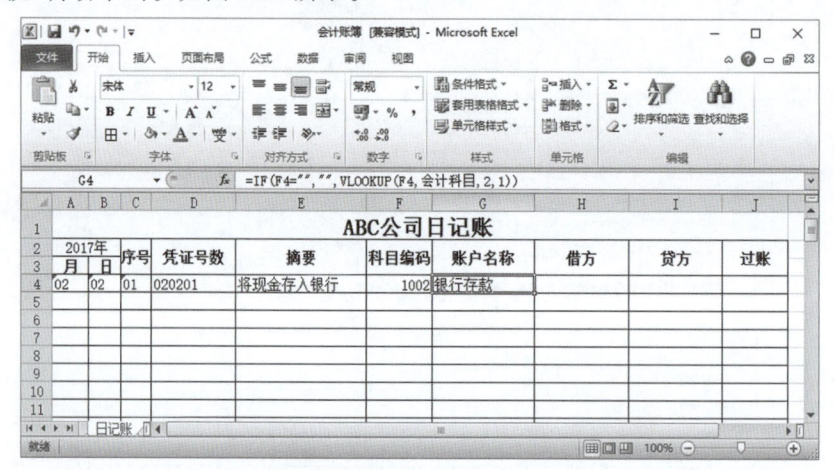

图6-12 录入科目编码账户名称

③在单元格H4中输入借方金额"1 000"。

④在单元格F5中输入"1001",则单元格G5自动出现账户名称"库存现金",然后在I5中录入贷方金额"1 000"。则本笔业务录入完成。如图6-13所示。

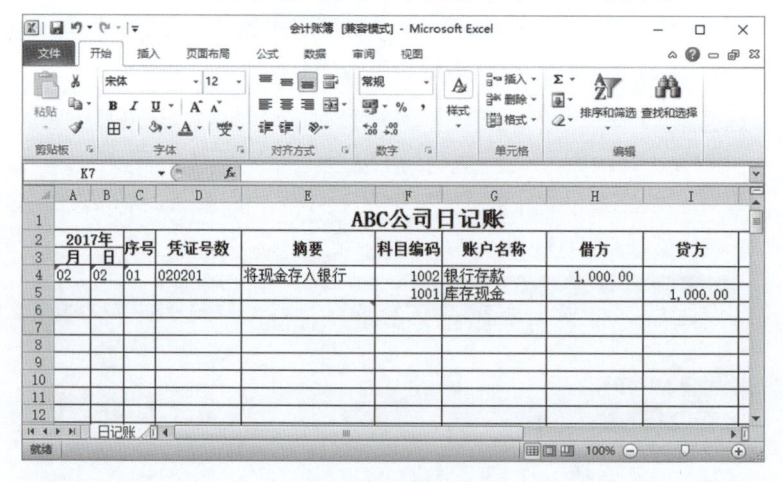

图6-13 登记日记账

(2)冻结窗格的使用

对于规模较大的企业来说,每月的业务量非常大,相应的日记账等账目在Excel 2010中所占的行数会非常多,这样在登记的过程中,标题行就会被盖住,录入起来非常不便。

这时候我们可以使用冻结窗格功能在滚动过程中保持标题行不变。

①选中标题所在行的下一行，即第 4 行。单击"视图"选项卡|"窗口"工作组|"冻结窗格"下拉菜单中的"冻结拆分窗格"命令，如图 6-14 所示。这样在上下滚动的过程中标题行始终保持不变。

图 6-14　冻结窗格

②如果要取消冻结窗格，只需单击"视图"选项卡|"窗口"工作组|"冻结窗格"下拉菜单下的"取消冻结窗格"命令即可。

（3）批注的使用

在登记日记账的时候，有时候需要在某些项上（如"摘要"等）添加必要的说明，这时候可以插入批注，做出进一步说明。如购入材料款未付，则可以在摘要处添加批注具体说明供应商。操作步骤如下：

①选中需要添加批注的单元格，如本例中的单元格 E6。

②单击"审阅"选项卡|"批注"工作组|"新建批注"按钮，该单元格旁边会出现一个文本框，如图 6-15 所示。

图 6-15　插入"批注"

③在文本框中输入"供应商 A"即可。以后将鼠标指向该单元格时,即可显示批注内容,便于进一步了解更详细的业务内容。

(4)日记账的自动保存

如果在工作过程中发生了死机或停电的情况,而正在登记的日记账没有保存,则工作成果就会丢失,浪费时间和精力。为了避免这种情况出现,我们可以使用 Excel 的自动保存功能。

①单击"文件"选项卡|"选项"命令,弹出"Excel 选项"对话框。

②单击"保存"选项,根据自己的工作情况调整自动保存时间,如图 6-16 所示。

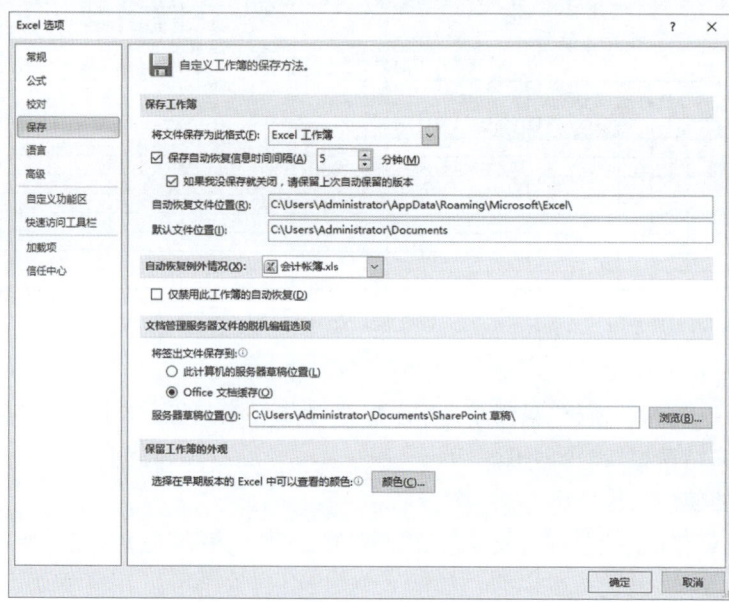

图 6-16 "保存"选项卡

③单击"确定"按钮完成设置。

掌握以上登账方法之后,就可以进行日常业务处理了。其他业务的登账过程和前面一样,不再赘述。登记完成的日记账如图 6-17 所示。

图 6-17 登记完成的日记账

5.查询日记账

对于日记账来说,无论是特种日记账还是普通日记账,数据量往往都很大。尤其是一些规模较大的企业,日记账的数据量更是庞大。如何在大量的数据中快速找到自己需要的数据呢,这就要用到 Excel 2010 中的数据筛选功能。

选中日记账中的标题行,单击"数据"选项卡|"排序和筛选"工作组|"筛选"命令,进入筛选状态。如图 6-18 所示。

图 6-18　筛选状态

(1)按金额查询

可以按发生金额查询,例如,要查询借方发生额在 3 000 元以上(含 3 000 元)的业务,则操作如下:

①单击"借方"处的下拉箭头,选择"数字筛选"|"大于或等于"项,弹出"自定义自动筛选方式"对话框,如图 6-19 所示。

图 6-19　"自定义自动筛选方式"对话框

②在"大于或等于"文本框中输入"3000"即可。系统自动显示借方金额大于或等于 3 000 元的业务,如图 6-20 所示。

③如果要显示所有业务,则只需单击"借方"处的下拉箭头,选择"全选"即可。

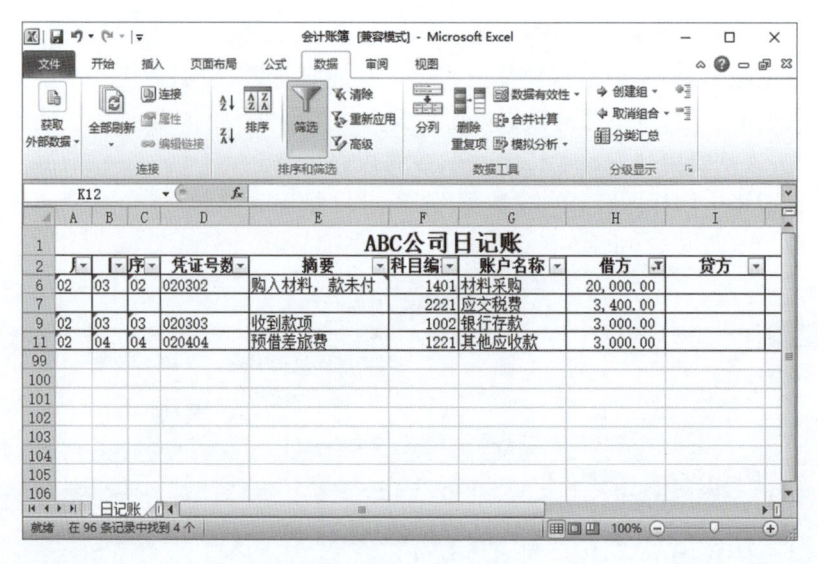

图 6-20　自动筛选结果

（2）按日期查询

可以按照业务发生日期查询日记账。操作步骤和前面基本一致，不再赘述。

四、知识探究

企业发生的经济业务最终要分类整理并计入分类账的有关账户中，这样企业的经济活动和财务状况就可以通过分类账簿分门别类地反映出来。明细分类账是分类账簿中的一种，主要反映各个明细科目的具体发生额。明细分类账的登记是以账户名称即会计科目为前提，然后按交易发生的日期为顺序进行登记的。

明细分类账的格式通常有三种，即三栏式明细分类账、数量金额式明细分类账和多栏式（或分析式）明细分类账。其中比较常用的就是三栏式明细分类账，即通常只设有借方、贷方和余额三栏，不设数量栏。其格式见表 6-1。

表 6-1　　　　　　　　　　　　　三栏式明细分类账

二级或明细分类账户：　　　　　　　　　　　　　　　　　　第　　页

××年		凭证		摘要	借方	贷方	借或贷	余额
月	日	类别	号数					

1. 明细分类账的基本格式设置

通过观察，我们发现明细分类账的基本格式和日记账极为类似。所以我们可以在前面日记账的基础上创建明细分类账。操作步骤如下：

(1)将鼠标指向工作表标签中的"日记账"并单击鼠标右键,在弹出的右键菜单中选择"移动或复制"命令。

(2)在弹出的"移动或复制工作表"对话框中选择"日记账",并选中下面的"建立副本",如图6-21所示。

(3)单击"确定"按钮,这时系统自动复制"日记账"工作表,并建立一个名为"日记账(2)"的新工作表。

(4)双击"日记账(2)"标签,重命名为"明细账"。

(5)根据前面讲的 Excel 2010 基本操作对日记账格式稍做修改,即可得到"明细分类账",如图6-22所示。

图6-21 "移动复制工作表"对话框

图6-22 明细分类账格式

2.登记明细分类账

明细分类账设置完成后,就可以进行日常业务的登账处理了。具体操作和日记账的登记过程相同,不再赘述。以应付账款明细账为例,登记完成的明细账如图6-23所示。

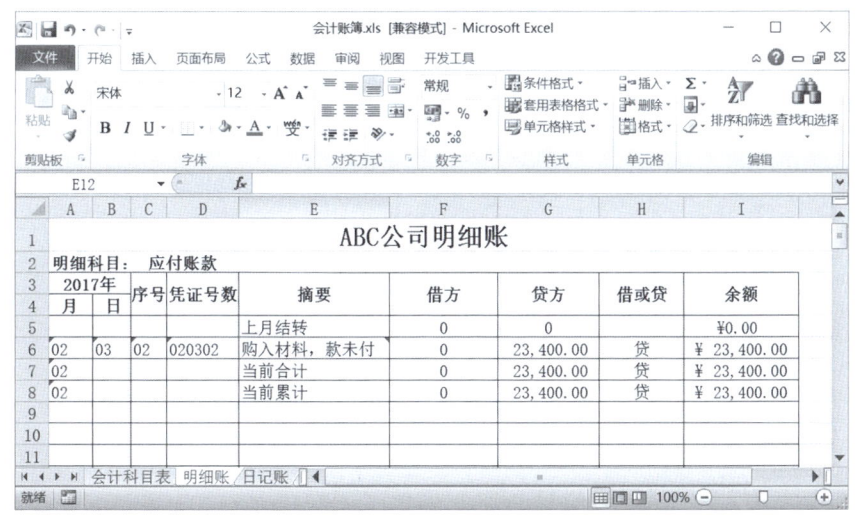

图6-23 登记完成的明细分类账

五、知识拓展

日记账的样式：

会计中的日记账包括两栏式和多栏式，其中最常用的就是两栏式日记账，也称会计分录簿。另外，对于特种日记账（即现金日记账和银行日记账）和普通日记账来说，两者虽记录内容不同，但格式基本类似，在此不再分开讨论。

日记账最一般的格式设有借方和贷方两个金额栏。其格式见表6-2。

表 6-2　　　　　　　　　　×××× 日记账

编制单位：　　　　　　　　　　　　　　　　　　　　　　　　　　　　单位：元

××年		凭证号数	摘 要	账户名称	借 方	贷 方	过 账
月	日						
6	1		将现金存入银行	银行存款	1 000		
				现金		1 000	
	5		购入材料款未付	物资采购	20 000		
				应交税金——应交增值税	3 400		
				应付账款		23 400	
	30		转次页				√

六、课后训练

1．某公司 2017 年 2 月的经济业务如下：

（1）2 日，收到联营单位华丰电子元件厂投入资金 200 000.00 元，存入银行，支票号为 No.67102。

（2）4 日，从海淀百货商场（发票号 No.PT79510）购办公用品 3 000.00 元，其中：金工车间 500.00 元，装配车间 400.00 元，供汽车间 300.00 元，机修车间 200.00 元，后勤部 1 600.00 元。开出转账支票一张，支票号为 No.ZZ19601。

（3）5 日，财务部刘明出差归来，报销差旅费 1 536.00 元，出纳员以现金补足差额。

（4）5 日，支付工资 86 280.00 元，签发转账支票（No.548195）一张，委托工商银行办理代发工资业务。

（5）7 日，通过工行户交纳上月应交未交所得税 35 841.81 元，增值税 79 522.00 元，城建税 5 566.54 元和教育费附加 2 385.66 元，代交上月已代扣的个人所得税 2 305.69 元。当即收到各有关税金及附加缴款书收据联（No.SW011）。

（6）10 日，销售处支付产品展销洽谈会展费 3 000.00 元，开出转账支票（No.ZZ19602）一张。

(7)13 日，机修车间购买修理用品 10 500.00 元，开出转账支票(No.ZZ19603)一张。

(8)15 日，委托收款方式支付本月电费 65 000.00 元。其中：金工车间生产耗用 10 000.00 元，一般耗用 3 000.00 元；装配车间生产耗用 5 000.00 元，一般耗用 2 000.00 元；供汽车间耗用41 000.00 元；机修车间耗用 1 000.00 元；后勤部耗用 3 000.00 元。

(9)22 日，发生业务招待费 1 620.00 元，用转账支票(No.ZZ9604)付讫。

(10)25 日，用现金支付修理办公室空调费用 500.00 元。

2.根据新企业会计制度和企业的经济业务，建立会计科目表，参看图 6-1。

3.按照上述经济业务设置并登记日记账，如图 6-24 所示。

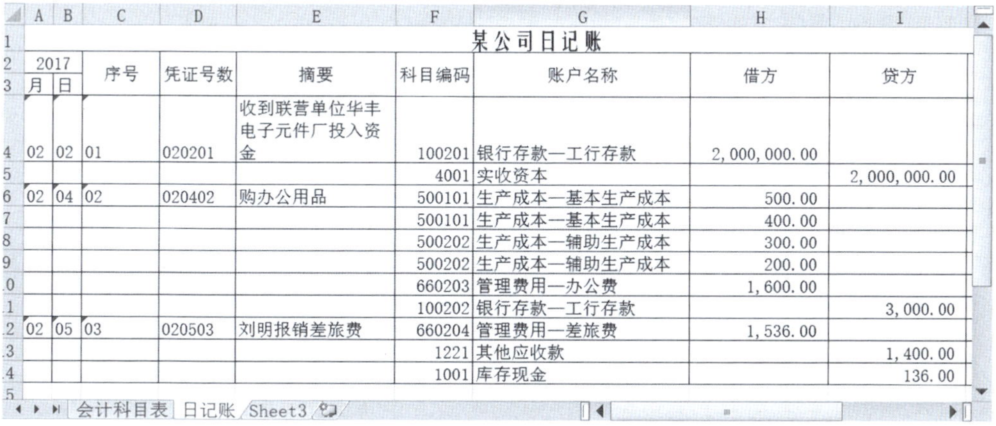

某公司日记账

2017 月	日	序号	凭证号数	摘要	科目编码	账户名称	借方	贷方
02	02	01	020201	收到联营单位华丰电子元件厂投入资金	100201	银行存款—工行存款	2,000,000.00	
					4001	实收资本		2,000,000.00
02	04	02	020402	购办公用品	500101	生产成本—基本生产成本	500.00	
					500101	生产成本—基本生产成本	400.00	
					500202	生产成本—辅助生产成本	300.00	
					500202	生产成本—辅助生产成本	200.00	
					660203	管理费用—办公费	1,600.00	
					100202	银行存款—工行存款		3,000.00
02	05	03	020503	刘明报销差旅费	660204	管理费用—差旅费	1,536.00	
					1221	其他应收款		1,400.00
					1001	库存现金		136.00

图 6-24　某公司日记账

要求：

(1)自动生成凭证号数。

(2)输入科目编码，自动生成账户名称。

(3)用 Excel 2010 的自动筛选功能，查询日记账中 2 月 5 日发生的经济业务。

(4)界面清楚美观。

任务二　总分类账的处理

工作情境：

李芳利用 Excel 建立好了日记账和明细分类账后，试想能不能在此基础上建立总分类账，于是她尝试着利用数据透视表来建立总分类账，结果成功了。当她在明细账中添加或删除一笔经济业务时，在总分类账中会自动进行更新。

一、学习目标

1.熟悉会计账簿的分类和格式。

2.掌握利用数据透视表建立总分类账的步骤。

3.熟练掌握 IF 和 VLOOKUP 等相关函数在会计账簿中的使用。

二、工作流程

1.建立总分类账。

2.数据透视总分类账。

3.总分类账的版面。

4.更新总分类账。

三、实践操作

总分类账又被称为汇总明细账页。一般来说,总分类账中的每一个会计科目都是一级会计科目,其数据与明细分类账和日记账中的数据有着紧密的联系。

1.建立总分类账

在 Excel 2010 中建立总分类账,既可以按照前面讲的建立明细分类账的方法进行,也可以使用数据透视表建立。在此,我们仅以第二种方法为例介绍建立总分类账的步骤。

建立总分类账的基本步骤是先定义所需要的单元格区域名称,然后运用数据透视表建立总分类账。具体操作步骤如下:

(1)定义单元格区域名称

①打开"日记账"工作表,将基本格式稍做修改,以"年""月"和"日"作为标志列。修改后的格式如图 6-25 所示。

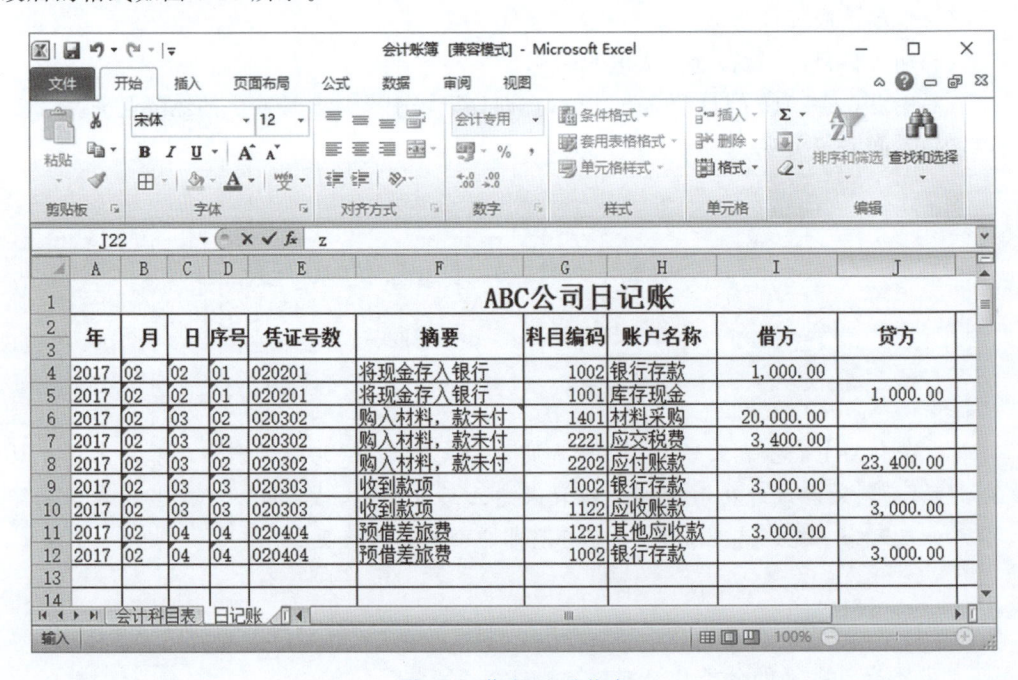

图 6-25 修改日记账格式

②适当修改"凭证号数"这一列中的公式,使其包含年份。

③按照前面讲述的定义会计科目的步骤,定义日记账范围名称,如图6-26所示。

(2)利用数据透视表建立总分类账

下面我们就以日记账的数据为基础介绍如何利用数据透视表建立总分类账,其实际处理方法就是将日记账中的数据按科目汇总。其他方法操作步骤大同小异,不再赘述。

图6-26 定义"日记账"范围名称

①打开"会计账簿"中的"日记账"工作表。

②单击"插入"选项卡|"表格"工作组|"数据透视表"命令,弹出"创建数据透视表"对话框。

③在"选择一个表或区域"中单击折叠按钮，如图6-27所示。

建立总分类账

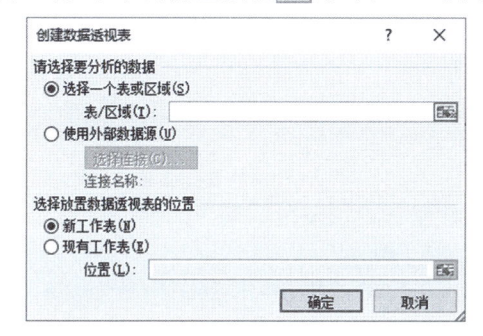

图6-27 创建数据透视表步骤之1

④在弹出的对话框中,选择"日记账！＄A＄2:＄J＄20"区域,如图6-28所示。

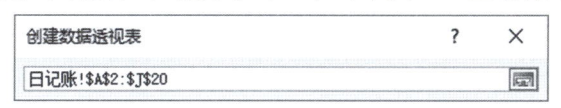

图6-28 创建数据透视表步骤之2

⑤单击折叠按钮，返回"创建数据透视表"对话框,即可看到取数效果,如图6-29所示。

⑥在"创建数据透视表"对话框中,"选择放置数据透视表的位置"中选择"新工作表"选项,如图6-30所示。

图6-29 创建数据透视表步骤之3

图6-30 创建数据透视表步骤之4

⑦单击"确定"按钮,进入"数据透视表工具"选项卡│"选项"界面,可以进行数据透视表的布局。如图6-31所示。

图6-31 数据透视表-布局

⑧在此界面的右边"数据透视表字段列表"中,将"科目编码""账户名称""月""日"拖动到"行标签"区域,如图6-32所示。

⑨将"年"移动到"报表筛选"区域,将"借方"移动到"数值"区域,如图6-33所示。

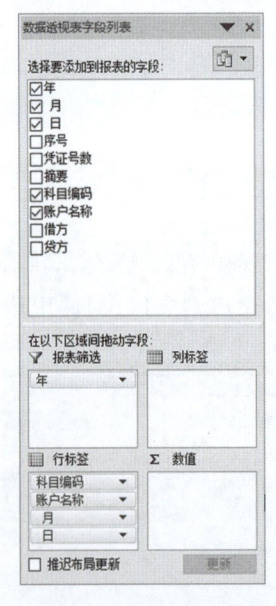

图6-32 设置数据透视表行版式

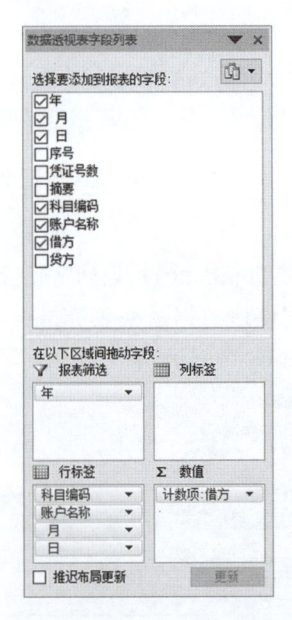

图6-33 设置数据透视表版式

⑩单击"计数项:借方",选择"值字段设置",弹出"值字段设置"对话框,如图6-34所示。

⑪在"值字段设置"对话框的"值字段汇总方式"中选择"求和",将"计数项:借方"改为"求和项:借方",如图6-35所示。

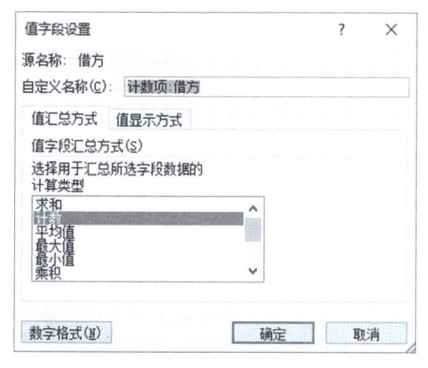

图6-34 "值字段设置"对话框　　　　图6-35 修改"值字段设置"对话框

⑫单击"数字格式"按钮,弹出"设置单元格格式"对话框,在"分类"中选择"会计专用","小数位数"设为"2","货币符号"设为"无"。

⑬单击"确定"按钮,返回"值字段设置"对话框,再单击"确定"按钮返回。

⑭同理,在"数据透视表字段列表"中,将"贷方"拖动到"数值"区域。参照上述步骤将"计数项:贷方"改为"求和项:贷方",并设置单元格格式。

⑮综上,总分类账就建立起来了。基本效果如图6-36所示。

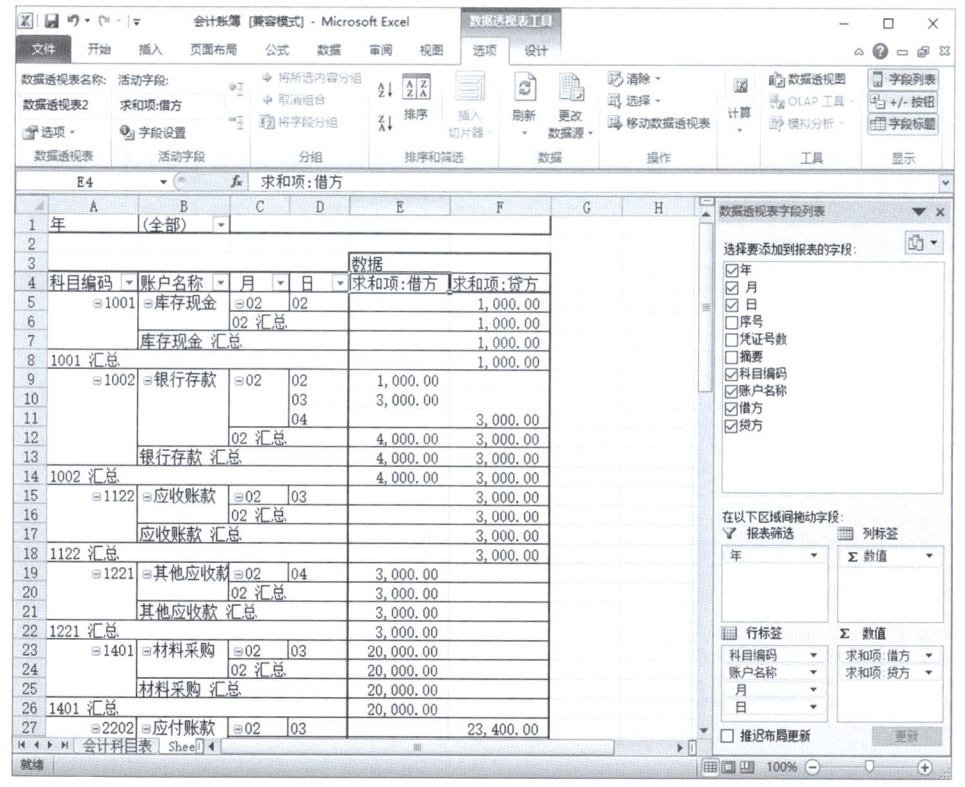

图6-36　总分类账基本界面

2.修改总分类账版面

总分类账建立之后,基本界面和通常用的总分类账账页格式不太一致。接下来我们可以对总分类账进行修改,使之与通常的总分类账格式相同。

(1)根据前面讲过的方法,将总分类账所在的数据表更名为"总分类账"。操作步骤如下:双击"Sheet4",进入重命名状态,输入"总分类账"。

(2)选中单元格区域 A1:F1,单击"开始"选项卡|"对齐方式"工作组|"合并后居中"按钮。输入"ABC公司"。设置合适的字体及字号,并加粗。

(3)选中单元格区域 A2:F2,单击"开始"选项卡|"对齐方式"工作组|"合并后居中"按钮,输入"总分类账"。设置合适的字体及字号,并加粗。如图 6-37 所示。

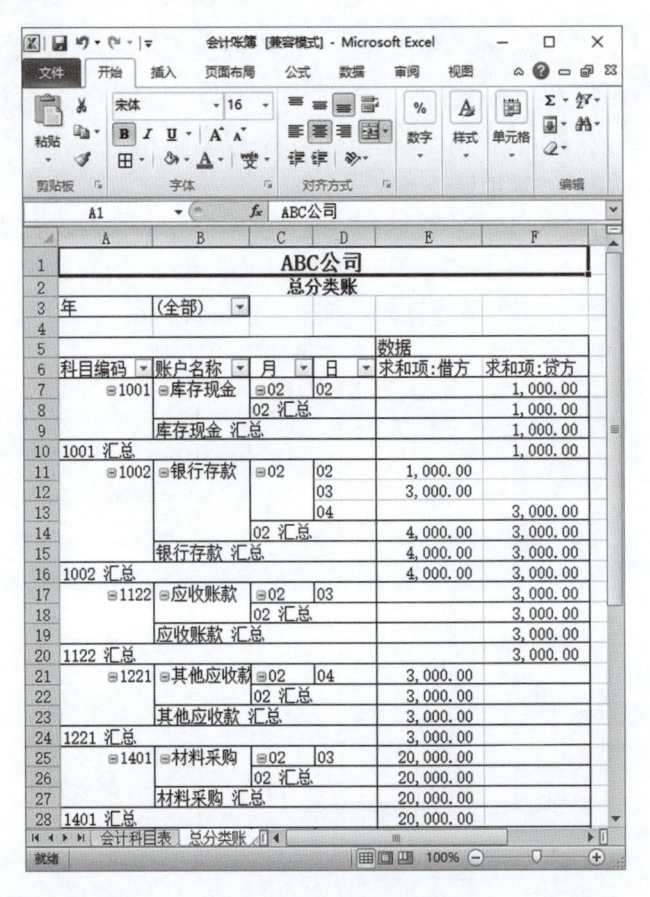

图 6-37　设置表头文字

(4)选择"科目代码"中的任一单元格并单击鼠标右键,在弹出的右键菜单中选择"字段设置"命令,如图 6-38 所示。

(5)在弹出的"字段设置"对话框中的"分类汇总"中选择"无",如图 6-39 所示。

(6)单击"确定"按钮,返回数据透视表。

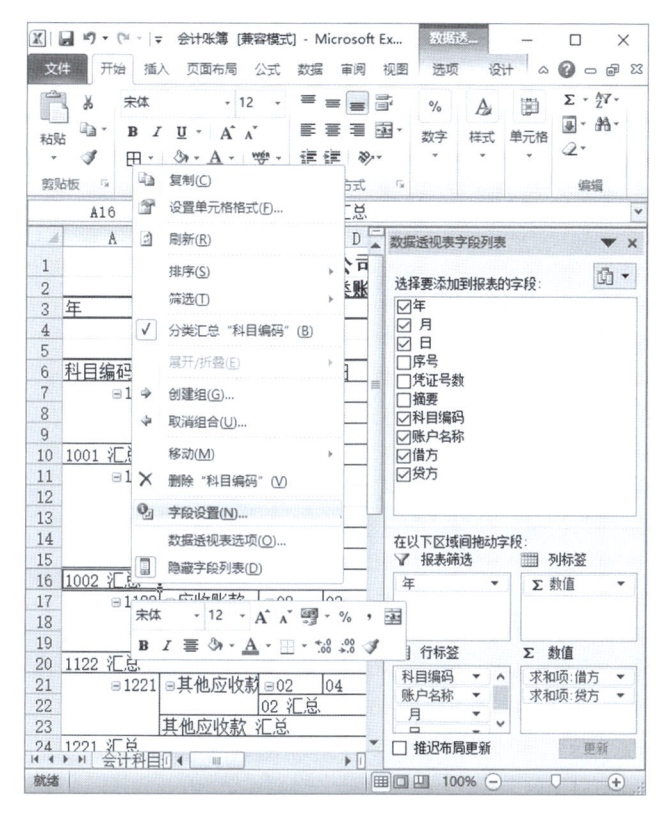

图 6-38　字段设置

图 6-39　"数据透视表字段"对话框

（7）选中第 8、13 等行，单击鼠标右键，在弹出的右键菜单中选择"隐藏"。

（8）修改好后的总分类账如图 6-40 所示。

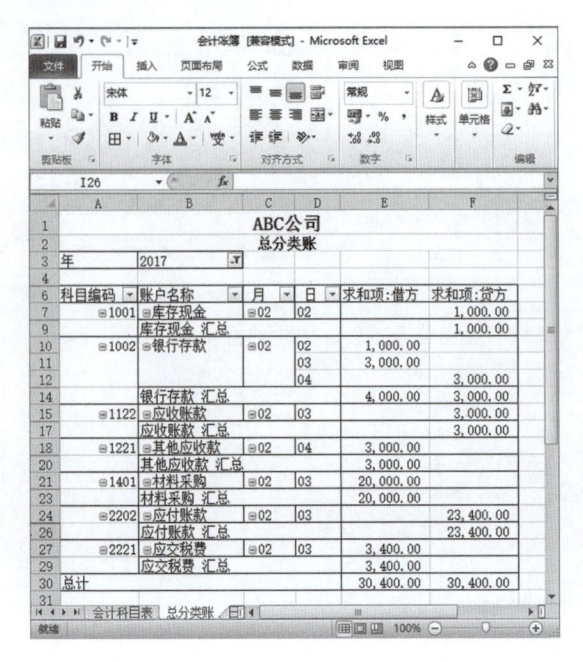

图 6-40　修改后的总分类账

3.自动更新总分类账

企业的业务每天都在发生。利用数据透视表建立的总分类账也要记录每天业务发生的金额。在 Excel 2010 中,保证根据日记账建立的总分类账等数据透视表中的数据更新的方法一般有两种:一是在选定建立数据透视表的源数据区域时,尽可能地选择较大的区域;二是能够随着数据源的更新,数据透视表中的数据也自动随之更新。对于我们会计业务或者总分类账来说,后一种方法是切实可行的。下面我们就来具体介绍这种方法的使用。

自动更新总分类账

(1)更新源数据

在"日记账"工作表中新增一笔业务,如图 6-41 所示。

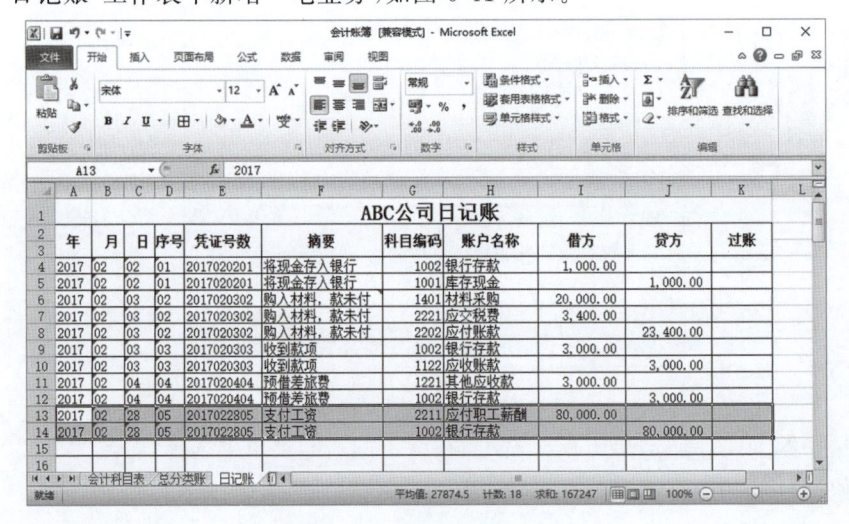

图 6-41　在日记账中新增业务

(2)更新总分类账

①单击"总分类账"工作表,指向"数据透视表"并单击鼠标右键,在弹出的右键菜单中选择"刷新"命令,如图 6-42 所示。

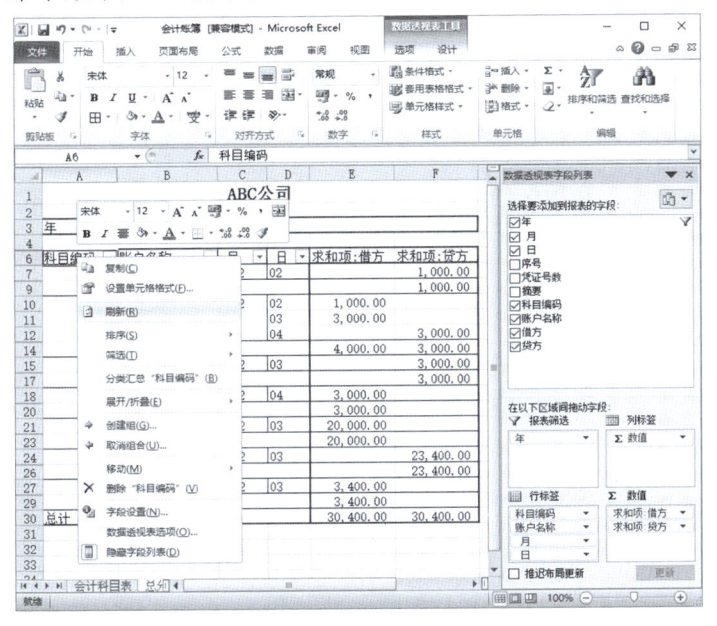

图 6-42 刷新数据

②刷新之后,总分类账的数据就实现了自动更新,如图 6-43 所示。

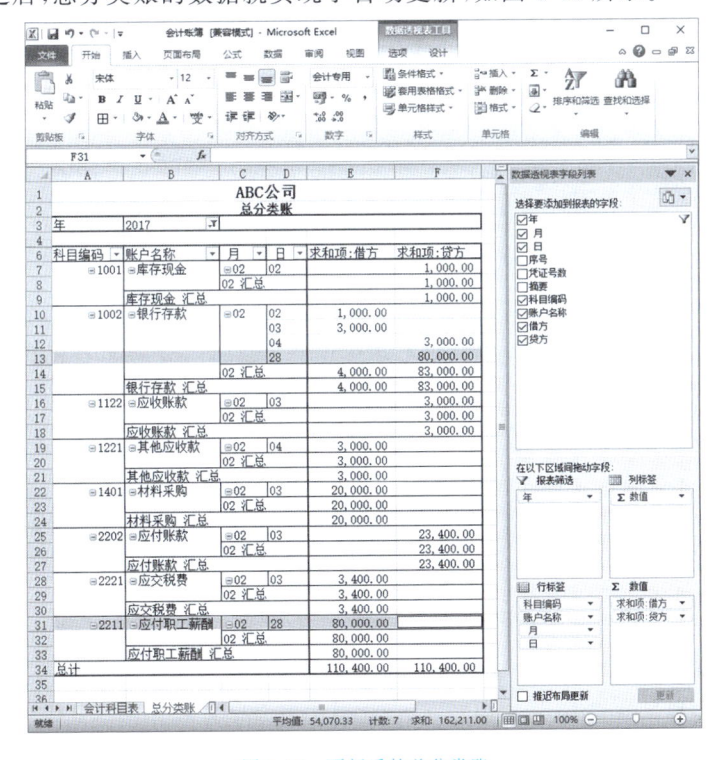

图 6-43 更新后的总分类账

(3)总分类账的自动更新

若最初设置的数据来源范围足够大,每次新业务发生时,只需登记日记账,然后到总分类账中选择"刷新"就可以实现总分类账的自动更新,由此建立的数据透视表就具备了自动更新的功能。

4. 根据总分类账和明细分类账建立科目余额表

利用 Excel 2010 来进行财务核算,期末编制会计报表的时候需要各个科目总分类账的期末余额,以及各个科目明细分类账的余额。而在会计工作中,由于明细分类账和总分类账非常多,因此如果利用明细分类账和总分类账来进行取数则非常不便。如果能够把各个科目的余额放在一张 Excel 表中,即建立科目余额表,则会给期末会计报表的编制带来很大方便。

总分类账建立之后,各个科目的期末借方发生额合计和贷方发生额合计都可以在总分类账里进行查看,而各个科目的期初余额可以在明细分类账中查询。因此,有了期初余额,本期借方发生额和贷方发生额之后,期末余额就可以计算出来,这样就可以建立起科目余额表。

科目余额表的基本格式设置和建立步骤和前面日记账、明细分类账基本类似,重复部分不再赘述。

(1)新建工作表并重命名为"科目余额表",设置科目余额表的基本格式,如图 6-44 所示。

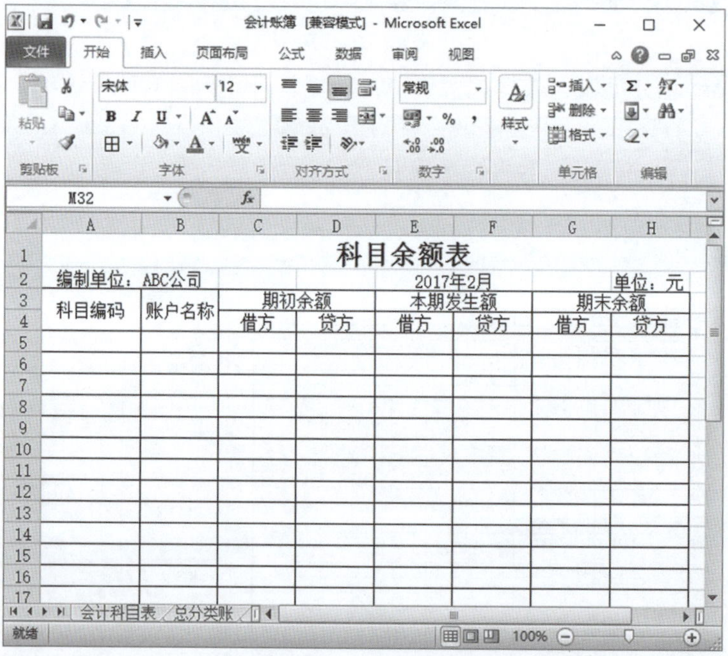

图 6-44 科目余额表的格式

(2)利用前面介绍的 VLOOKUP 函数将"会计科目表"中的科目编码及科目名称引用过来,具体步骤不再赘述。

(3)打开相关科目的明细账,利用 Excel 2010 中单元格直接引用的功能将各个科目的期初余额取到科目余额表中。以应付账款为例进行介绍:打开应付账款明细账,如图 6-45 所示。

图 6-45　应付账款明细账

(4)选中科目余额表中的单元格 D5,输入"＝",然后切换到应付账款明细账工作表,单击单元格 I5。然后按"Enter"键,即可将应付账款的期初余额的数据取过来,如图 6-46 所示。其他科目期初余额的取数步骤相同,不再赘述。

图 6-46　应付账款期初余额取数

(5)利用同样的方法可将总分类账中不同科目的借方发生额合计和贷方发生额合计取到科目余额表中。

(6)根据不同科目的性质,期末余额的计算可根据"期末余额＝期初余额＋本期借方－本期贷方"或者"期末余额＝期初余额＋本期贷方－本期借方"等公式来进行。本例中公式为:H5＝D5＋F5－E5,如图 6-47 所示。

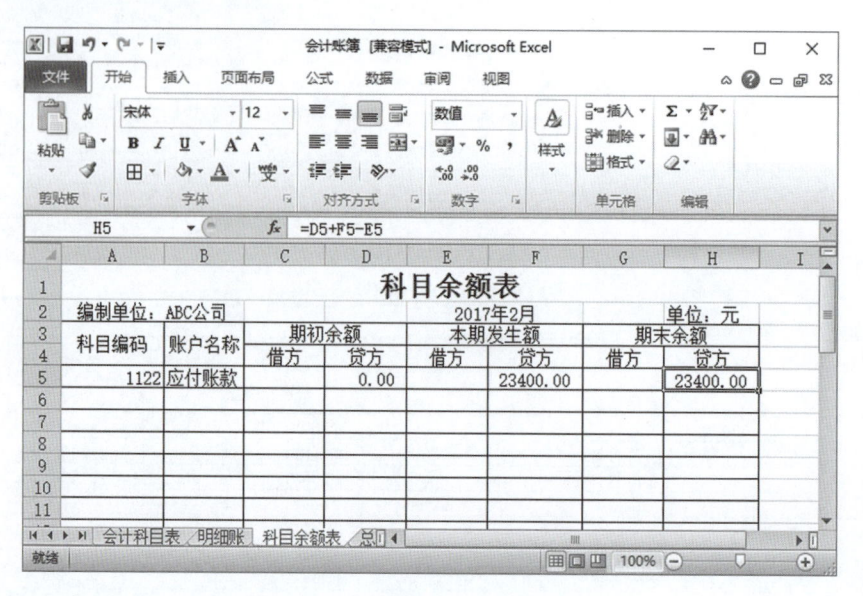

图 6-47　设置期末余额计算公式

(7)其他科目数据的取数和计算步骤相同,不再赘述。

四、问题探究

总分类账又被称为汇总明细账页,是由明细分类账生成的。一般来说,总分类账中的每一个会计科目都是一级会计科目,其数据与明细分类账和日记账中的数据有着紧密的联系。

表 6-3 给出的是总分类账的基本格式。将总分类账与日记账和明细分类账进行比较之后发现,他们的基本格式和主要内容基本一致。在利用 Excel 进行账务处理时,实际数据内容并无差别。因此,可以利用 Excel 中的数据透视表功能在已经建立的日记账的基础上形成总分类账。

表 6-3　　　　　　　　　　　总分类账　　　　　　　　　　单位:元

××年		凭　证		摘　要	对方账户	借　方	贷　方	借或贷	余　额
月	日	类别	号数						

五、知识拓展

1.会计账簿的意义

(1)提供序时记录,反映企业经营活动的全貌,为经营管理提供系统、完整的会计核算资料。

(2)是发挥会计监督职能的重要手段。通过设置和登记账簿,不仅可以随时掌握各项资产、负债、所有者权益的增减变动情况,还可以通过账实核对保护财产物资的安全完整。

(3)为正确计算经营成果、考核财务计划的完成情况提供可靠的资料。

(4)有利于保存会计资料,备供日后查考。

(5)可为正确、及时地编制会计报表提供完整的资料。

2.会计账簿的分类

企业日常会计工作中所使用的账簿数量较多,按不同的分类标准,账簿可分为不同的类别。

(1)按用途分类

会计账簿按其在经济管理中的用途可分为序时账簿、分类账簿和备查账簿三种。

①序时账簿

序时账簿简称序时账,是以每项交易或事项为记录单位,按照经济业务发生时间的先后顺序,逐日逐笔登记的账簿。由于它逐日逐笔按照顺序进行登记,所以又称为日记账簿(简称日记账)。按其记录内容的不同可分为特种日记账和普通日记账。

a.特种日记账是用来登记某一类经济业务,如现金日记账、银行存款日记账、商品购销日记账等的日记账。其主要作用是用来核算某一特定经济业务的详细情况,从而加强对各项经济业务如现金和银行存款的管理和控制。

b.普通日记账是用来登记全部经济业务的日记账。

②分类账簿

分类账簿简称分类账,是按照分类账户开设的,并对各项交易或事项进行分类登记的账簿。分类账簿按其分类概括程度不同,可分为总分类账和明细分类账。

a.总分类账简称总账,它是按照总分类账户设置和登记的账簿,可全面反映经济主体的经济活动情况,一般只登记总数,进行总括核算,对所属明细分类账起统驭作用,可以直接根据记账凭证逐笔登记,也可以将记账凭证用一定方法定期汇总后进行登记。

b.明细分类账简称明细账,它是按照明细分类账户开设,用来分类登记某一类交易或事项的增减变化,提供明细核算资料,应根据记账凭证和原始凭证逐笔详细登记,是对总分类账的补充和说明。

③备查账簿

备查账簿简称备查账,是对某些在序时账和分类账等主要账簿中未能记载的经济事项进行补充登记的账簿,又称辅助账簿。如代销商品登记簿,受托加工材料登记簿,租入固定资产登记簿等。

(2)按外表形式分类

会计账簿按其外表形式可分为订本式账簿、活页式账簿和卡片式账簿三种。

①订本式账簿

订本式账簿是一种在启用以前就将若干账页固定装订成册的账簿。这种账簿的优点是可以避免账页散失和防止账页随意抽换。其缺点是因账页固定,不能增减,如果预留账页不够,就会影响账簿记录的连续性,若预留过多,则造成浪费。此外,使用这种账簿,在同一时间内,只能由一人登记,不便于分工记账。总分类账、现金日记账和银行存款日记账,一般采用这种形式的账簿。

②活页式账簿

活页式账簿是把若干账页装存在账夹内,可以随时取出和放入账页的账簿。这种账簿的优点是可以根据实际需要随时增减账页,也便于分工记账。其缺点是账页容易散失和抽换。为了防止散失和抽换,应加强管理,空白账页在使用时必须连续编号并装存在账夹内,并由有关人员在账页上盖章;使用完毕要整理装订成册,妥善保管。各种明细分类账,大多采用这种形式的账簿。

③卡片式账簿

卡片式账簿是把若干具有专门格式的硬卡或硬纸账卡放在卡片箱内,可以随时取放的账簿。其优点、缺点与活页式账簿相同,因此,使用这种账簿时也应加强管理。固定资产、低值易耗品等实物财产的明细分类账一般采用这种形式的账簿。

3.会计账簿中常用函数

(1)CONCATENATE 函数

功能:CONCATENATE 函数可将几个文本字符串合并为一个文本字符串。

语法:CONCATENATE(text1,text2,…)。

说明:text1,text2,…为1~255个将要合并成单个文本项的文本项。这些文本项可以为文本字符串、数字或对单个单元格的引用。

(2)IF 函数

功能:IF 函数执行真假值判断,根据逻辑计算的真假值,返回不同结果。可以使用 IF 函数对数值和公式进行条件检测。

语法:IF(logical_test,value_if_true,value_if_false)。

说明:logical_test 表示计算结果为 TRUE 或 FALSE 的任意值或表达式。例如,A10=100 就是一个逻辑表达式,如果单元格 A10 中的值等于 100,表达式为 TRUE,否则为 FALSE。本参数可使用任何比较运算符。

value_if_true 表示 logical_test 为 TRUE 时返回的值。例如,如果本参数为文本字符串"预算内"而且 logical_test 参数值为 TRUE,则 IF 函数将显示文本"预算内"。如果 logical_test 为 TRUE 而 value_if_true 为空,则本参数返回"0"。value_if_true 也可以是其他公式。

value_if_false 表示 logical_test 为 FALSE 时返回的值。例如,如果本参数为文本字符串"超出预算"而且 logical_test 参数值为 FALSE,则 IF 函数将显示文本"超出预算"。如果 logical_test 为 FALSE 且忽略了 value_if_false(即 value_if_true 后没有逗号),则会返回逻辑值 FALSE。如果 logical_test 为 FALSE 且 value_if_false 为空(即 value_if_true 后有逗号,并紧跟着右括号),则本参数返回"0"。value_if_false 也可以是其他公式。

注:函数 IF 可以嵌套,用 value_if_false 及 value_if_true 参数可以构造复杂的检测条件。另外,Microsoft Excel 2010 还提供了其他一些函数,可依据条件来分析数据。例如,如果要计算单元格区域中某个文本字符串或数字出现的次数,则可使用

COUNTIF 函数。如果要根据单元格区域中的某一文本字符串或数字求和,则可使用 SUMIF 函数。

六、课后训练

利用数据透视表的功能,把普通的 Excel 表数据生成数据透视表形式的总账,如图 6-48 和图 6-49 所示。

	A	B	C	D	E	F	G
1	总账科目	科目编码	科目名称	期初余额	借方合计	贷方合计	期末余额
2	1001	1001	库存现金	37,790.00	5,000.00	2,700.00	40,090.00
3	1002	100201	银行存款—农业银行	12,000.00	19,200.00	17,520.00	13,680.00
4		100202	银行存款—恒丰银行				
5	1012	1012	其他货币资金		5,000.00	5,000.00	-
6	1122	1122	应收账款	1,500.00	-	-	15,000.00
7	1231	1231	坏账准备	2,500.00	2,000.00	11,000.00	2,500.00
8	1403	1403	原材料	9,460.00	2,000.00	-	460.00
9	1411	1411	周转材料		10,000.00	-	2,000.00
10	1601	1601	固定资产	12,500.00	-	-	22,500.00
11	1602	1602	累计折旧	-7,500.00	-	-	-7,500.00
12	2001	2001	短期借款	-9,000.00	-	2,000.00	-9,000.00
13	2201	2201	应付票据	-12,500.00	2,500.00	-	-14,500.00
14	2202	2202	应付账款				2,500.00
15	2221	2221	应交税费	-5,250.00			-5,250.00
16	4001	4001	实收资本	-5,000.00			-50,000.00
17	4101	4101	盈余公积				-
18	4103	4103	本年利润				-
19	4104	4104	利润分配				-
20	6001	6001	主营业务收入				-19,200.00
21	6401	6401	主营业务成本		11,000.00	19,200.00	11,000.00
22	6403	6403	营业税金及附加		-		-
23	6601	6601	销售费用		500.00	-	500.00
24	6602	6602	管理费用		200.00	-	200.00
25	6603	6603	财务费用		20.00	-	20.00
26	6801	6801	所得税费用		-	-	-
28				36,500.00	57,420.00	57,420.00	5,000.00

图 6-48 普通 Excel 表数据

	A	B	C	D	E	F
3	科目编	科目名称	求和项:期初余额	求和项:借方合计	求和项:贷方合计	求和项:期末余额
4	1001	库存现金	37,790.00	5,000.00	2,700.00	40,090.00
6	1012	其他货币资金		5,000.00	5,000.00	-
8	1122	应收账款	1,500.00	-	-	15,000.00
10	1231	坏账准备	2,500.00	2,000.00	11,000.00	2,500.00
12	1403	原材料	9,460.00	2,000.00	-	460.00
14	1411	周转材料		10,000.00		2,000.00
16	1601	固定资产	12,500.00	-	-	22,500.00
18	1602	累计折旧	-7,500.00			-7,500.00
20	2001	短期借款	-9,000.00		2,000.00	-9,000.00
22	2201	应付票据	-12,500.00	2,500.00		-14,500.00
24	2202	应付账款				2,500.00
26	2221	应交税费	-5,250.00			-5,250.00
28	4001	实收资本	-5,000.00			-50,000.00
30	4101	盈余公积				
32	4103	本年利润				
34	4104	利润分配				
36	6001	主营业务收入				-19,200.00
38	6401	主营业务成本		11,000.00	19,200.00	11,000.00
40	6403	营业税金及附加				
42	6601	销售费用		500.00		500.00

图 6-49 数据透视表形式的总账

情境七　财务报告

情境导入：

　　企业经营一定期间后，投资者、债权人、政府等财务报告的使用者想了解企业的财务状况、经营成果以及现金流量，以便进行经济决策，于是财务经理要求会计员李芳利用 Excel 2010 编制基于企业在自身会计核算资料上的资产负债表、利润表和现金流量表。

素质培养：

　　1.培养学生严谨认真，踏实勤奋的职业素养。
　　2.培养学生职业综合素质和行动能力。
　　3.强化学生法治思维、增强法制观念。
　　4.培养学生精益求精的工匠精神。
　　5.培养学生创新意识和奋斗精神。
　　6.培养学生遵纪守法、忠于职守的正确的价值观。

任务一　资产负债表的应用

工作情境：

　　企业经营一定期间后，到了期末，会计员李芳需要编制一张资产负债表，反映出企业当时的资产、负债及所有者权益的情况，提供给投资者、债权人、政府等财务报告的使用者，以便对企业的财务状况进行正确判断。

一、学习目标

1.能够利用 Excel 2010 设置资产负债表的格式。
2.能够利用 Excel 2010 编制资产负债表。

二、工作流程

1.设置资产负债表格式。
2.编制资产负债表。

三、实践操作

1.设置资产负债表格式

(1)启动 Excel 2010。

(2)建立名为"财务报告"的工作簿,将其中的工作表"Sheet1"重命名为"资产负债表"。

(3)选择单元格区域 A1:H1,单击"合并后居中"按钮。输入"资产负债表",并单击"加粗"按钮 **B**。

(4)在"资产负债表"工作表中的相应单元格中录入既定的项目。

(5)选择单元格区域 A4:H36,单击鼠标右键,在弹出的右键菜单中选择"设置单元格格式"命令。

(6)选择"边框"选项卡,设置需要的边框样式,单击"确定"按钮,如图7-1 所示。

图 7-1 "设置单元格格式"对话框

(8)设置好的资产负债表如图 7-2 所示。

图 7-2 资产负债表

2.编制资产负债表

依照各项目数据来源方式,可以采用数据链接直接引用方式引用科目余额表、明细分类账等工作表的相关数据进行资产负债表的编制,也可采用SUMIF 和 VLOOKUP 等函数间接调用科目余额表等其他工作表的相关数据进行资产负债表的编制。具体步骤如下:

资产负债表编制

(1)打开 2019 年 12 月的资产负债表,如图 7-3 所示。利用单元格的直接引用调取上期期末数,即本月的期初数。

图 7-3 资产负债表

(2)打开当月的"科目余额表",如图 7-4 所示。

(3)打开"财务报告"工作簿中"资产负债表"工作表。

(4)选择"资产负债表"工作表中的单元格 C6,输入"="。

(5)单击"科目余额表",将界面切换至科目余额表中。

(6)单击"科目余额表"中的单元格 G6,输入"+",再单击"科目余额表"中的单元格 G7,输入"+",再单击"科目余额表"中的单元格 G8。

(7)按"Enter"键,界面自动切换到"财务报告"——"资产负债表",并在单元格 D7 显示计算结果"1,011,866.00"。

(8)参照(3)至(7)的步骤将除合计数之外的项目填制完整。

(9)选择单元格 C19,单击"插入函数"按钮。

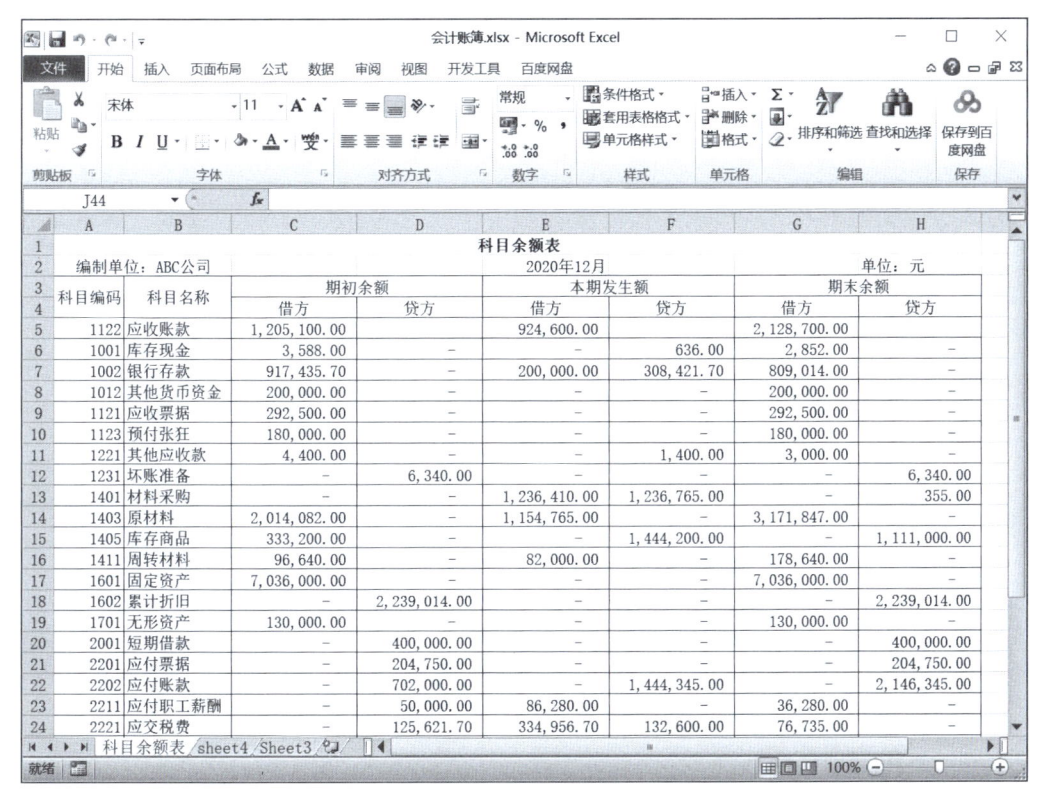

图 7-4 科目余额表

(10)打开"插入函数"对话框,在"或选择类别"下拉列表中选择"常用函数",然后在"选择函数"列表中选择"SUM"。

(11)单击"确定"按钮,弹出"函数参数"对话框,选择单元格区域 C6:C18,如图 7-5 所示,单击"确定"按钮。

图 7-5 输入 SUM 函数参数

(12)参照(9)至(11)的步骤,填制其余合计数。如图 7-6 所示,资产负债表编制完成。

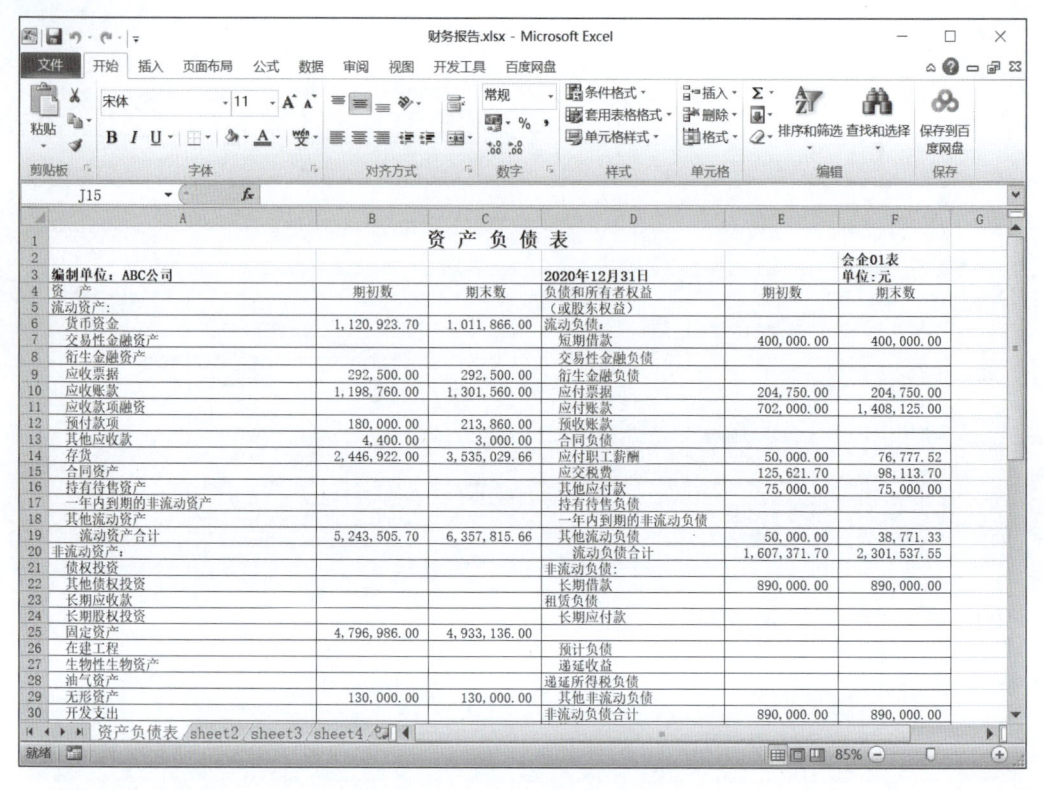

图 7-6　编制完成的资产负债表

四、问题探究

1.资产负债表的原理

资产负债表是反映企业某一特定日期财务状况的财务报告，它是根据资产、负债和所有者权益三者之间的平衡关系，把日常经营活动的信息按照一定的分类标准和一定的顺序加工而成的。它表明企业某一特定日期所拥有或控制的经济资源，所承担的现时义务和所有者对净资产的要求权。

通常，资产负债表的格式有账户式和报告式两种。

账户式的资产负债表是根据"资产＝负债＋所有者权益"将表分成左、右两方，左方反映资产，右方反映负债和所有者权益，按其构成项目依据流动性（变现能力由强到弱）分类，并使左、右双方总额相等，见表 7-1。

表 7-1　　　　　　　　　　　资产负债表（账户式）

编制单位：　　　　　　　　　　年　月　日　　　　　　　　　　单位：元

资产	行次	期初数	期末数	负债和所有者权益	行次	期初数	期末数
流动资产				流动负债			
长期资产				长期负债			
固定资产				负债合计			
无形资产				实收资本			

(续表)

资　　产	行　次	期初数	期末数	负债和所有者权益	行　次	期初数	期末数
其他资产				资本公积			
				盈余公积			
				未分配利润			
				所有者权益合计			
资产合计				负债和所有者权益合计			

2.项目数据来源

根据所选用的财务处理程序不同,可以很容易地编制出资产负债表。因为资产负债表的编制是根据各账户的余额加或减之后填列的。资产负债表本期期初余额即上期期末余额,可以直接从上期资产负债表中获得。

资产负债表各项目的数据来源主要通过以下几种方式取得。

(1)根据总账科目余额直接填列。例如:应收票据、短期借款。

(2)根据总账科目余额计算填列。例如:货币资金＝库存现金＋银行存款＋其他货币资金。

(3)根据明细科目余额计算填列。例如:应付账款、预付账款。

(4)根据总账科目和明细账科目的期末余额计算填列。例如:长期借款、长期债权投资。

(5)根据科目余额减去其备抵项目后的净额填列。例如:应收账款、短期投资、无形资产。

五、知识拓展

Excel 2010 提供了超链接功能,方便与其他工作表的链接,建立超链接最关键的是制定链接的目标地址,具体步骤如下:

1.打开"财务报告"工作簿,切换至"资产负债表"工作表,选中"资产负债表"表头文本所在的单元格,单击"插入"选项卡｜"链接"工作组｜"超链接"按钮,弹出"插入超链接"对话框,如图 7-7 所示。

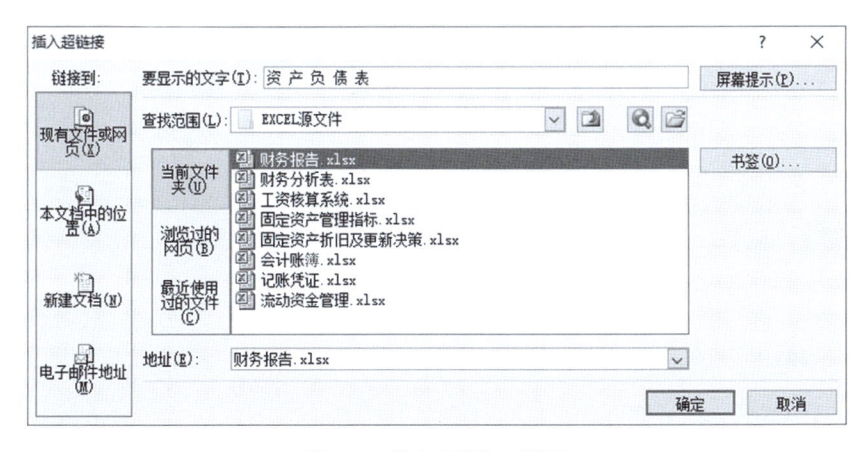

图 7-7 "插入超链接"对话框

2.单击"屏幕提示"按钮,弹出"设置超链接屏幕提示"对话框。在"屏幕提示文字"文本框中输入"打开公司会计账簿",如图7-8所示。

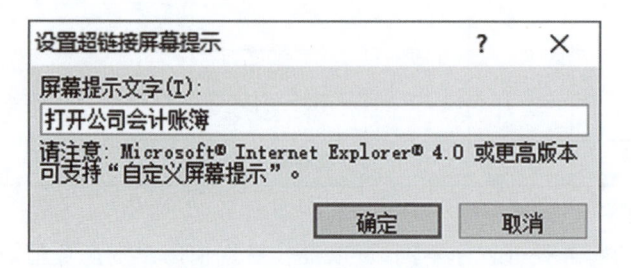

图7-8 设置屏幕提示文字

3.单击"确定"按钮,在"当前文件夹"列表框中选择"会计账簿"选项,如图7-9所示。

图7-9 选择"会计账簿"选项

4.单击"确定"按钮,就完成了超链接的设置,返回到"资产负债表"工作表中,将鼠标放置在标题栏"资产负债表"文本处,就出现了设置的屏幕提示文字"打开公司会计账簿"。

5.单击带有下划线的"资产负债表"文本,则可立即打开"会计账簿"。

六、课后训练

已知ABC股份有限公司2019年12月31日的资产负债表和2020年12月31日的科目余额表,如图7-10和图7-11所示。试用Excel 2010建立ABC股份有限公司2020年12月31日的资产负债表。

情境七　财务报告

资产负债表

	A	B	C	D	E	F
1			资　产　负　债　表			
2						会企01表
3	编制单位：ABC公司			2019年12月31日		单位：元
4	资　产	年初数	期末数	负债和所有者权益（或股东权益）	年初数	期末数
5	流动资产:					
6	货币资金		2,019,541.67	流动负债:		
7	交易性金融资产		7,000.00	短期借款		798,000.00
8	衍生金融资产			交易性金融负债		
9	应收票据		30,000.00	衍生金融负债		
10	应收账款		1,094,400.00	应付票据		420,676.93
11	应收款项融资			应付账款		965,843.07
12	预付款项		118,000.00	预收账款		54,865.00
13	其他应收款		10,300.00	合同负债		
14	存货		134,400.00	应付职工薪酬		647,701.28
15	合同资产			应交税费		134,638.31
16	持有待售资产			其他应付款		124,187.38
17	一年内到期的非流动资产			持有待售负债		
18	其他流动资产			一年内到期的非流动负债		450,000.00
19	流动资产合计		7,583,161.59	其他流动负债		124,269.00
20	非流动资产:			流动负债合计		49,200,000.00
21	债权投资			非流动负债:		
22	其他债权投资			长期借款		4,200,000.00
23	长期应收款			租赁负债		
24	长期股权投资		650,000.00	长期应付款		
25	固定资产		7,872,360.00			
26	在建工程			预计负债		
27	生物性生物资产			递延收益		
28	油气资产			递延所得税负债		
29	无形资产			其他非流动负债		

图 7-10　资产负债表

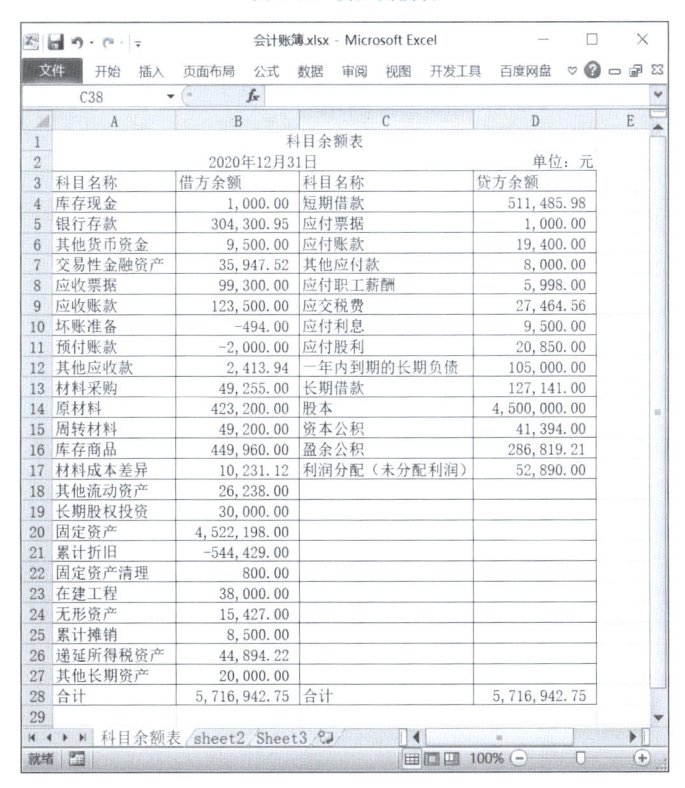

科目余额表

	A	B	C	D
1			科目余额表	
2		2020年12月31日		单位：元
3	科目名称	借方余额	科目名称	贷方余额
4	库存现金	1,000.00	短期借款	511,485.98
5	银行存款	304,300.95	应付票据	1,000.00
6	其他货币资金	9,500.00	应付账款	19,400.00
7	交易性金融资产	35,947.52	其他应付款	8,000.00
8	应收票据	99,300.00	应付职工薪酬	5,998.00
9	应收账款	123,500.00	应交税费	27,464.56
10	坏账准备	-494.00	应付利息	9,500.00
11	预付账款	-2,000.00	应付股利	20,850.00
12	其他应收款	2,413.94	一年内到期的长期负债	105,000.00
13	材料采购	49,255.00	长期借款	127,141.00
14	原材料	423,200.00	股本	4,500,000.00
15	周转材料	49,200.00	资本公积	41,394.00
16	库存商品	449,960.00	盈余公积	286,819.21
17	材料成本差异	10,231.12	利润分配（未分配利润）	52,890.00
18	其他流动资产	26,238.00		
19	长期股权投资	30,000.00		
20	固定资产	4,522,198.00		
21	累计折旧	-544,429.00		
22	固定资产清理	800.00		
23	在建工程	38,000.00		
24	无形资产	15,427.00		
25	累计摊销	8,500.00		
26	递延所得税资产	44,894.22		
27	其他长期资产	20,000.00		
28	合计	5,716,942.75	合计	5,716,942.75

图 7-11　科目余额表

任务二　利润表的应用

工作情境：
　　企业经营一定期间后,为了反映出本企业的经营成果,会计员李芳想编制一张利润表,把本期发生的收入、成本和费用反映出来,以便让总经理、投资者了解公司的盈余状况。

一、学习目标

1.能够利用Excel 2010设置利润表的格式。
2.能够利用Excel 2010编制利润表。

二、工作流程

1.设置利润表格式。
2.编制利润表。

三、实践操作

1.设置利润表格式

(1)将"财务报告"工作簿中的工作表"Sheet2"重命名为"利润表"。
(2)选择单元格区域A1:C1,单击"开始"选项卡│"对齐方式"工作组│"合并后居中"按钮。在单元格A1中输入"利润表",并单击"加粗"按钮 **B**。
(3)在"利润表"工作表中的每个单元格中录入既定的项目。
(4)选择单元格区域A4:C24,设置边框,如图7-12所示,建立利润表。

创建利润表框架

图7-12　利润表

2.编制利润表

利润表中"本期金额"栏反映各项目的本期实际发生数。在编制时,主要根据各损益类科目的发生额分析填列。如果上年度利润表的项目名称和内容与本年度利润表不一致,应对上年度利润表项目的名称和数字按本年度的规定进行调整,填入"上期金额"栏。

利润表中本期金额的填制,要进行数据的调用。前面曾提及数据链接调用有直接调用与间接调用,编制资产负债表用了直接调用,编制利润表将再一次熟悉间接调用。按照惯例已定义所需范围名称。具体步骤如下:

(1)如图7-13所示,打开"科目发生额表",选择单元格区域A1:C13,并将其定义为"科目发生额表"。

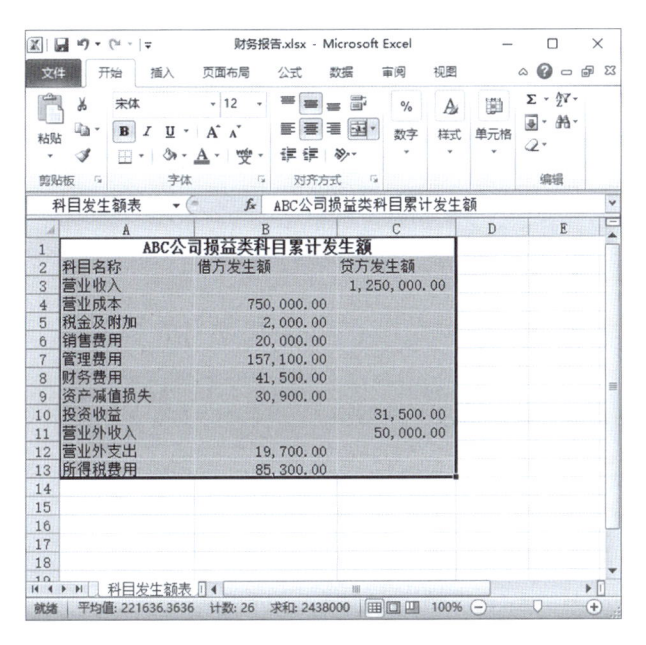

图7-13　科目发生额表

(2)打开"财务报告"工作簿中的"利润表"。选择工作表中的单元格B5。

(3)单击"插入函数"按钮。在"选择函数"列表中选择"VLOOKUP"函数,单击"确定"按钮。

(4)在VLOOKUP函数Lookup_value自变量位置输入"'营业收入'",Table_array自变量位置输入名称范围"科目发生额表",Col_index_num自变量位置输入"3",Range_lookup自变量位置输入"FALSE",如图7-14所示。

(5)单击"确定"按钮,完成函数设置。如图7-15所示,单元格B5显示"营业收入"为"1250000"。

(6)按照(2)至(5)的步骤,分别选择单元格B6、B7、B8、B9、B10、B11、B13、B16、B17完成数据的链接引用。

(7)选择单元格B15,输入"＝B5－B6－B7－B8－B9－B10－B11＋B13",按"Enter"键。

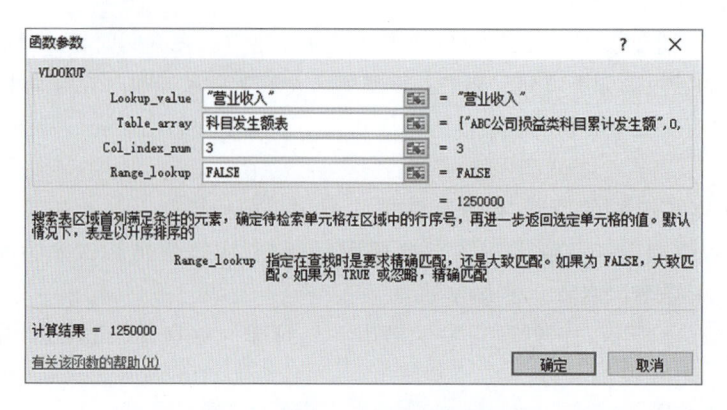

图 7-14　输入 VLOOKUP 函数参数

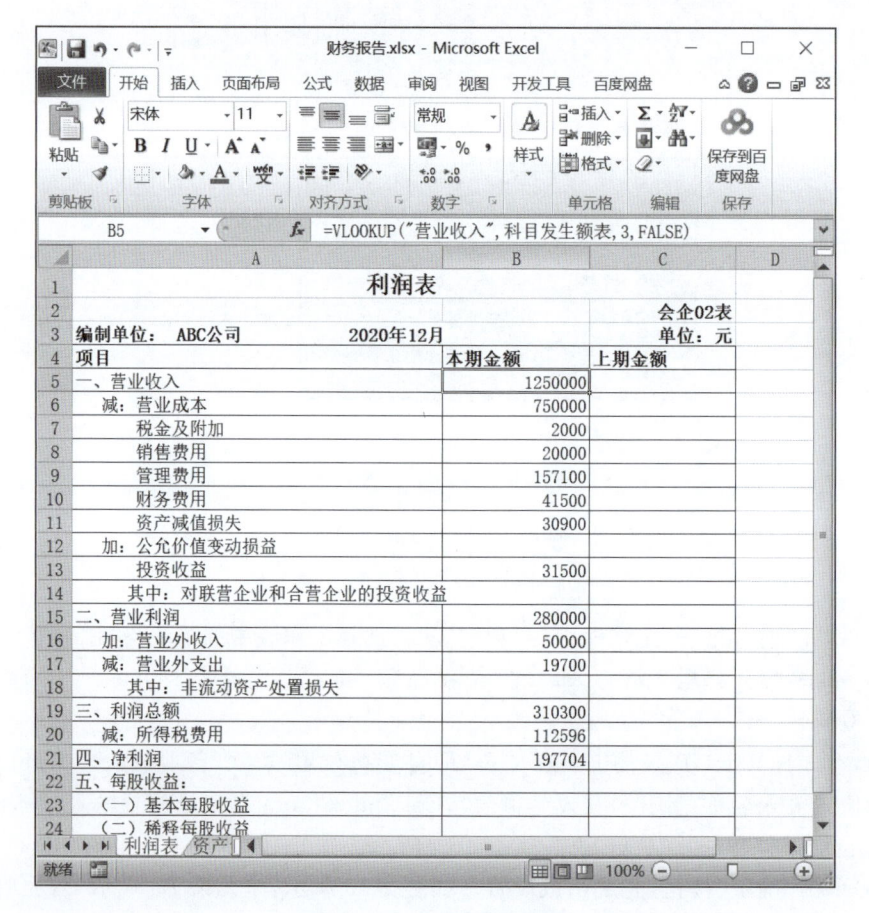

图 7-15　显示函数计算结果

（8）选择单元格 B19，输入"＝B15＋B16－B17"，按"Enter"键。

（9）选择单元格 B20，输入"＝B19×25％"，按"Enter"键。

（10）选择单元格 B21，输入"＝B19－B20"，按"Enter"键，利润表本月数的填制完成。编制完成的利润表如图 7-16 所示。

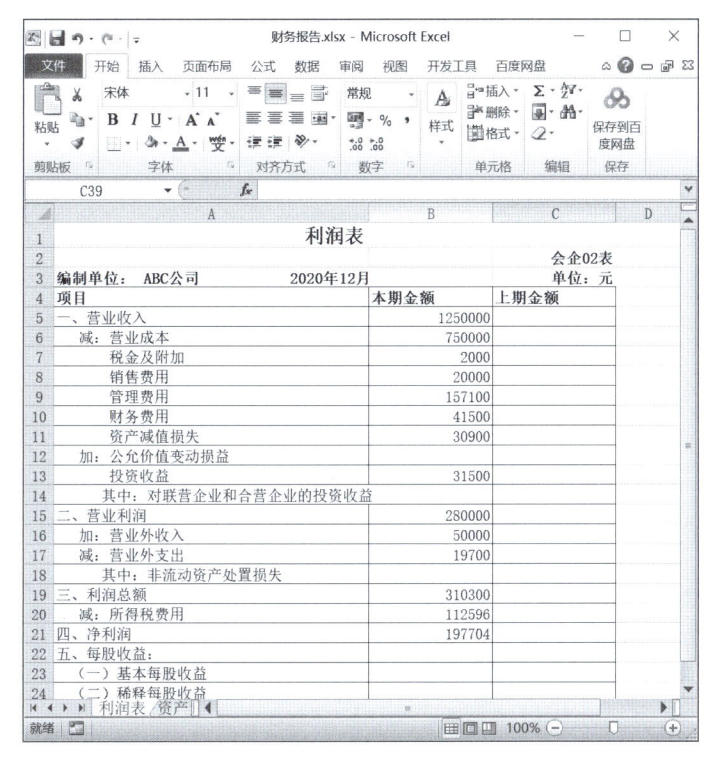

图 7-16 编制完成的利润表

四、问题探究

利润表的原理：利润表是反映企业一定期间生产经营成果的财务报告。利润表把一定时期的营业收入与其同一会计期间相关的营业费用进行配比，以计算出企业一定时期的净利润。通过利润表反映的收入和费用等情况，能够反映企业生产经营的收入情况及费用耗费情况，最终反映企业一定时期的生产经营成果。由于利润是企业经营业绩的综合体现，又是进行利润分配的主要依据，目前比较普遍的利润表的格式是多步式和单步式。

多步式利润表是通过计算营业利润、利润总额多个步骤最后计算净利润而编制的利润表，见表 7-2。

表 7-2　　　　　　　　多步式利润表

编制单位：　　　　　　　　年　　月　　　　　　　　单位：元

项　目	行　次	本月数	本月累计数
一、营业收入	1		
减：营业成本	4		
税金及附加	5		
销售费用	6		
管理费用	7		
财务费用	9		
资产减值损失	10		

(续表)

项　目	行　次	本月数	本月累计数
加：公允价值变动损益	11		
投资收益	12		
二、营业利润	13		
加：营业外收入	14		
减：营业外支出	15		
三、利润总额	16		
减：所得税费用	18		
四、净利润	19		
五、每股收益	20		

单步式利润表是通过将所有收入扣除所有费用后一次计算净利润而编制的利润表，见表7-3。

表7-3　　　　　　　　　单步式利润表

编制单位：　　　　　　　年　　月　　　　　　　　单位：元

项　目	行　次	本月数	本月累计数
收入和收益	1		
营业收入	4		
投资收益	5		
营业外收入	7		
公允价值变动损益	9		
收入和收益合计	10		
费用和损失	11		
营业成本	12		
税金及附加	13		
销售费用	14		
管理费用	15		
财务费用	16		
营业外支出	18		
所得税费用	19		
资产减值损失	20		
费用和损失合计	20		
净利润	22		

在我国会计实务中多采用多步式利润表，因此本书介绍的是多步式利润表的编制。

五、知识拓展

图表是Excel 2010非常有用的分析工具，直观便于理解。我们可以利用图表对损益表进行分析，将收入与费用放在同一个图表中进行比较，具体操作步骤如下：

1.打开"财务报告"工作簿，将工作表"Sheet3"重命名为"收入与费用比

收入与费用比较

较",并输入数据,如图 7-17 所示。

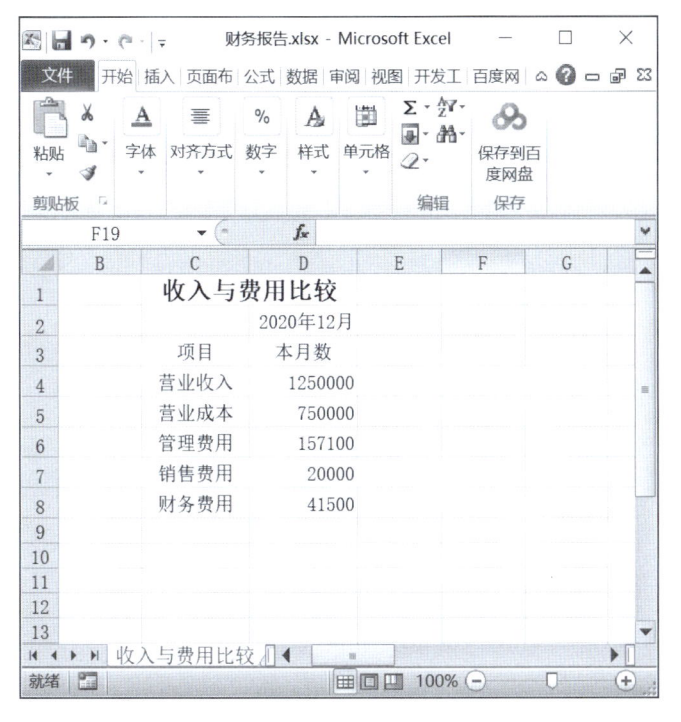

图 7-17 录入基本数据

2.选择单元格区域 C1:D8,然后单击"插入"选项卡|"图表"工作组|"柱形图"按钮,在打开的下拉列表中选择"簇状柱形图",如图 7-18 所示。

图 7-18 选择图表类型

3.在工作表中即可创建出"簇状柱形图"图表,单击图表标题,将其修改为"收入与费用比较",并激活图表工具的"设计""布局""格式"选项卡,如图 7-19 所示。

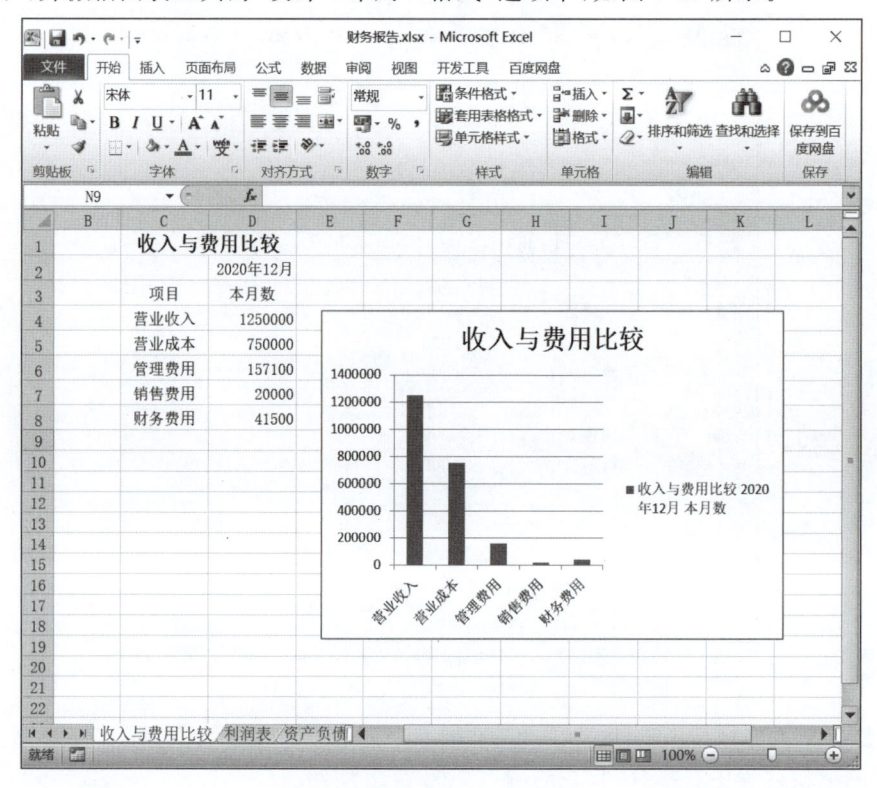

图 7-19　插入图表

六、课后训练

已知 ABC 公司 2020 年度有关损益类科目本年累计发生净额,见表 7-4,试用 Excel 2010 建立 ABC 公司 2020 年度的利润表。

表 7-4　　　　损益类科目 2020 年度累计发生净额

科目名称	借方发生额	贷方发生额
主营业务收入		13 529 800
主营业务成本	8 778 000	
税金及附加	43 000	
销售费用	500 000	
管理费用	820 000	
财务费用	109 234	
投资收益		1 000 000
资产减值损失	408 000	
公允价值变动收益		375 409
营业外收入		200 000
营业外支出	21 000	
所得税费用	334 852	

任务三　现金流量表的应用

工作情境：
企业经营一定时期后，会计员李芳想编制一张现金流量表，反映出本企业这一段时期的现金流入和流出情况，便于以后各期更好地进行财务预算。

一、学习目标

1.能够利用 Excel 2010 设置现金流量表的格式。
2.能够利用 Excel 2010 编制现金流量表。

二、工作流程

1.设置现金流量表格式。
2.编制现金流量表。

三、实践操作

1.设置现金流量表格式

现金流量表是反映企业一定会计期间现金和现金等价物（以下简称现金）流入和流出的报表。现金流量表能够说明企业一定期间内现金流入和流出的原因、企业的偿债能力和支付股利的能力、分析企业未来获取现金的能力。

现金流量表应当按照经营活动、投资活动和筹资活动的现金流量分类分项列示，见表 7-5。

表 7-5　　　　　　　　　　现金流量表
编制单位：　　　　　　　　年度　　　　　　　　　　单位：元

项　目	行　次	金　额
一、经营活动产生的现金流量		
销售商品或提供劳务收到现金		
收到税费返还		
收到的与经营业务有关的其他现金		
现金流入合计		
购买商品、接受劳务支付的现金		
支付给职工以及为职工支付的现金		
支付的各项税费		
支付的与经营活动有关的其他现金		

(续表)

项　目	行　次	金　额
现金流出合计		
经营活动产生的现金流量净额		
二、投资活动产生的现金流量		
收回投资所收到的现金		
取得投资收益所收到的现金		
处置固定资产、无形资产和其他长期资产的现金净额		
收到的与投资活动有关的其他现金		
现金流入合计		
购建固定资产、无形资产和其他长期资产支付的现金		
投资所支付的现金		
现金流出合计		
投资活动产生的现金流量净额		
三、筹资活动产生的现金流量		
吸收投资所收到的现金		
借款所收到的现金		
收到的与投资活动有关的其他现金		
现金流入合计		
偿还债务所支付的现金		
分配股利、利润、偿付利息所支付的现金		
支付的与筹资活动有关的其他现金		
现金流出合计		
筹资活动产生的现金流量净额		
四、汇率变动对现金的影响		
五、现金流量净额		

　　现金流量表的建立仍然采用与"资产负债表""利润表"类似的方法。在"财务报告"工作簿中插入新的工作表，将其重命名为"现金流量表"，并通过单击"合并后居中"按钮 、"加粗"按钮 **B** 、"下框线"按钮 等完成如图 7-20 所示现金流量表的设置。

2. 编制现金流量表

　　现金流量表的编制是建立在总分类账等工作表基础之上，也类似于"资产负债表"和"利润表"的编制，通过直接链接或间接链接从相关的工作表中提取数据。再根据会计准则的有关规定，设置单元格的计算公式，并填列在对应的单元格内。

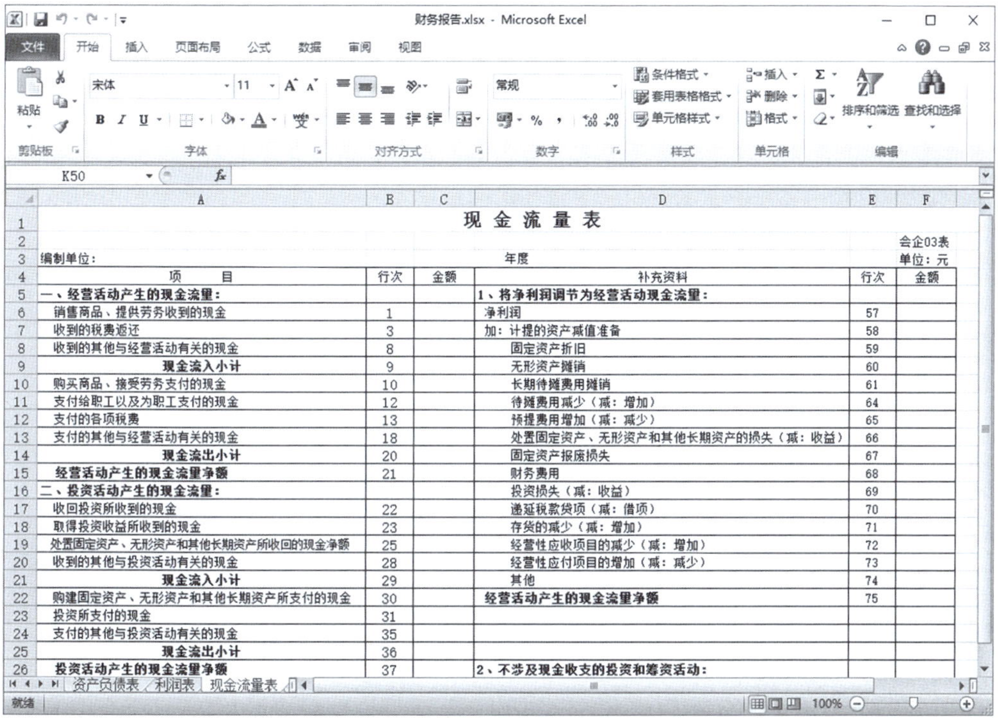

图 7-20 现金流量表

四、问题探究

1.现金等价物

现金等价物是指企业持有的期限短、流动性强、易于转换为已知金额的现金、价值变动风险很小的投资。其中,"期限短"一般是指从购买日起 3 个月内到期。例如可在证券市场上流通的 3 个月内到期的短期债券等。

现金等价物虽然不是现金,但其支付能力与现金的差别不大,可视为现金。例如,企业为保证支付能力,手持必要的现金,为了不使现金闲置,可以购买短期债券,在需要现金时,随时可以变现。

现金等价物的定义本身,包含了判断一项投资是否属于现金等价物的四个条件:①期限短;②流动性强;③易于转换为已知金额的现金;④价值变动风险很小。其中,期限短、流动性强,强调了变现能力,而易于转换为已知金额的现金、价值变动风险很小,则强调了支付能力的大小。现金等价物通常包括 3 个月内到期的短期债券投资。权益性投资变现的金额通常不确定,因而不属于现金等价物。

2.现金流量的分类

根据企业业务活动的性质和现金流量的来源,我们将企业一定期间产生的现金流量分为三类:经营活动现金流量、投资活动现金流量和筹资活动现金流量。

(1)经营活动

经营活动是指企业投资活动和筹资活动以外的所有交易和事项。对工商企业而言,经营活动主要包括销售商品、提供劳务、购买商品、接受劳务、支付税费等。

（2）投资活动

投资活动是指企业长期资产的购建和不包括在现金等价物范围内的投资及其处置活动。长期资产是指固定资产、无形资产、在建工程、其他资产等持有期限在一年或一个营业周期以上的资产。投资活动既包括实物资产投资，也包括金融资产投资。

（3）筹资活动

筹资活动是指导致企业资本及债务规模和构成发生变化的活动。这里所说的资本，既包括实收资本（股本），也包括资本溢价（股本溢价）；这里所说的债务，是指对外举债，包括向银行借款、发行债券以及偿还债务等。通常情况下，应付账款、应付票据等属于经营活动，不属于筹资活动。

五、知识拓展

通过 Excel 2010 中的发布和保存功能能够将创建好的 Excel 工作簿或工作表的内容保存为 HTML 格式，将工作表放在 Web 上供他人浏览和使用，我们以现金流量表为例进行说明，具体操作步骤如下：

1.打开"财务报告"工作簿，切换至"现金流量表"工作表，选中现金流量表要保存为 Web 文档的区域，如图 7-21 所示。

图 7-21 选择区域

2.单击"文件"选项卡｜"另存为"命令，弹出"另存为"对话框。在"保存类型"下拉列表中选择"网页"，并选中"选择(E)：＄A＄1：＄C＄44"单选按钮，如图 7-22 所示。

图 7-22　另存为网页

3.单击"更改标题"按钮,弹出"输入文字"对话框。在"标题"文本框中输入"现金流量表",如图 7-23 所示。

4.单击"确定"按钮,在"另存为"对话框下方"标题"处出现"现金流量表"文本,如图 7-24 所示。

图 7-23　输入标题

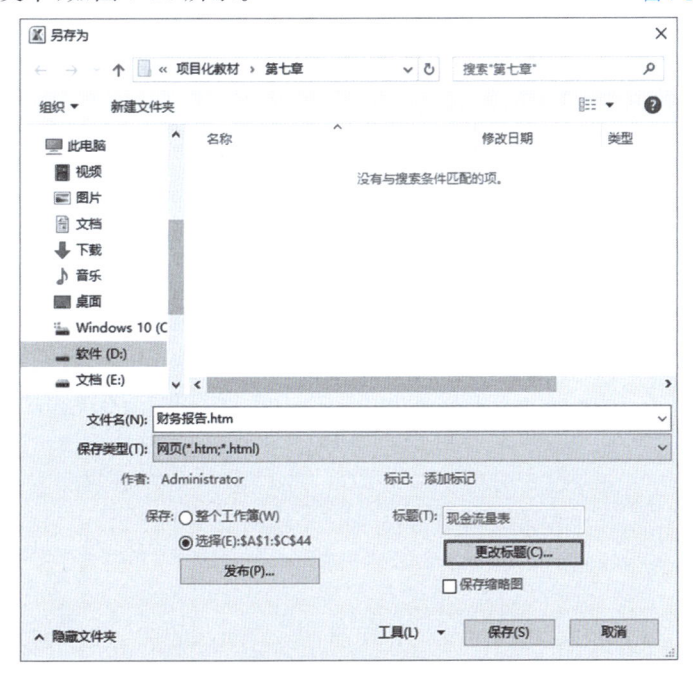

图 7-24　标题显示

5.单击"发布"按钮,弹出"发布为网页"对话框。在其中选择读者需要的选项,在此选择"在每次保存工作簿时自动重新发布"复选框,如图 7-25 所示。

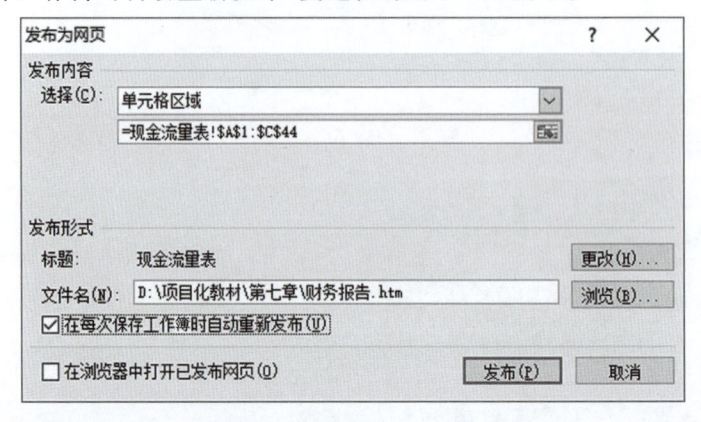

图 7-25 "发布为网页"对话框

6.单击"发布"按钮,则完成了网页的发布操作。可以到保存现金流量表的位置查看被保存的 HTML 格式,如图 7-26 所示。

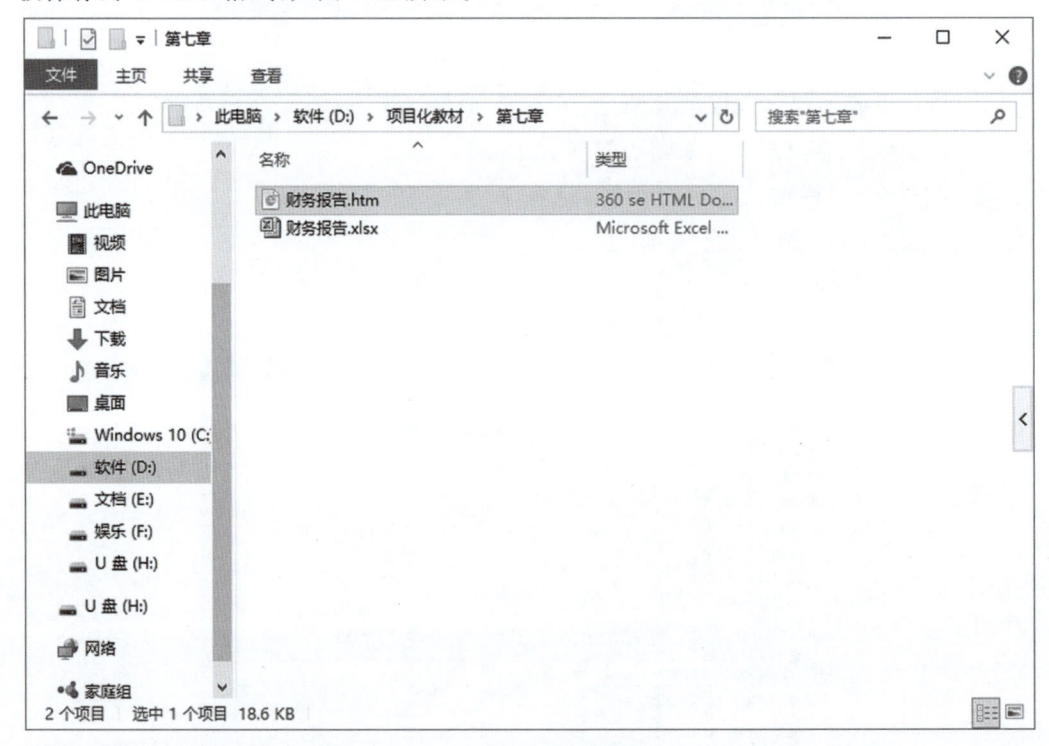

图 7-26 发布的 HTML 格式

六、课后训练

根据编制的 ABC 公司 2020 年 12 月 31 日的资产负债表和 2020 年度的利润表,请利用 Excel 2010 建立该公司 2020 年度的现金流量表。

情境八　财务分析

情境导入：
　　随着工作的不断深入，会计员李芳需要检查各项计划、预算及目标等的执行情况，了解企业经营管理的现状和存在的问题，分析研究企业的偿债能力、营运能力和盈利能力等，为报表使用者进行贷款或投资决策提供相关信息服务。

素质培养：
　　1.培养学生职业精神，弘扬劳动精神、奋斗精神、创造精神。
　　2.培养学生的社会责任感，强调个人发展和企业发展、社会发展紧密相连，促进学生的全面发展。
　　3.培养学生依法纳税的意识。
　　4.培养学生的民族自豪感和奉献精神，激发学生家国情怀和责任担当。
　　5.培养学生团结协作、独立思考的能力。

任务一　比率分析模型的设计方法

工作情境：
　　企业经营一段时间，财务经理给会计员李芳布置一项任务，把财务报表中的有关项目进行对比，得出一系列比率，以此揭示企业偿债能力、营运能力和盈利能力等财务状况，为企业计划下一步的发展提供第一手资料。

一、学习目标

1.掌握比率分析的主要指标。
2.掌握从数据源获取数据的方法。
3.掌握如何在 Excel 2010 中计算各种财务比率。

二、工作流程

1.建立财务比率分析表。
2.计算各项财务比率。

三、实践操作

1.准备资料

ABC 公司 2017 年 2 月的资产负债表和利润表如图 8-1 和图 8-2 所示。

2.建立财务比率分析表

（1）新建"财务分析"工作簿，将工作表"Sheet1"重命名为"财务比率分析表"，输入表格标题、表头信息，并输入财务比率分析表所包括的各个项目。

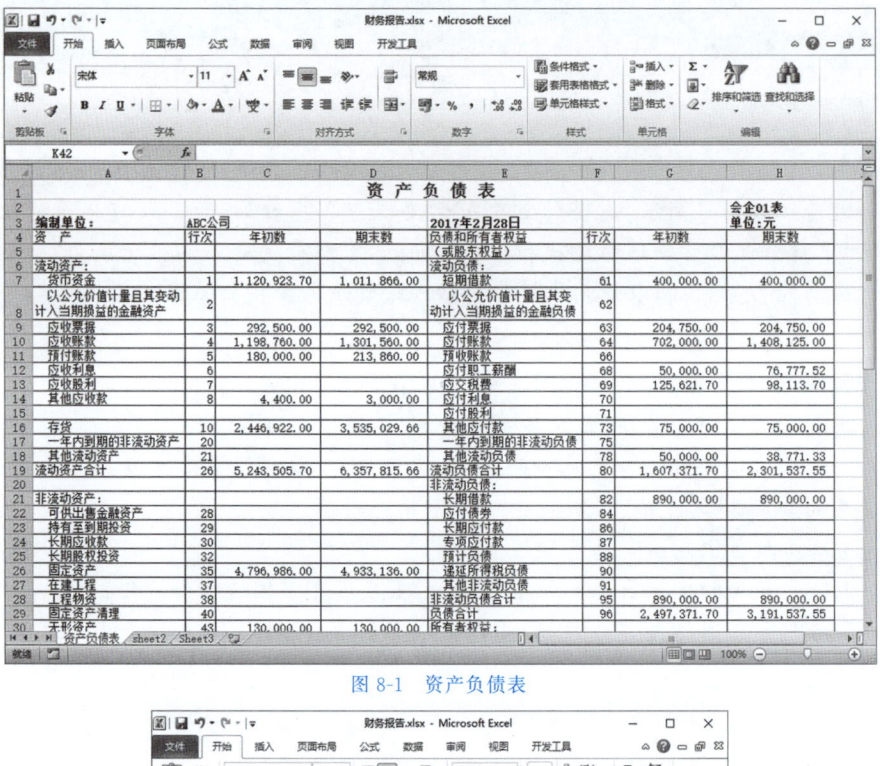

图 8-1　资产负债表

图 8-2　利润表

(2)对建立的财务比率分析表进行格式设置,其中包括表格边框设置、文字字体设置和文字对齐方式设置,如图 8-3 所示。

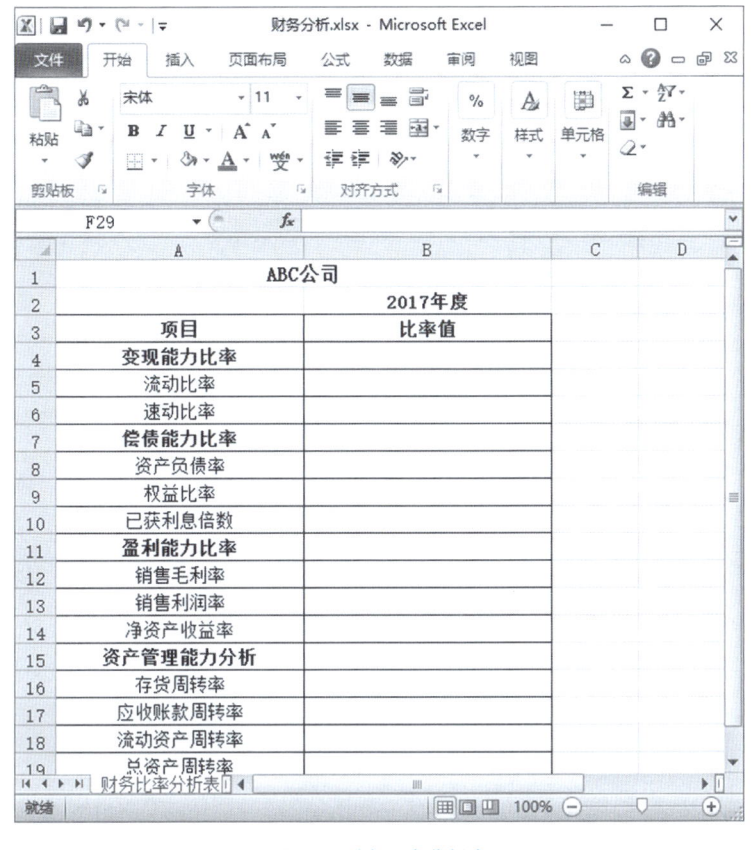

图 8-3 财务比率分析表

3.计算各项财务比率

(1)变现能力比率

①流动比率

$$流动比率 = \frac{流动资产}{流动负债}$$

流动比率分析:用来衡量企业短期偿债能力的一个重要的财务指标。根据国际惯例,2∶1 的流动比率最佳。流动比率过低,表明企业偿债能力不足;相反,则表明企业现金、存货等闲置较多。

选中"财务比率分析表"中单元格 B5,输入公式"=[财务报告.xlsx]资产负债表!＄D＄19/[财务报告.xlsx]资产负债表!＄H＄19",按"Enter"键即可计算出流动比率,如图 8-4 所示。

也可以通过给单元格取名字的方式定义公式。选择资产负债表中的单元格 D19,单击"公式"选项卡│"定义的名称"工作组│"定义名称"按钮,弹出"新建名称"文本框,在"名称"文本框中输入"流动资产合计",如图 8-5 所示,单击"确定"按钮,即完成对该单元格名称的定义。同理,选择"资产负债表"中的单元格 H19,重复以上操作,在"名称"文本

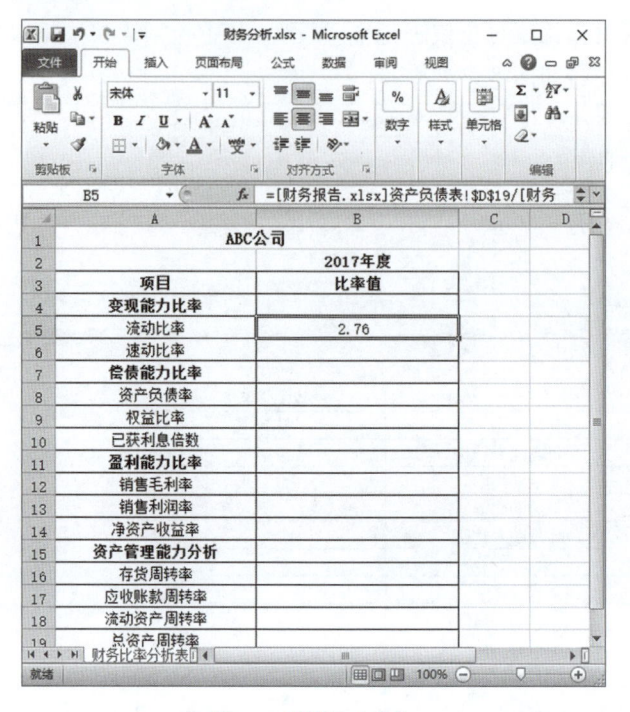

图 8-4 计算流动比率

框中输入"流动负债合计",如图 8-6 所示,单击"确定"按钮即可完成对该单元格名称的定义。

图 8-5 定义"流动资产合计" 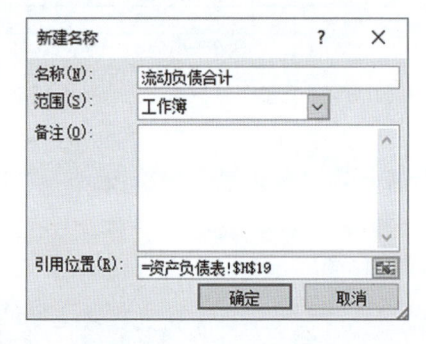　　　　图 8-6 定义"流动负债合计"

返回工作表"财务比率分析表",选择单元格 B5,输入公式"＝流动资产合计/流动负债合计";按"Enter"键即可计算出"流动比率"为"2.76"。

采用名称定义公式有以下优点:更加容易记忆、容易理解,在定义公式时,只需输入名称,而不必输入单元格所在的位置;每个工作簿可以共用一组名称,在某一张工作表上给单元格建立的名称,可以在整个工作簿中使用,这使比率分析模型公式定义更加方便;公式定义不受工作表结构变化的影响。如果工作表结构变化,只需重新定义某单元的名称,其他使用该名称的公式都会自动更新。

②速动比率

$$速动比率 = \frac{流动资产 - 存货}{流动负债}$$

速动比率分析:它更能表明企业的偿债能力。根据国际惯例,速动比率以 1∶1 为好,这是因为存货大约占流动资金的 50% 以上,扣除存货后的流动资产流动性更快,变现能力更强。

选中单元格 B6,输入公式"=([财务报告.xlsx]资产负债表!＄D＄19－[财务报告.xlsx]资产负债表!＄D＄16)/[财务报告.xlsx]资产负债表!＄H＄19",按"Enter"键即可计算出速动比率,如图 8-7 所示。

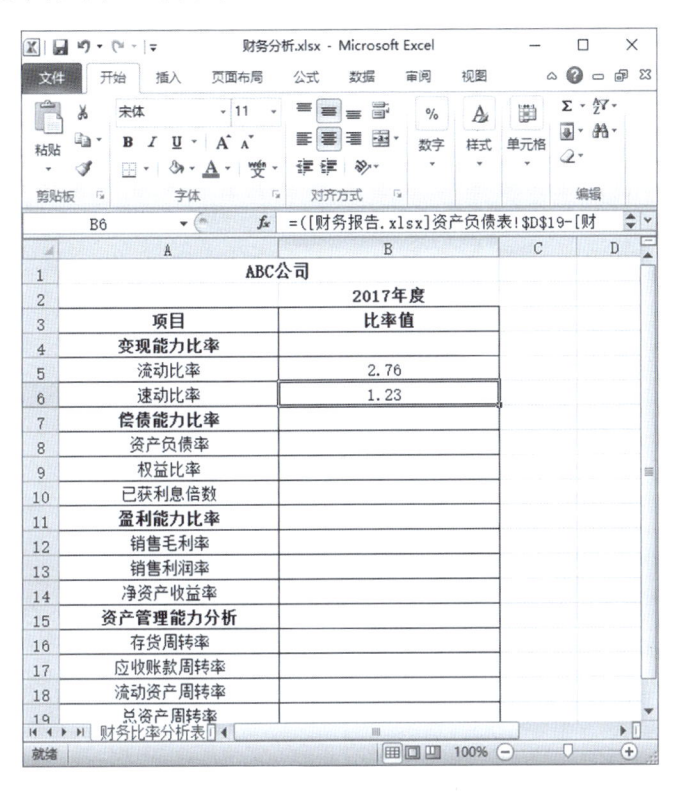

图 8-7　计算速动比率

③影响变现能力的其他因素

增强变现能力的因素包括可动用的银行贷款指标、准备很快变现的长期资产、偿债能力的声誉。减弱变现能力的因素包括未做记录的或有负债等。

(2)负债比率

①资产负债率

$$资产负债率=\frac{负债总额}{资产总额}\times 100\%$$

负债比率分析

资产负债率分析:该指标是反映在总资产中有多大比例是通过借债来筹集的,也可以衡量企业在清算时对保护债权人利益的程度。若这一比率太大,则说明企业举债过多,企业的财务风险大。

选中单元格 B8,输入公式"=[财务报告.xlsx]资产负债表!＄H＄29/[财务报告.xlsx]资产负债表!＄D＄36",按"Enter"键即可计算出资产负债率,如图 8-8 所示。

图 8-8 计算资产负债率

② 权益比率

$$权益比率 = \frac{权益总额}{资产总额} \times 100\%$$

权益比率分析:它是企业的权益总额与资产总额的比率。只是从另外一个角度来反映企业的资产负债率,二者仅是形式的区别,实质内容是相同的。

权益比率的计算公式设置操作过程和前述几个比率大致相同,不再赘述。

③ 已获利息倍数

$$已获利息倍数 = \frac{息税前利润}{利息费用}$$

已获利息倍数分析:该指标表明了企业盈利水平对其所需支付利息的保障倍数。

已获利息倍数的计算公式设置操作过程和前述几个比率大致相同,不再赘述。

④ 影响长期偿债能力的其他因素

主要包括长期租赁、担保责任、或有项目等因素。

(3) 盈利能力分析

① 销售毛利率

$$销售毛利率 = \frac{(销售收入净额 - 销售成本)}{销售收入净额}$$

该指标反映了企业产品或商品销售的初始获利能力,其中:销售收入净额是销售收入扣除销售退回、销售折让及折扣的差额;销售毛利是销售收入净额与销售成本的差额。

② 销售利润率

$$销售利润率 = \frac{销售利润}{销售收入净额} \times 100\%$$

该指标表明企业每单位销售收入所能实现的销售利润,是反映企业主营业务的获利能力的重要指标。

③净资产收益率

$$净资产收益率 = \frac{净利润}{平均净资产} \times 100\%$$

该指标表明企业自有资本获取收益的能力越强,资产运营效果越好,对投资者、债权人的保证程度越高。净资产收益率通用性强,使用范围广,不受行业局限,我国上市公司业绩就是以该指标为标准进行综合排序的。

(4) 资产管理比率

①存货周转率

$$存货周转率 = \frac{销售成本}{平均存货}$$

$$平均存货 = \frac{期初存货 + 期末存货}{2}$$

$$存货周转天数 = \frac{360}{存货周转率}$$

存货周转天数分析:它是用来衡量和评价企业购入存货、投入生产、销售收回等环节管理状况的综合性指标。

②应收账款周转率

$$应收账款周转率 = \frac{销售收入}{平均应收账款}$$

$$平均应收账款 = \frac{期初应收账款 + 期末应收账款}{2}$$

$$应收账款周转天数 = \frac{360}{应收账款周转率}$$

应收账款周转天数分析:它是评价应收账款流动性大小的一个重要指标,它可以用来分析企业应收账款的变现速度和管理效率。应收账款周转率是企业赊销净额与应收账款平均余额的比率。

③流动资产周转率

$$流动资产周转率 = \frac{销售收入}{平均流动资产}$$

$$平均流动资产 = \frac{期初流动资产 + 期末流动资产}{2}$$

该指标是分析流动资产周转速度的一个综合性指标。

④总资产周转率

$$总资产周转率 = \frac{销售收入}{平均资产总额}$$

$$平均资产总额 = \frac{期初资产总额 + 期末资产总额}{2}$$

该指标是分析企业全部资产使用效率的一个重要指标。

四、问题探究

1.财务分析的数据源

财务分析的数据源有两类：会计核算数据源和辅助数据源。

(1)会计核算数据源

财务分析是以本企业会计核算资料为基础，通过提取、加工和整理会计核算数据，生成财务分析所需要的财务报表，再对财务报表进行加工、整理，得出一系列科学、系统的财务指标，以便进行比较、分析和评价。因此，本企业会计核算系统提供的数据即财务分析的会计核算数据源。

目前从我国会计电算化实施情况看，会计核算电算化的环境不尽相同。有的单位在单机上实现，有的单位在网络环境中实现，有的单位在客户/服务器环境中实现，还有部分单位在手工会计核算中实现。因此会计核算环境大致分为四种类型：

①手工会计环境。会计核算工作仍处于手工状况，会计数据全部保存在手工账簿上。

②单机环境。会计核算工作在单机上进行，大部分会计数据保存在本地计算机中。数据环境不能共享。一般来说，在会计电算化的初期或业务量较小的单位，会计核算是在单机环境中进行的。

③网络环境。会计核算工作是在由若干个工作站和网络服务器构成的网络环境中进行的。会计数据保存在网络环境中，能够满足对数据共享的需要。因此，一些大中企业和事业单位会计核算工作是在网络环境中进行的。

④客户/服务器环境。会计核算工作是在有客户、服务器和连接件组成的客户/服务器体系结构的环境中进行的。客户/服务器结构是在计算机网络技术和分布式计算机的基础上形成的。客户/服务器结构除了具有数据资源共享方式的特点外，更能充分发挥服务器的作用，处理任务由客户和服务器双方分担，较高级、较复杂的任务由服务器完成。目前，大型企业和集团公司会计核算工作是在客户/服务器环境中进行的，如图 8-9 所示。

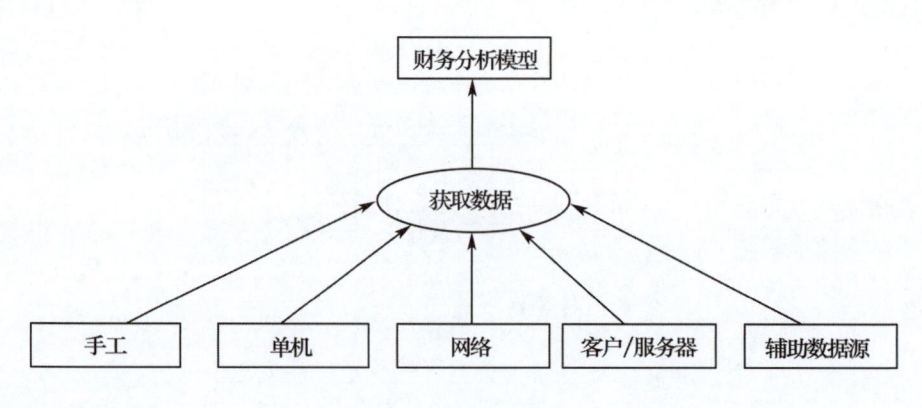

图 8-9　财务分析模型

(2)辅助数据源

财务分析除了需要获取本单位的会计核算数据外,还需要获取本单位会计核算之外的数据,如同行业主要经营比率等。除本单位会计核算数据之外,还供财务分析使用的数据源,称为辅助数据源。

从财务分析角度看,不论是本单位的会计数据源还是辅助数据源,都是财务分析的基础数据源,只有数据源提供最基础的数据,才能使财务分析成为可能;从财务分析模型角度来看,这些数据源的数据都是财务分析模型以外的数据,如何从这些外部数据源中获取数据,并使这些数据为财务分析模型所用,是财务分析模型中的关键问题。

对于手工会计环境,会计核算数据的获取可以通过人工输入的方式,将会计账簿上的数据输入财务分析模型。

对于电算化会计核算环境,会计核算数据源的数据一般放在数据库文件中,这些数据库文件包括 Oracle 数据库文件、Paradox 数据库文件、SQLServer 数据库文件等多种数据库文件。从财务分析来看,应该能够从多种数据库中获取财务分析所需的数据。在 Windows 环境中可以使用 Excel 的数据链接、Microsoft Query 程序、ODBC(open database connectivity)开放式数据连接、Visual Basic 宏程序等技术和方法,自动、准确、及时地从各种会计核算数据源获取财务分析所需要的数据。

对于辅助数据源来说,财务分析数据所需要的辅助数据大多没有实现计算机管理,一般刊登在杂志、报刊和文件上。因此,辅助分析数据可以通过查阅杂志、报刊和文件等获取,然后输入财务分析模型。

2.从数据源获取数据的方式

数据源的获取渠道有两种情况:手工账状态下和会计电算化状态下。

(1)在手工账状态下,财务人员需要从账簿等会计资料中筛选所需要的数据,通过手工输入的方式,把数据录入。

(2)在会计电算化状态下,会计核算数据源的数据是以一定组织形式存放在多个数据库文件中,如总账数据库文件存放会计核算总账数据。财务人员可以应用各种方法,直接在会计数据源的数据库中进行检索,并直接返回到财务分析的模型中,以便财务分析使用。

五、知识拓展

图表比纯数据更为直观,方便使用者对数据的查看、分析和对比,能更有效地说明企业所面临的问题,可以利用 Excel 2010 中的图表功能建立各种分析图表。

六、课后训练

已知×××公司2016年度的资产负债表和利润表,如图8-10和图8-11所示,试利用 Excel 2010 分析其变现能力、偿债能力、盈利能力和资产管理能力等项目。

资产负债表

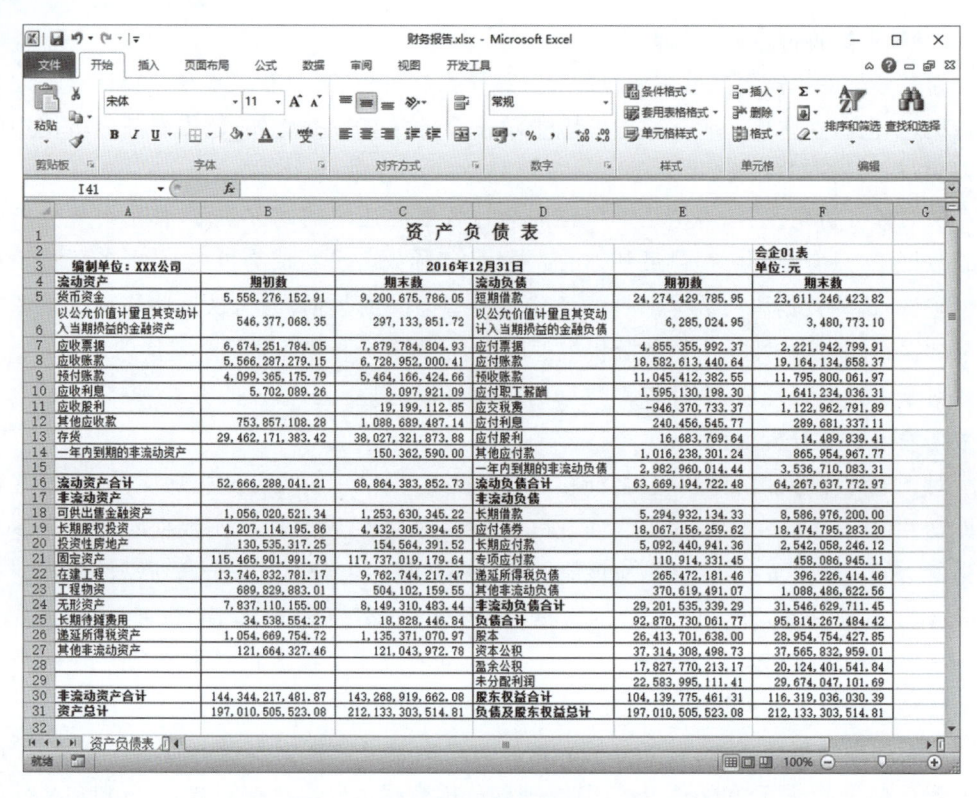

	A	B	C	D	E	F
1			资产负债表			
2						会企01表
3	编制单位：XXX公司		2016年12月31日			单位：元
4	流动资产	期初数	期末数	流动负债	期初数	期末数
5	货币资金	5,558,276,152.91	9,200,675,786.05	短期借款	24,274,429,785.95	23,611,246,423.82
6	以公允价值计量且其变动计入当期损益的金融资产	546,377,068.35	297,133,851.72	以公允价值计量且其变动计入当期损益的金融负债	6,285,024.95	3,480,773.10
7	应收票据	6,674,251,784.05	7,879,784,804.93	应付票据	4,855,355,992.37	2,221,942,799.91
8	应收账款	5,566,287,279.15	6,728,952,000.41	应付账款	18,582,613,440.64	19,164,134,658.37
9	预付账款	4,099,365,175.79	5,464,166,424.66	预收账款	11,045,412,382.55	11,795,800,061.57
10	应收利息	5,702,089.26	8,097,921.09	应付职工薪酬	1,595,130,198.30	1,641,234,036.31
11	应收股利		19,199,112.85	应交税费	-946,370,733.37	1,122,962,791.89
12	其他应收款	753,857,108.28	1,088,689,487.14	应付利息	240,456,545.77	289,681,337.11
13	存货	29,462,171,383.42	38,027,321,873.88	应付股利	16,683,769.64	14,489,839.41
14	一年内到期的非流动资产		150,362,590.00	其他应付款	1,016,238,301.24	865,954,967.77
15				一年内到期的非流动负债	2,982,960,014.44	3,536,710,083.31
16	流动资产合计	52,666,288,041.21	68,864,383,852.73	流动负债合计	63,669,194,722.48	64,267,637,772.97
17	非流动资产			非流动负债		
18	可供出售金融资产	1,056,020,521.34	1,253,630,345.22	长期借款	5,294,932,134.33	8,586,976,200.00
19	长期股权投资	4,207,114,195.86	4,432,305,394.60	长期债券	18,067,156,259.62	18,474,795,283.20
20	投资性房地产	130,535,317.25	154,564,391.52	长期应付款	5,092,440,941.36	2,542,058,246.12
21	固定资产	115,465,901,991.79	117,737,019,179.64	专项应付款	110,914,331.45	458,086,945.11
22	在建工程	13,746,832,781.17	9,762,744,217.47	递延所得税负债	265,472,181.46	396,226,414.46
23	工程物资	689,829,883.01	504,102,159.55	其他非流动负债	370,619,491.07	1,088,486,622.56
24	无形资产	7,837,110,155.00	8,149,310,483.44	非流动负债合计	29,201,535,339.29	31,546,629,711.45
25	长期待摊费用	34,538,554.27	10,828,446.84	负债合计	92,870,730,061.77	95,814,267,484.42
26	递延所得税资产	1,054,669,754.72	1,135,371,070.97	股本	26,413,701,638.00	28,954,767,427.85
27	其他非流动资产	121,664,327.46	121,043,972.78	资本公积	37,314,308,498.73	37,565,832,959.01
28				盈余公积	17,827,770,213.17	20,124,401,541.84
29				未分配利润	22,583,995,111.41	29,674,047,101.69
30	非流动资产合计	144,344,217,481.87	143,268,919,662.08	股东权益合计	104,139,775,461.31	116,319,036,030.39
31	资产总计	197,010,505,523.08	212,133,303,514.81	负债及股东权益总计	197,010,505,523.08	212,133,303,514.81

图 8-10 资产负债表

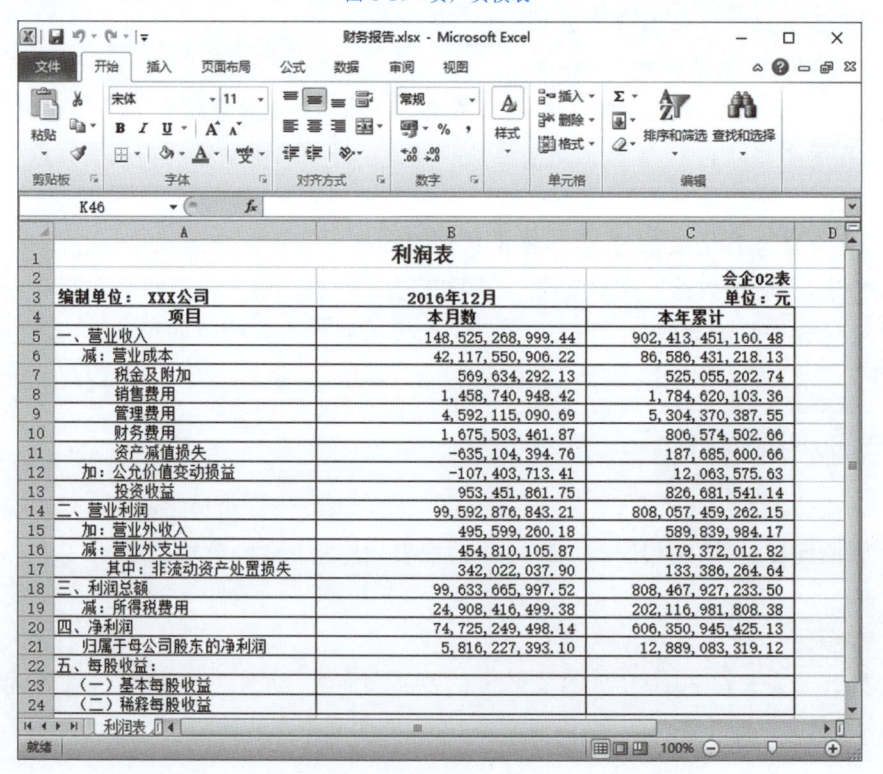

利润表

	A	B	C
1		利润表	
2			会企02表
3	编制单位：XXX公司	2016年12月	单位：元
4	项目	本月数	本年累计
5	一、营业收入	148,525,268,999.44	902,413,451,160.48
6	减：营业成本	42,117,550,906.22	86,586,431,218.13
7	税金及附加	569,634,292.13	525,055,202.74
8	销售费用	1,458,740,948.42	1,784,620,103.36
9	管理费用	4,592,115,090.69	5,304,370,387.55
10	财务费用	1,675,503,461.87	806,574,502.66
11	资产减值损失	-635,104,394.76	187,685,600.66
12	加：公允价值变动损益	-107,403,713.41	12,063,575.63
13	投资收益	953,451,861.75	826,681,541.14
14	二、营业利润	99,592,876,843.21	808,057,459,262.15
15	加：营业外收入	495,599,260.18	589,839,984.17
16	减：营业外支出	454,810,105.87	179,372,012.82
17	其中：非流动资产处置损失	342,022,037.90	133,386,264.64
18	三、利润总额	99,633,665,997.52	808,467,927,233.50
19	减：所得税费用	24,908,416,499.38	202,116,981,808.38
20	四、净利润	74,725,249,498.14	606,350,945,425.13
21	归属于母公司股东的净利润	5,816,227,393.10	12,889,083,319.12
22	五、每股收益：		
23	（一）基本每股收益		
24	（二）稀释每股收益		

图 8-11 利润表

任务二 趋势分析模型的设计方法

工作情境：

公司经营几年后，会计员李芳连续观察这几年的财务报告和财务比率，以此来判断企业财务状况的发展变化趋势。

一、学习目标

1. 掌握趋势分析的方法。
2. 能够利用图表分析企业财务状况的发展变化趋势。

二、工作流程

1. 建立"年度利润比较"工作表。
2. 插入"年度利润比较"折线图。

年度利润比较

三、实践操作

1. 准备资料

假设 ABC 公司 2011~2016 年的主营业务利润如图 8-12 所示，绘制相应的趋势分析图。

年度	2011年	2012年	2013年	2014年	2015年	2016年
主营业务利润	3310	3442	3488	3581	3410	3550

ABC公司2011年至2016年主营业务利润 单位：万元

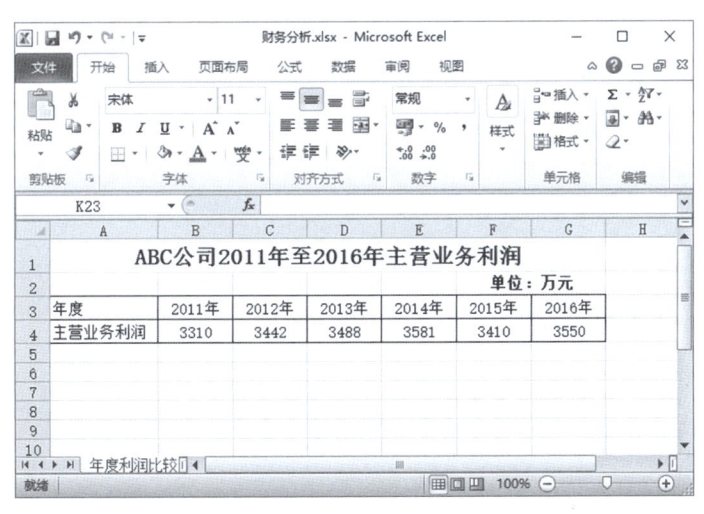

图 8-12　ABC 公司 2011~2016 年的主营业务利润

2. 建立趋势分析图

(1) 将"Sheet1"工作表重命名为"年度利润比较"。
(2) 选择单元格区域 B3:G4，单击"插入"选项卡 | "图表"工作组 | "折线图"按钮，在

打开的下拉列表中选择"带数据标记的折线图"选项,如图 8-13 所示。在工作表中即可创建出带数据标记的折线图,如图 8-14 所示。

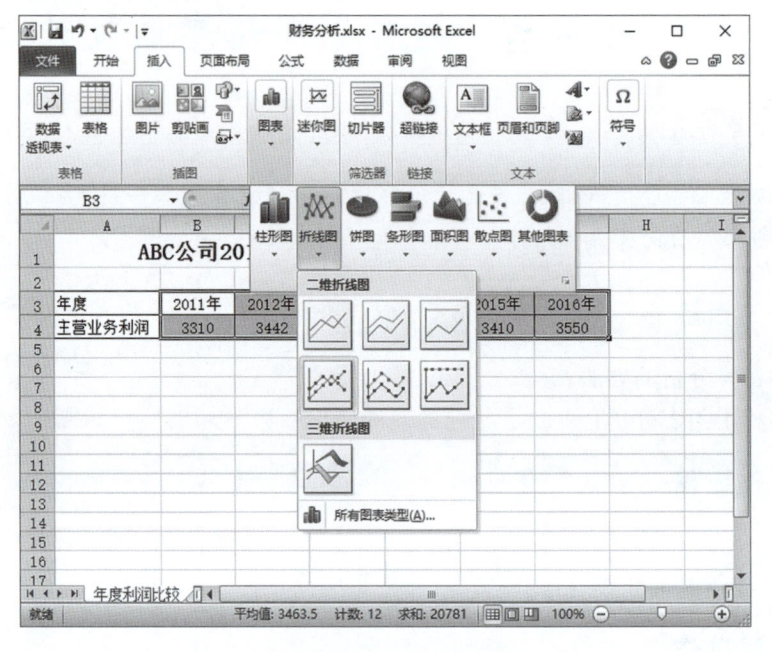

图 8-13　选择图表类型

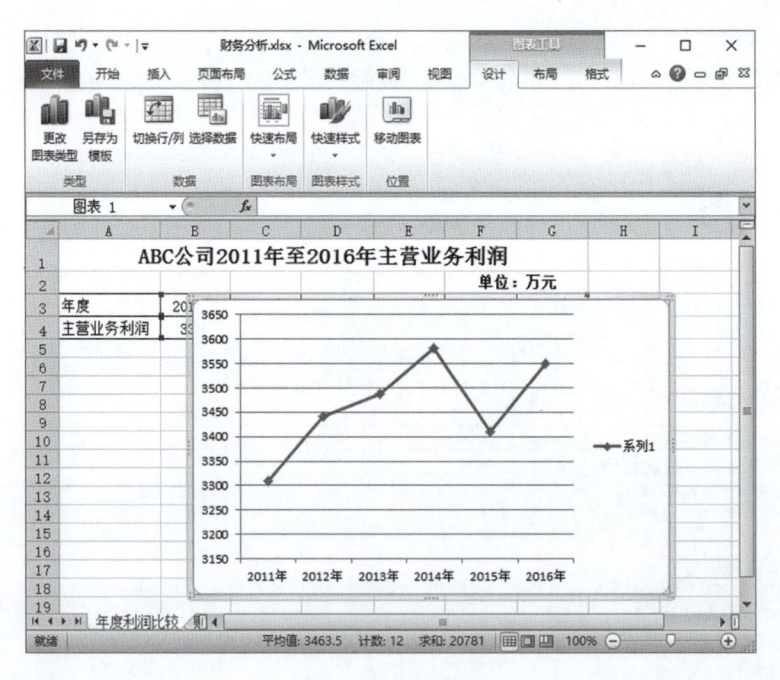

图 8-14　插入折线图

(3)单击图表工具的"布局"选项卡,单击"图表标题",在打开的下拉列表中选择"居中覆盖标题",在"图表标题"中输入"年度利润比较",对图表进行调整,即可得到如图 8-15 所示的结果。

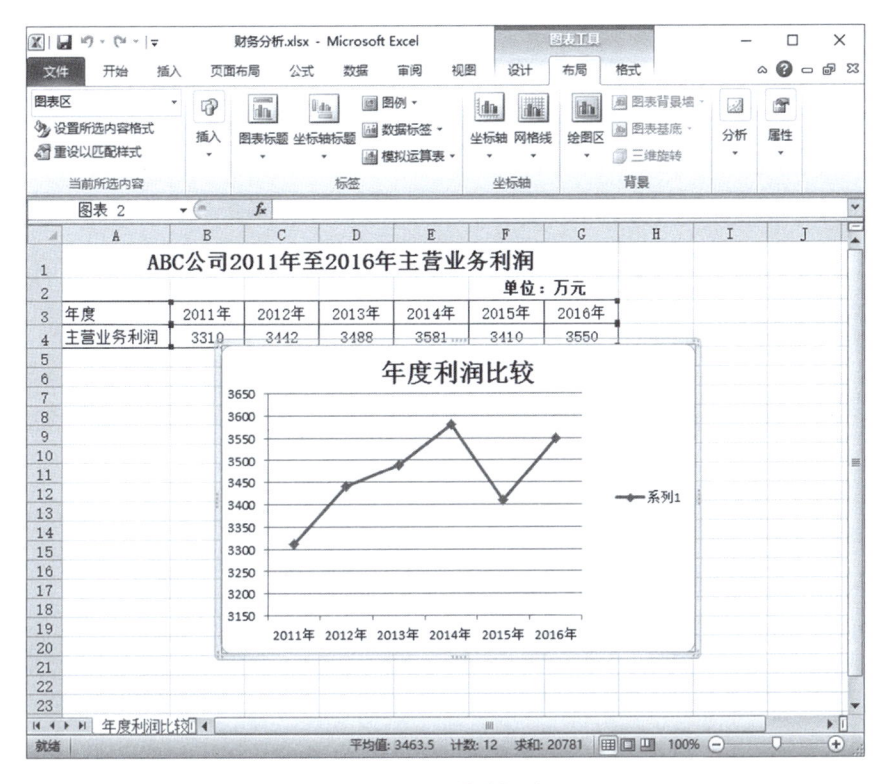

图 8-15　趋势分析图

四、问题探究

趋势分析也是财务管理中的一种重要的分析方法。连续观察数年的财务报表和财务比率比只看一期能了解更多的情况,并能判别企业财务状况的发展变化趋势。趋势分析主要有以下几种:

1.多期比较财务报表分析

多期比较财务报表分析是把数年财务报表中相同的项目逐一进行比较。其目的是查明各项增减变动的数额和幅度、造成这种变化的原因以及这种变化对企业未来有什么影响。多期比较时,可以用前后各年每个项目的差额进行比较,也可以用百分比的变动进行比较,还可以计算出各项财务比率进行多期比较。

2.结构百分比分析

结构百分比分析是把常规的财务报表换算成结构百分比报表,然后将不同年度的报表逐项比较,查明某一项特定项目在不同年度间百分比的差额。

3.定基百分比趋势分析

定基百分比趋势分析是首先选择一个基期,将基期报表上各项数额的指数均定为100,其他各年财务报表上的数据也均用指数表示,由此得出定基百分比的报表,可以查明各项目的变化趋势。

4.图解法分析

图解法分析是将企业连续几年的财务数据或财务比率绘制成图形来加以反映。这种方法比较直观地反映出企业财务状况的发展趋势，使分析者能够发现一些其他方法不易发现的问题。

五、知识拓展

在对财务报表中各期的数据进行比较分析时，需要将多张报表同时显示在当前屏幕上，Excel 2010 提供了多窗口操作功能，这样就能够查看和移动每张财务报表数据。应用 Excel 2010 进行财务趋势分析的具体方法如下：

财务趋势分析

1.打开"财务分析"工作簿，插入一张新的工作表，并将其重命名为"财务趋势分析"。

2.单击"视图"选项卡｜"窗口"工作组｜"新建窗口"按钮，为当前工作簿新建一个工作簿窗口，这时会显示两个同样的窗口。

3.单击"视图"选项卡｜"窗口"工作组｜"全部重排"按钮，弹出"重排窗口"对话框。选中"垂直并排"选项，如图 8-16 所示。然后单击"确定"按钮，返回工作簿。

4.选择"财务分析.xlsx:1"中的"财务趋势分析"工作表，创建报表结构，如图 8-17 所示。

5.选中"资产负债表(2)"中的"货币资金""短期投资""应收账款""存货"对应年度的数据，单击鼠标右键，在出现的右键菜单中选择"复制"命令。然后选中"财务趋势分析"工作表中的对应单元格，单击鼠标右键，在右键菜单中选择"选择

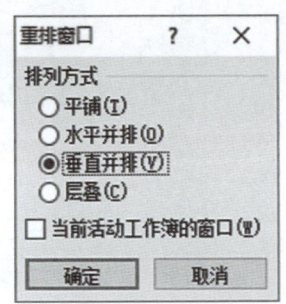

图 8-16 "重排窗口"对话框

图 8-17 创建财务趋势分析结构

性粘贴"命令,在弹出的"选择性粘贴"对话框中选中"数值"复选框,如图 8-18 所示,单击"确定"按钮。

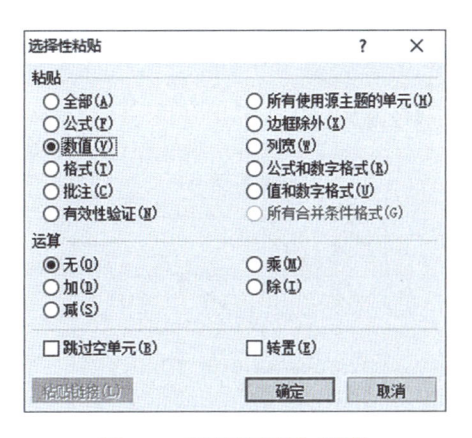

图 8-18 "选择性粘贴"对话框

6. 关闭"财务分析.xlsx:2"所在的窗口,调整"财务趋势分析"工作表至整个窗口,如图 8-19 所示。

图 8-19 "财务趋势分析"工作表

7. 选中单元格区域 A2:D6,单击"插入"选项卡|"图表"工作组|"折线图"按钮,在打开的下拉列表中选择"带数据标记的折线图"选项,创建如图 8-20 所示折线图。

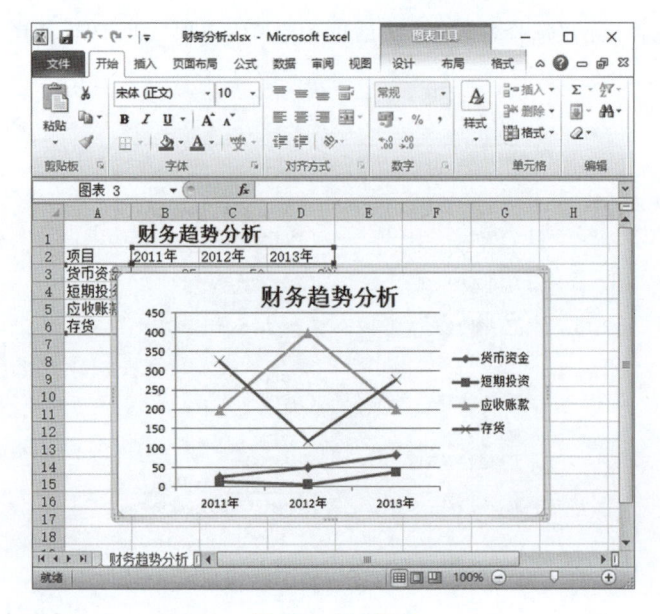

图 8-20 插入图表

六、课后训练

大成股份有限公司 2016 年 1～12 月的销售收入分别是：120 万元、138 万元、110 万元、129 万元、143 万元、160 万元、145 万元、180 万元、196 万元、232 万元、270 万元、312 万元，试用 Excel 2010 建立图表并分析其发展趋势。

任务三　综合分析模型的设计方法

工作情境：

会计员李芳对企业进行了比率分析和趋势分析后，发现各个单项指标是互不关联的、片面的，难以从总体上全面评价企业的财务状况。因此她想采用一些综合的分析方法，来全面评价企业的总体财务状况和经营成果。

一、学习目标

1.了解财务比率综合评价法。
2.掌握杜邦分析法。

二、工作流程

1.设计杜邦分析模型。
2.综合评价财务比率。

三、实践操作

1.杜邦分析模型设计

(1)在"财务分析"工作簿中,增加一个工作表,命名为"杜邦分析体系"。具体操作步骤如下:在任一工作表标签处单击鼠标右键,在弹出的右键菜单中选择"插入"命令,弹出"插入"对话框,选择"工作表",单击"确定"按钮,即增加一张空白工作表,单击鼠标右键,在右键菜单中选择"重命名"命令,把该表命名为"杜邦分析体系"。

(2)设计分析框

杜邦分析体系图可以由一个一个分析框即单元格和连线组成。每个分析框中标出分析项目的名称、比率公式和相应计算结果,用连线将分析框连接起来,以反映分析框中各分析项目的钩稽关系。图8-21中的线条用绘图工具中的线条加粗即可,并可选择适当的颜色。为了使杜邦分析体系看起来更清晰,可以去掉网格线,具体方法是:单击"文件"选项卡│"选项"命令,在弹出的"Excel选项"对话框中,单击左侧窗格的"高级"选项,在右侧窗格中,将"显示网格线"复选框的"√"取消,然后单击"确定"按钮。

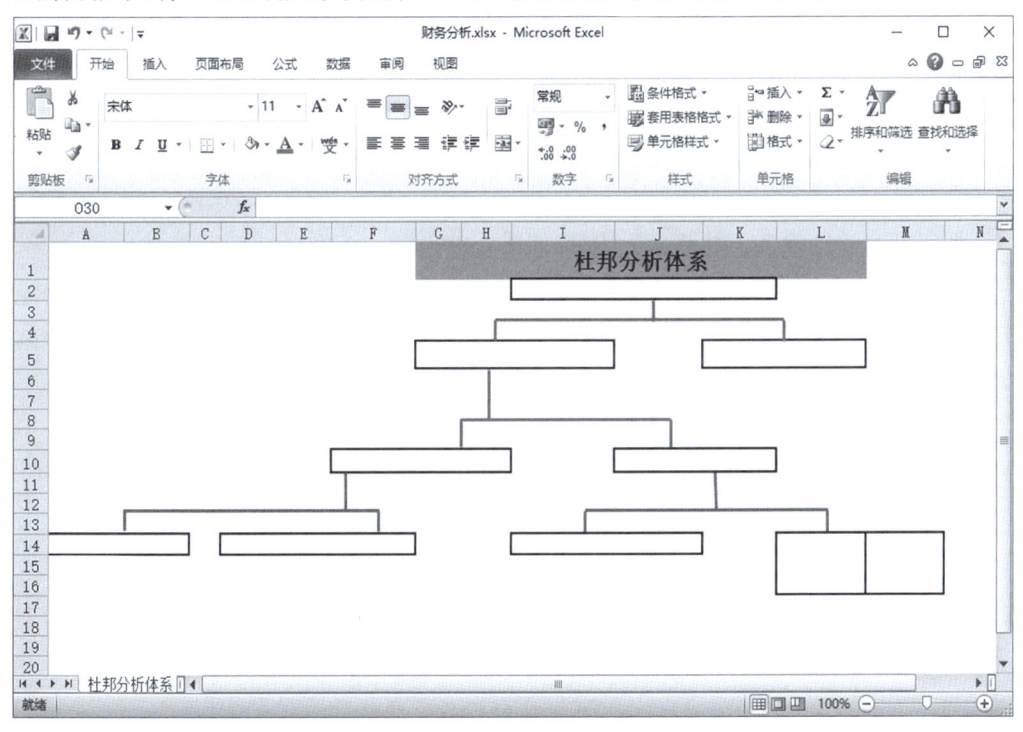

图8-21 杜邦分析体系

(3)设计杜邦分析体系步骤

设计杜邦分析体系时先从底层数据开始,在表格中输入相应的财务数据,再根据各个数据计算出相应的财务比率,层层上推,最后得出最终结果权益净利率。具体做法如下:

在单元格 A14 中输入"净利润:",假定当年净利润是 136.17,则在相邻的单元格 B14 中输入"136.17"。

在合并单元格 D14 中输入"主营业务收入:",假定当年的主营业务收入是 3 000,则在相邻的 F14 中输入"3 000"。

在单元格 I14 中输入"主营业务收入:",在相邻的 J14 中输入"3 000"。

在单元格 L15 中输入"期初:"在相邻的 M15 中输入"1 666",在单元格 L16 中输入"期末:",在相邻的 M16 中输入"1 984"。

在单元格 L14 中输入"平均总资产:",在相邻的 M14 中输入公式"=(M15+M16)/2"。

在合并单元格 F10 中输入"销售净利率:",在相邻的 H10 中输入其运算公式"=B14/F14"。

在单元格 J10 中输入"资产周转率:",在相邻的 K10 中输入其计算公式"=J14/M14"。

在合并单元格 G5 中输入"资产净利率:",在相邻的 I5 中输入其计算公式"=H10*K10"。

在单元格 K5 中输入"权益乘数:",在其相邻的 L5 中输入其计算公式"=资产负债表!C33/资产负债表!F32"。

在合并单元格 I2 中输入"权益净利率:",在其相邻的 K2 中输入其计算公式"=I5*L5"。

如此即完整地建立了杜邦分析体系,如图 8-22 所示。

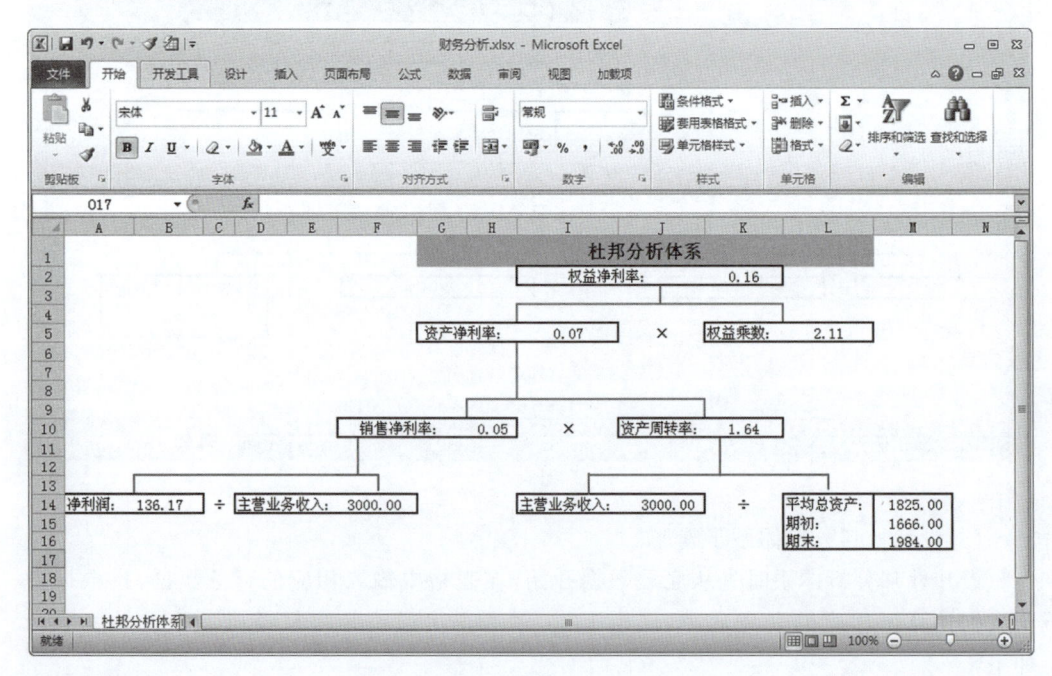

图 8-22　杜邦分析体系

2.财务比率综合评价法

亚历山大·沃尔在20世纪初提出了显示信用能力指数的综合评价方法。在此方法下,他选择了7种关键的财务比率,并视其重要程度,分别在100分总分中确定了各指标的相应分数,然后将分析期各指标的实际情况与事先确定的标准比率相比较,视其完成程度评出各个财务指标的实际得分,最后根据总得分的高低评价该企业目前的资信能力及财务状况。由于该方法在构成比率指标的选择上,各比率指标重要性程度及标准比率指标的制定方面,都无确定的程序可依,带有很大的灵活性和主观随意性,其结果的真实感和说服力有限,但作为一种综合评价方法,在实际中可借鉴。

以下是ABC公司的指标,选择了如下8种财务比率对该公司财务状况进行综合评价,如图8-23所示。

指标	比重 ①	标准比率 ②	实际比率 ③	相对比率 ④=③÷②	评分 ⑤=①×④
流动比率	8	2	2.24	0.24	1.92
总资产周转率	15	1.4	2.5	1.1	16.5
负债比率	10	40%	41%	1%	0.1
应收账款周转率	8	8	8.98	0.98	7.84
存货周转率	9	4	5.1	1.1	9.9
总资产利润率	20	16%	87%	71%	14.2
销售利润率	15	20%	69%	49%	7.35
权益利润率	15	34%	92%	58%	8.7
合计	100				66.51

图8-23 财务状况综合评价

计算结果显示,该公司的财务状况评价得分为66.51,说明该企业的总体财务状况良好。

四、问题探究

1.杜邦分析体系

杜邦分析是根据几个关键的财务指标之间的依存关系来揭示企业的财务状况的,相互关联指标的关系有:

$$权益净利率 = 资产净利率 \times 权益乘数$$
$$资产净利率 = 销售净利率 \times 资产周转率$$

因此

权益净利率＝销售净利率×资产周转率×权益乘数

指标关系显示：企业权益净利率的高低受三个因素的影响，它们是销售净利率、资产周转率及权益乘数。进行指标分解便于分析者将影响权益净利率的因素具体化，明确管理目标。杜邦分析法主要作用在于解释各主要指标的变动原因及揭示各项比率之间的关系。

权益净利率是综合性最强的指标，它是整个分析体系的核心。权益净利率反映企业所有者投入资本及相关权益的获利水平，是所有者利益得以保障的基本前提，所以，投资者十分重视该指标。经营者在日常管理中也是以提高该指标为其理财的目标的。该指标的大小不仅受企业盈利能力的影响，而且还受企业资产周转运营能力及资本结构状况的影响。

资产净利率是销售净利率与资产周转率的乘积。因此，可以从销售与资产管理两个方面分析。销售净利率实际上反映了企业的年净利润与主营业务收入的关系。主营业务收入增加，企业的净利润也自然增加，但是，如果想提高销售净利率，必须一方面提高主营业务收入，另一方面降低各种成本费用。这里可以看到，提高主营业务收入具有特殊重要的意义，因为它不仅可以使企业净利润增加，也会提高资产周转率，这样自然会使资产净利率升高。

2.运用比率评价方法时的注意事项

(1)关于财务比率的选择及重要性程度的确定。由于分析都带有一定的偏向性，所以应根据分析目标的不同，有针对性地选择那些能说明问题的相关比率。与此相适应，在指标的重要性程度上，也应体现分析目标的差别。例如流动比率的重要性在债权人分析是可定为20分，而在投资分析是可能定为15分。可见，分析的意向及偏好在指标选择及定性上起重要作用。

(2)关于标准比率的选择。一定时期的标准是以该企业所属行业的平均值为基础，并根据本企业具体情况修正得出的。该标准既要先进，又要切合实际，在利用标准对某指标评分时，要注意规范。个别指标的异常可能对总分造成不合理影响，即要合理确定其个别指标得分的上限和下限，如浮动幅度不超出50%，使相关比率在0.5～1.5范围内变动，比如流动比率比重为8分，则计入总分中的数额最高不超过12分，而最低不应低于4分。

五、知识拓展

为了方便财务人员管理分析，简洁、快速地进入相应的分析模型，提高工作效率，可以建立财务分析模型主页面，通过单击相应的命令按钮，直接进入分析模型。Excel 2010提供了空间按钮功能建立财务分析模型主页面，具体操作方法如下：

(1)在"财务分析"工作表中插入一张新的工作表，将其重命名为"财务分析主页面"。单击"开发工具"选项卡｜"控件"工作组｜"插入"按钮，在打开的下拉列表中选择"命令按钮"，如图8-24所示。

(2)单击"命令按钮"，此时鼠标变成"＋"形状，用鼠标在工作表中拖动确定按钮大小范围，出现相应矩形框按钮，如图8-25所示。

财务分析模型

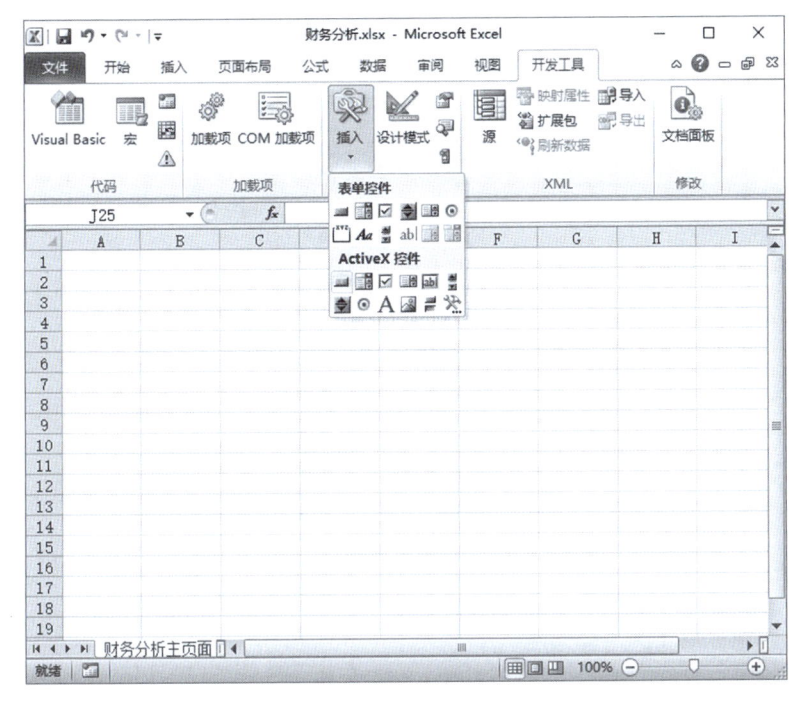

图 8-24　控件工具

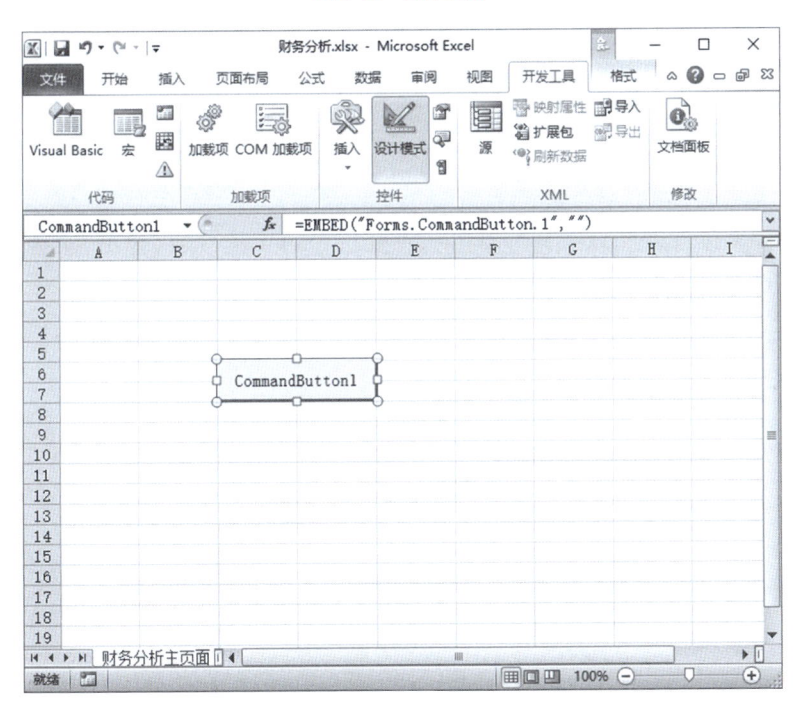

图 8-25　建立命令按钮

（3）选中新建的"CommandButton1"按钮，单击"开发工具"选项卡｜"控件"工作组｜"属性"按钮，弹出"属性"对话框，选择"按分类序"标签，选择"外观"栏里的"BackColor"，单击其右侧栏中的下拉按钮，弹出下拉窗口。选择"调色板"标签，选择需要

219

的按钮背景颜色，如图 8-26 所示。

（4）选择"Caption"栏，在其右侧输入"财务比率分析"；在"外观"栏选择"ForeColor"；单击右侧栏中的下拉按钮，选择"调色板"标签，选择需要的字体颜色，设置如图 8-27 所示。

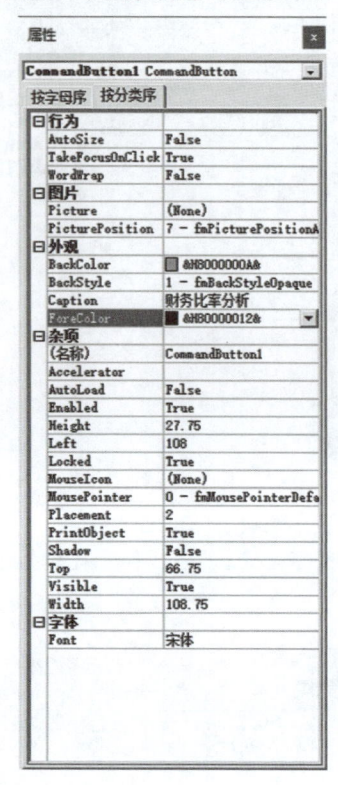

图 8-26　设置外观颜色　　　　图 8-27　设置名称和字体颜色

（5）选择"字体"栏中的"Font"，单击其右侧栏中的下拉按钮，弹出"字体"对话框，在各选项栏中选择理想的设置，如图 8-28 所示。

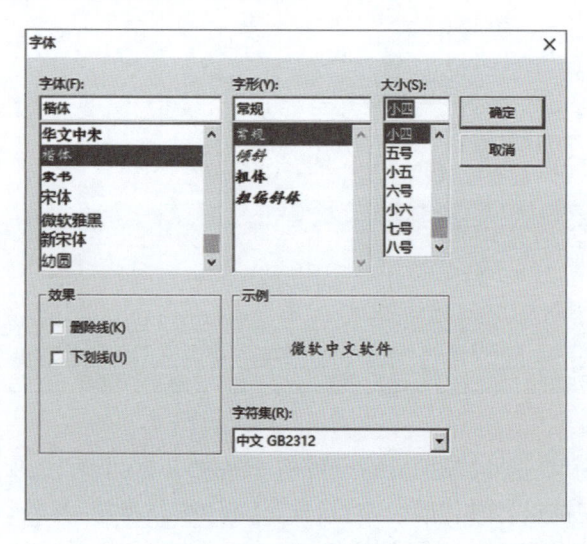

图 8-28　设置字体

(6)右键单击该按钮,在弹出的右键菜单中选择"查看代码"命令,弹出"Visual Basic"窗口,在鼠标活动处输入"Sheet9.Activate'打开工作表"财务比率分析表"'",如图8-29所示。

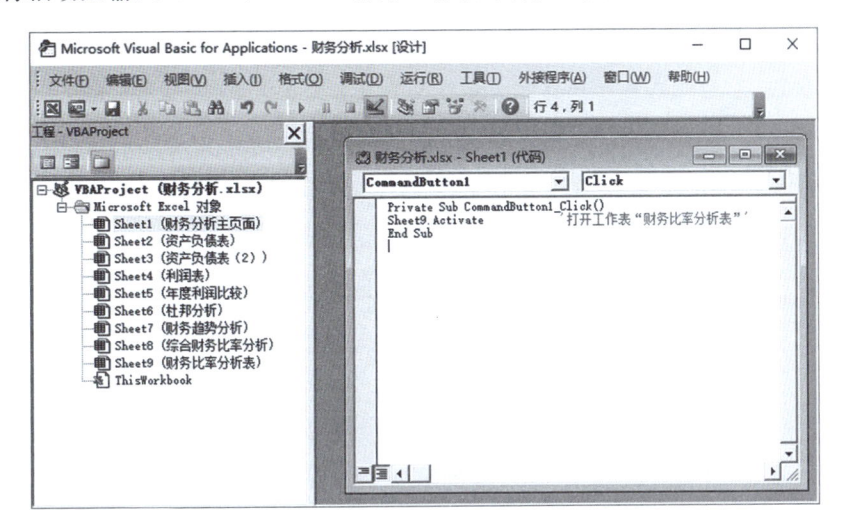

图8-29 "Visual Basic"窗口

(7)单击主菜单栏中的"运行"|"运行子过程/用户窗体"命令,系统自动切换至"财务比率分析表"。

(8)采用与建立"财务比率分析"按钮类似的方法,分别建立"财务趋势分析""财务综合比率分析"等按钮,如图8-30所示。

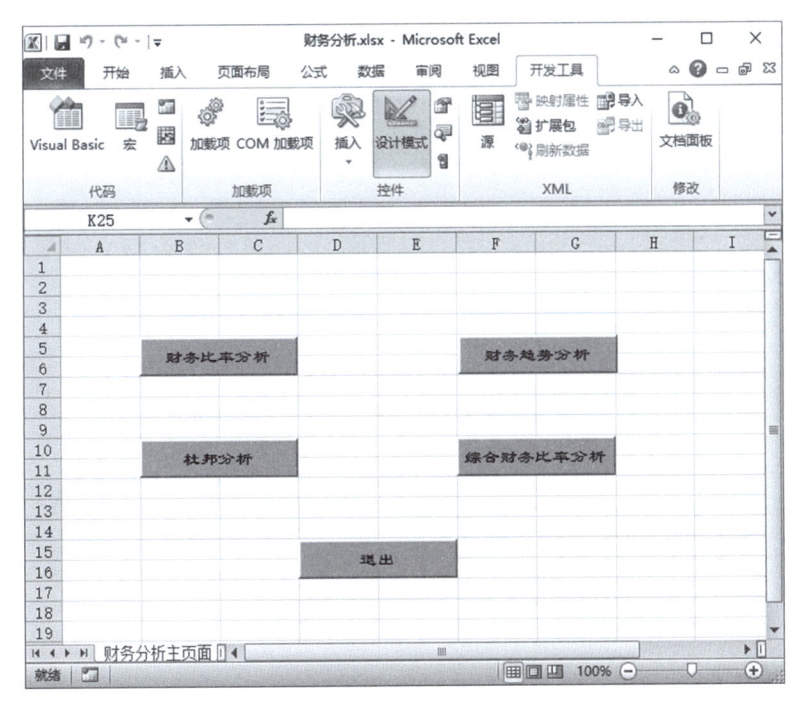

图8-30 设置按钮

(9)右键单击各个按钮,在弹出的右键菜单中选择"查看代码"命令,弹出"Visual Basic"窗口,在鼠标活动处输入相应的程序代码,如图 8-31 所示。

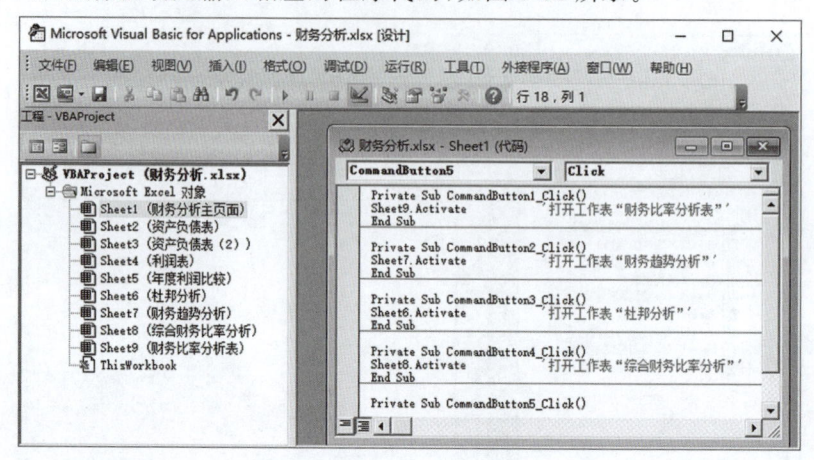

图 8-31　程序代码

六、课后训练

已知×××公司 2016 年度的资产负债表(图 8-10)和利润表(图 8-11),运用杜邦分析法对其财务状况和经营成果进行综合评价。

情境九　流动资金管理

情境导入：
　　流动资金主要包括库存现金、银行存款及有价证券等。拥有一定量的流动资金是企业进行生产经营活动必不可少的物质条件。流动资金管理不当是企业产生财务困难的主要原因。管理好流动资金可减少资金占用量，增加利润，减少企业经营失败的风险。流动资金是企业的一项重要资产，有其自身的特点和规律，它存在于不断投入和收回的循环过程之中，没有终止日期，因此要求财务人员根据这些特点加强对流动资金的管理。

素质培养：
　　1.培养学生廉洁自律、不贪不占的职业精神和正确的价值观及人生观。树立按劳分配、多劳多得、勤劳致富的精神理念。坚持君子爱财取之有道，保护合法收入，拒绝非法收入。
　　2.培养学生拒绝铺张浪费、勤俭节约的意识和职业素养。培育艰苦奋斗、团结向上、顾全大局、胸怀天下的精神品格。
　　3.具备提高技能、参与管理、强化服务的会计职业道德。培育为民服务、为国奉献的宝贵品质。
　　4.培养学生忠诚担当、敢于创新、乐于奉献的优良品格，坚守初心，不忘使命，为全面建设社会主义现代化国家而努力奋斗。

任务一　最佳现金持有量模型设计

工作情境：
　　李芳根据ABC公司最近的经营情况和财务状况，制定了几种现金持有方案，但不知道哪种现金持有方案最优。因此，急需利用Excel制作相关模型，从而选出最佳现金持有量方案。假定ABC公司2017年2月1日有A、B、C、D、E、F、G七种现金持有方案，有关的数据资料见表9-1。

表 9-1　　　　　　　　　现金持有量备选方案　　　　　金额单位：元

方案	A	B	C	D	E	F	G
现金余额	42 500	36 000	48 320	45 000	55 800	55 000	68 600

已知现金总量为 650 000 元，每次交易成本为 270 元，有价证券利率为 18%。
要求：根据鲍莫的库存分析模式，利用 Excel 2010 确定最佳现金持有方案。

一、学习目标

1.掌握在 Excel 2010 中应用鲍莫模型编制最佳现金持有量测算表的方法。
2.能够根据测算表的结果，找出最佳现金持有量，确定最佳方案。

二、工作流程

1.确定不同现金持有量的相关成本数据。
2.按照不同现金持有量及相关成本，编制最佳现金持有量测算表。
3.在测算表中找出总成本最低时的现金持有量，即最佳现金持有量。

三、实践操作

在 Excel 2010 中建立鲍莫模型，求得最佳现金持有量及最低的总成本。具体操作步骤如下：

(1)建立"流动资金管理模型"工作簿，选择一张新工作表，将其重命名为"鲍莫模型"。

(2)建立基本数据区，适当调整字体和字号。

(3)在单元格 B5、B6、B7 中根据工作情境录入数据并建立最佳现金持有量分析表，如图 9-1 所示。

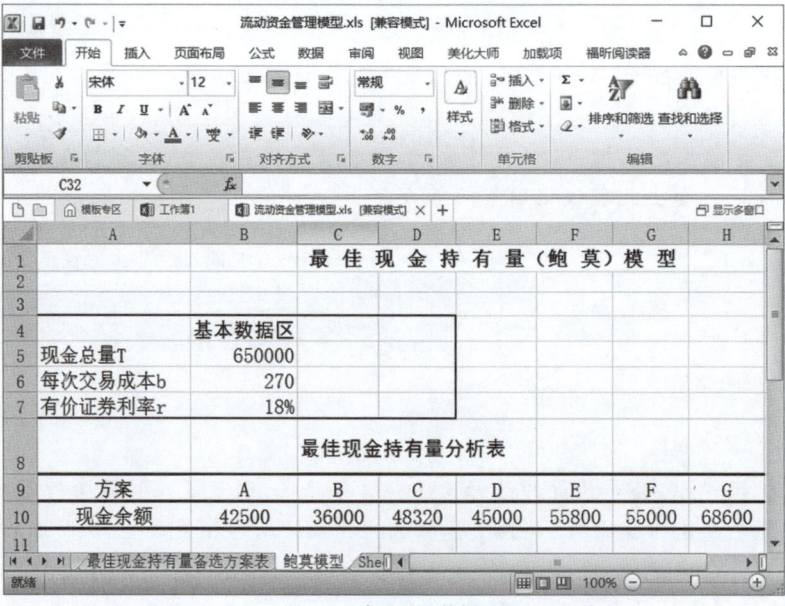

图 9-1　建立基本数据区

(4)在单元格 A11、A12、A13 中分别录入持有成本、交易成本、总成本等项,如图 9-2 所示。这样我们就可以在第 11、12、13 行中分别计算每种备选方案的相关成本和总成本。

图 9-2 输入成本项目

(5)根据前面讲的公式的相关知识,接下来就可以在 Excel 2010 中定义相关公式了。选中单元格 B11,输入公式"=B10/2*＄B＄7",如图 9-3 所示。

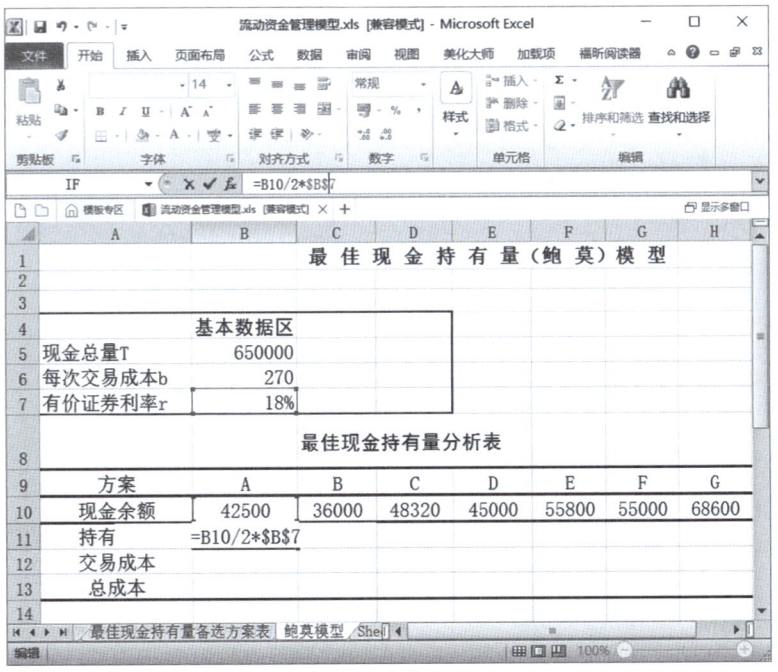

图 9-3 输入公式

(6)由于其他方案持有成本的计算方法和 A 方案相同,故无须重复输入。根据前面讲的填充的方法,拖住单元格 B11 的填充柄向右填充,这样各个方案的持有成本都可以计算出来。结果如图 9-4 所示。

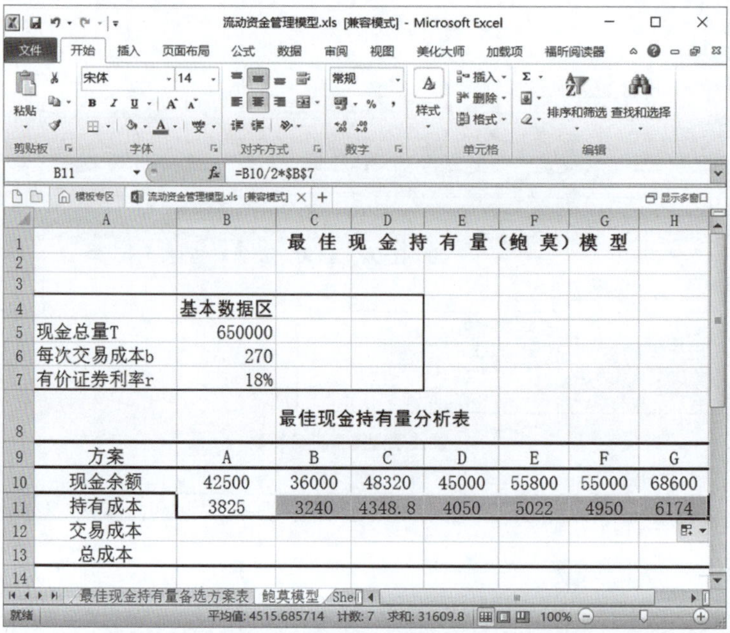

图 9-4　填充公式计算持有成本

(7) 接下来计算各个方案的交易成本。选中单元格 B12,根据交易成本的计算公式,其中,交易次数等于现金总量 T 除以该方案的现金余额。在 B12 中输入公式"＝＄B＄5/B10＊＄B＄6"。然后将该公式填充到其他方案中,求得各个方案的交易成本。结果如图 9-5 所示。

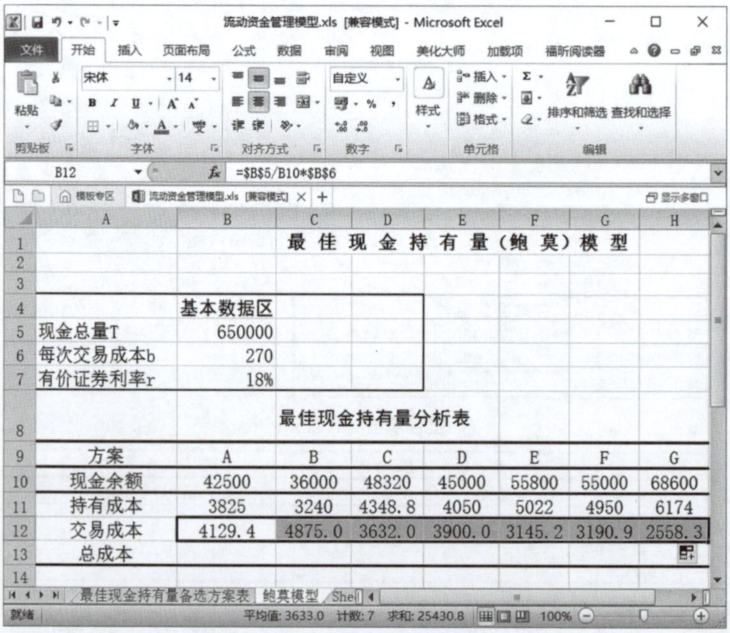

图 9-5　填充公式计算交易成本

(8) 持有成本和交易成本计算出来之后,总成本就可以计算了。选中单元格 B13,输

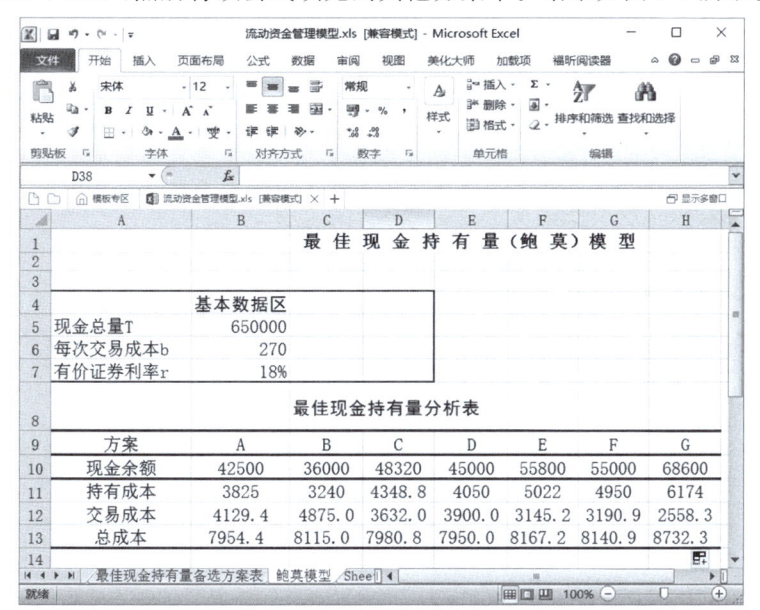

入公式"＝B11＋B12",然后将该公式填充到其他方案中。结果如图 9-6 所示。

图 9-6　填充公式计算总成本

（9）从分析表中可以看到,D 方案的总成本最低,因而此时的现金持有量 45 000 元为 ABC 公司的最佳现金持有量,持有总成本为 7 950 元。

（10）另外,还可以根据表中的数据建立一个分析图,这样可以更直观地比较各个方案的成本构成情况。如图 9-7 所示。

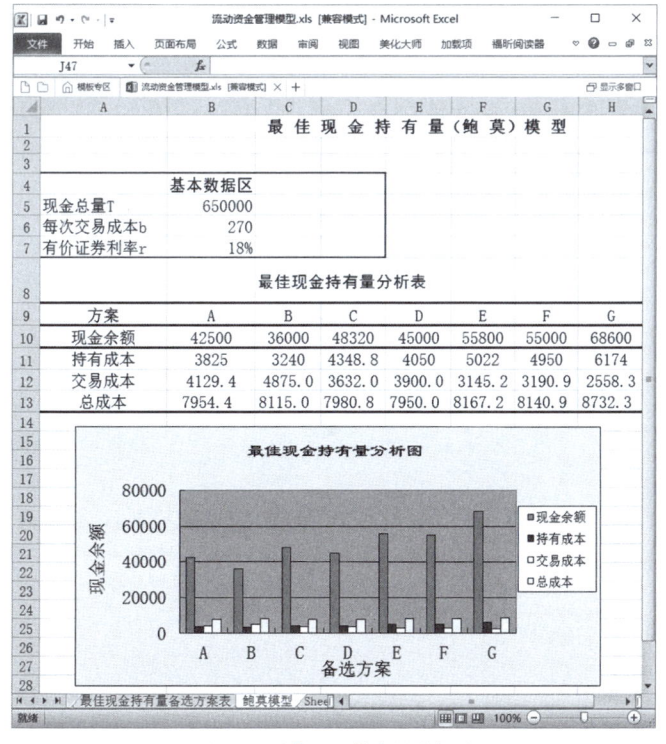

图 9-7　最佳现金持有量分析图

(11)模型建立之后,每次使用时只需在基本数据区输入相关的数据和各方案的现金余额,则持有成本、交易成本和总成本就会自动计算出来,图表也会自动随数据表的更新而更新,非常方便。

四、问题探究

鲍莫模型在理论上有两个假设条件:

(1)企业一定时期内现金支出和收入的变化是周期性均匀发生的,现金余额会定期地由最低时的零逐步变为最高时的 Q,因此其平均现金余额为 Q/2。

(2)当现金余额趋于零时,企业可以通过出售有价证券来补充现金。

企业实际经营过程中,一般很难完全做到现金的支出和收入周期性均匀发生,而在有些时候出售有价证券来补充现金时往往会受到诸多限制。因此,很多企业往往不能满足鲍莫模型的这两个假设条件。所以,利用鲍莫模型计算出来的最佳现金持有量大多数时候只是一个参考值,企业可根据所面临的市场环境和自身特点做出调整。

五、知识拓展:鲍莫的库存模型理论

美国经济学家威廉·J·鲍莫(William·J·Baumol)认为,企业的现金余额在许多方面与存货相似,存货的经济订货模型可以用于确定目标现金余额,并以此为出发点建立了鲍莫模型。其理论依据是把持有的有价证券同现金联系起来,比较持有现金的机会成本与买卖有价证券的固定成本,当两者之和最小时所对应的现金持有量便是最佳现金持有量。

根据鲍莫模型,持有现金总成本的计算公式如下:

$$总成本＝持有现金的机会成本＋有价证券交易成本$$
$$＝平均现金余额×有价证券利率＋交易次数×每次交易费用$$

假设 T 为现金总成本;M 为企业现金余额,则 $M/2$ 为平均现金余额;r 为持有现金的机会成本率(通常为同时期有价证券利率或者借款利率);A 为每个转换周期中的现金总需求量;b 为每次交易费用。

则上述公式为

$$T = \frac{M}{2} \times r + \frac{A}{M} \times b \tag{a}$$

根据式(a)可知,随着现金持有量上升而产生的交易成本的边际减少额与随着现金持有量上升而产生的机会成本的边际增加额相等时,持有现金的总成本最低,此时的现金持有量为最佳现金持有量,即机会成本和交易成本之和最小时的现金余额为最佳现金持有量。

总成本最小的现金持有量,可以通过求式(a)导数并使之等于零求得。即

$$\frac{dT}{dM} = \frac{1}{2} \times r - \frac{A}{M^2} \times b = 0$$

解之得最佳现金持有量 M^* 的公式为

$$M^* = \sqrt{\frac{2Ab}{r}} \tag{b}$$

将式(b)代入到式(a)中,可求得最低的总成本公式为

$$T^{*}=\frac{r}{2}\times\sqrt{\frac{2Ab}{r}}+\frac{Ab}{\sqrt{\frac{2Ab}{r}}}=\sqrt{2Abr} \tag{c}$$

式(c)就是通常所称的鲍莫模型,它可以用来确定公司最佳现金余额。

六、课后训练

已知:ABC 公司 2016 年的现金总需求量为 500 000 元,有价证券的报酬率为 10%,每次的交易成本为 1 000 元。现有 7 种现金持有方案,见表 9-2。

要求:根据鲍莫的库存模型,利用 Excel 工具,计算最佳现金持有量方案,并将表 9-2 补充完整。

表 9-2 ABC 公司现金持有量方案 单位:元

现金持有量 / 相关成本	30 000	50 000	70 000	90 000	110 000	120 000	130 000
持有成本							
交易成本							
总成本							

参考答案如图 9-8 所示。

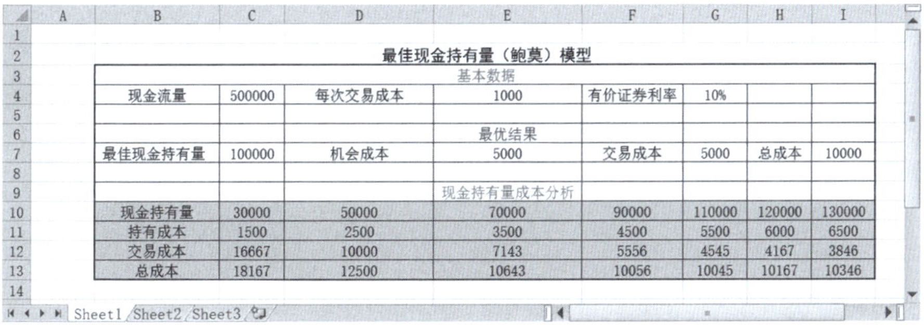

最佳现金持有量(鲍莫)模型

基本数据							
现金流量	500000	每次交易成本	1000	有价证券利率	10%		
最优结果							
最佳现金持有量	100000	机会成本	5000	交易成本	5000	总成本	10000
现金持有量成本分析							
现金持有量	30000	50000	70000	90000	110000	120000	130000
持有成本	1500	2500	3500	4500	5500	6000	6500
交易成本	16667	10000	7143	5556	4545	4167	3846
总成本	18167	12500	10643	10056	10045	10167	10346

图 9-8 最佳现金持有量鲍莫模型

任务二 摩尔模型设计

工作情境:

企业在不同的经营时期所面临的市场环境都不一样,而企业自身发展的各个阶段的财务管理和流动资金管理水平也各不相同。因此,除了掌握利用鲍莫模型计算最佳现金持有量之外,还需要掌握其他的计算方法,从而更好地进行流动资金的管理。假定 ABC 公司 2017 年 2 月 1 日有 A、B、C、D、E、F 六种现金持有方案可供选择,有关的数据资料见表 9-3。

表 9-3　　　　　　　　　　ABC公司现金持有方案　　　　　　　　　单位：元

方案	A	B	C	D	E	F
现金余额	12 000	18 000	13 500	15 600	17 500	16 520
机会成本率	10%	10%	10%	10%	10%	10%
短缺成本比例系数	34%	20%	27%	22%	21%	26%

李芳通过对企业目前经营和财务状况的了解，发现无法完全满足鲍莫模型的两个假设条件，因此需要利用其他方法计算当期的最佳现金持有量。

一、学习目标

1.掌握在Excel 2010中应用摩尔模型编制最佳现金持有量测算表的方法。

2.能够根据测算表的计算结果，找出最佳现金持有量，确定最佳方案。

二、工作流程

1.确定不同现金持有量的相关成本数据。

2.按照不同现金持有量及相关成本，编制最佳现金持有量测算表。

3.在测算表中找出总成本最低时的现金持有量，即最佳现金持有量。

三、实践操作

根据摩尔模式理论，在Excel 2010中建立具体的模型来求得最佳现金持有量，具体操作步骤如下：

(1)打开"流动资金管理模型"工作簿，插入一张新工作表，重命名为"摩尔模型"。

(2)建立"基本数据区"，如图9-9所示。

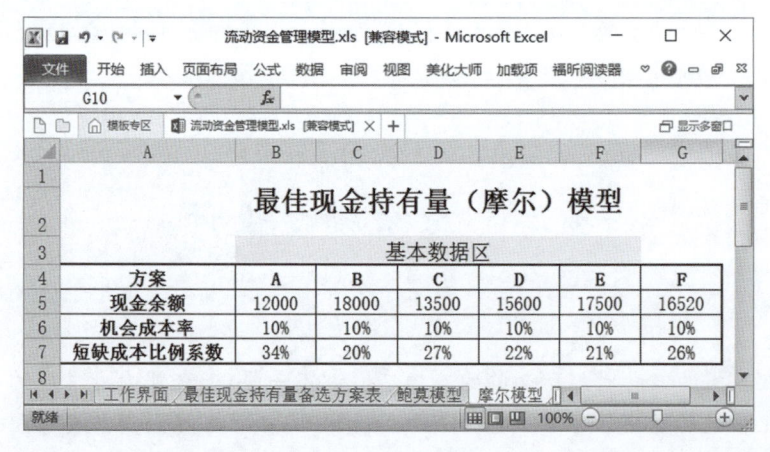

摩尔模型设计

图9-9　建立基本数据区

(3)根据摩尔模型的原理建立"数据分析区"，如图9-10所示。

(4)根据摩尔模型的计算方法输入公式。在B13中输入公式"=B5*B6"，然后填充到其他方案中。

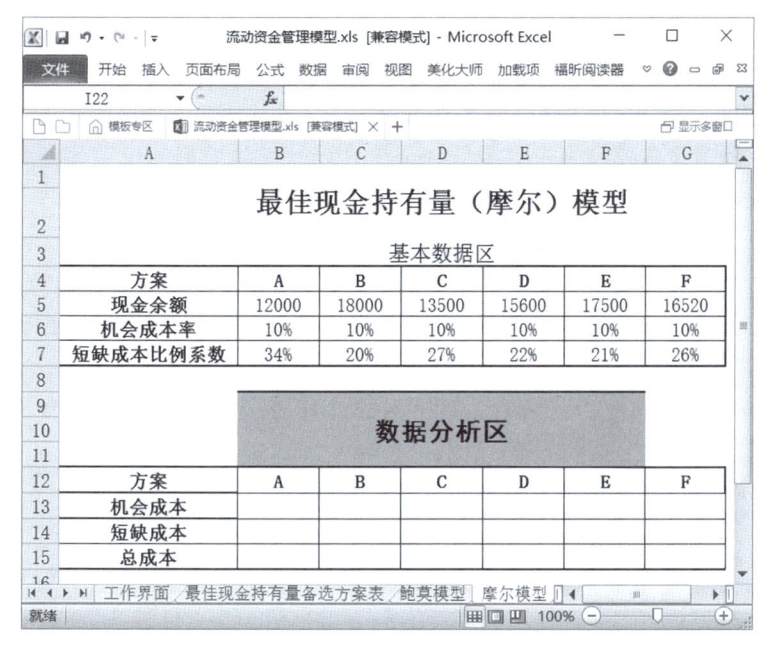

图 9-10　建立数据分析区

(5)同理,在 B14 中输入短缺成本的计算公式"＝B5＊B7",在 B15 中输入总成本的计算公式"＝B13＋B14",并填充至其他方案,如图 9-11 所示。

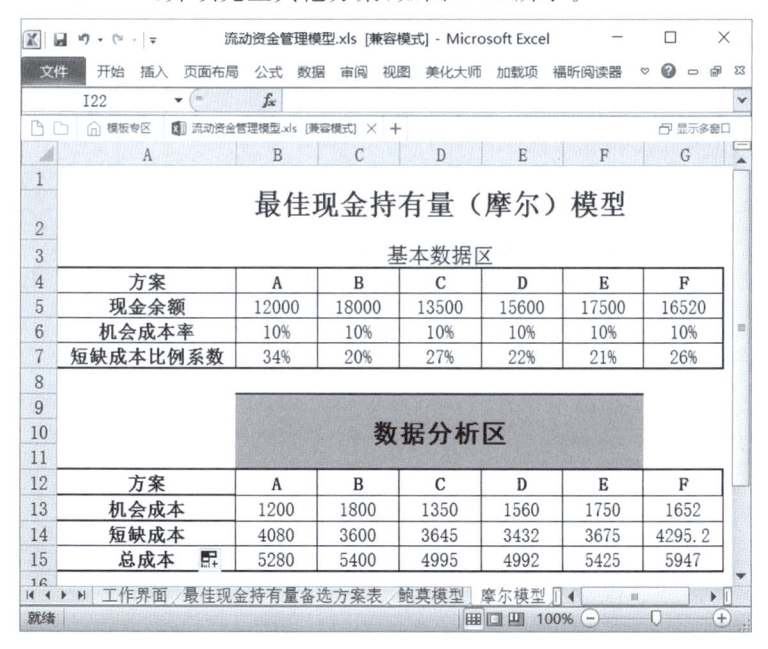

图 9-11　输入计算公式

(6)根据上述计算结果,D 方案的总成本最低,因此该方案的现金持有量 15 600 元即最佳现金持有量,最低持有成本为 4 992 元。

(7)模型建立之后,就可以直接输入有关方案的基本数据,相关成本会自动计算。

四、问题探究

当企业无法满足鲍莫模型的两个假设条件时，或者鲍莫模型不适用自身情况的时候，可以考虑利用摩尔模型来求得最佳现金持有量。摩尔模型考虑更多的是持有现金产生的机会成本和现金不足时的短缺成本，而不考虑管理成本和转换成本。

五、知识拓展：摩尔的成本模型理论

美国经济学家密勒·摩尔提出的成本分析模式主要是通过分析持有现金的成本确定其目标量，即分析预测总成本最低时的现金持有量。

采用成本分析模式进行最佳现金持有量的计算，就是先分别计算出各种方案的机会成本、短缺成本，再从中选择总成本最低的持有量，即最佳持有量。

根据摩尔的成本分析模式，持有现金的总成本公式如下：

总成本＝机会成本＋短缺成本

＝现金持有量×有价证券利率＋短缺成本

假设 T 为现金总成本，M 为现金持有量，r 为有价证券利率，k 为短缺成本比例系数。则上述公式为

$$T = M \times r + k \times M$$

六、课后训练

已知：XYZ公司有四种现金持有方案，有关数据见表9-4。

表9-4　　XYZ公司现金持有方案　　单位：元

方　案	A	B	C	D
现金持有量	25 000	50 000	75 000	100 000
有价证券率	12%	12%	12%	12%
短缺成本比例系数	16%	28%	20%	25%

要求：根据摩尔的成本分析模式，利用Excel工具，确定最佳现金持有方案。

参考答案如图9-12所示。

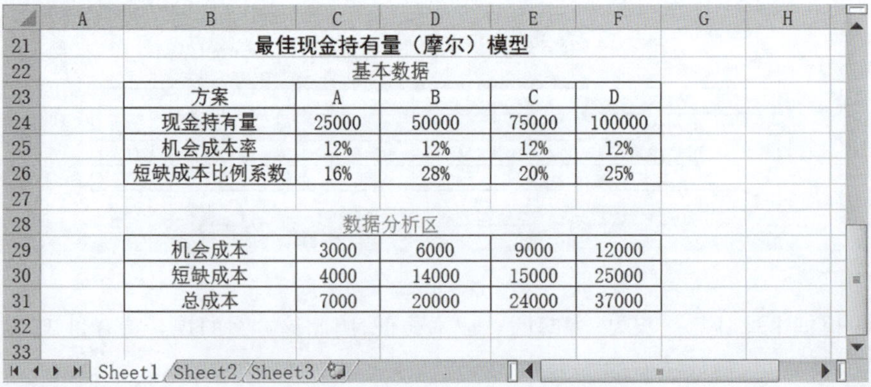

最佳现金持有量（摩尔）模型

基本数据

方案	A	B	C	D
现金持有量	25000	50000	75000	100000
机会成本率	12%	12%	12%	12%
短缺成本比例系数	16%	28%	20%	25%

数据分析区

机会成本	3000	6000	9000	12000
短缺成本	4000	14000	15000	25000
总成本	7000	20000	24000	37000

图9-12　最佳现金持有量摩尔模型分析图

任务三　存货经济批量模型设计

工作情境：

企业除了需要加强现金的管理之外,存货也是企业很重要的一项流动资产,存货管理的好坏直接影响着企业的生产经营状况。因此李芳在完成了公司的最佳现金持有量工作之后,就需要加强对存货的管理。ABC公司的生产经营涉及A、B、C、D四种材料,2017年2月1日,A、B、C、D四种材料的有关数据资料见表9-5。

表9-5　　　　　ABC公司存货数据表　　　　　单位:元

存货名称	A材料	B材料	C材料	D材料
材料全年需要量A	28 000	30 000	41 000	36 000
每次订货费用b	30	50	45	42
单位储存成本c	3	2	5	4

根据企业财务管理的要求,李芳需根据存货经济批量的相关知识,利用Excel工具,确定每种材料的经济批量。

一、学习目标

1.掌握在Excel 2010中应用存货经济批量基本模型编制存货持有量测算表的方法。
2.能够根据编制测算表的结果,确定存货经济批量。

二、工作流程

1.建立存货经济批量基本模型。
2.设置计算公式。
3.根据计算结果确定每种存货的经济批量。

存货经济批量模型设计

三、实践操作

在Excel 2010中建立存货经济批量的基本模型,具体操作步骤如下:
(1)打开"流动资金管理"工作簿,插入一张新工作表,重命名为"存货经济批量基本模型"。
(2)建立"基本数据区",并适当调整格式。如图9-13所示。
(3)根据存货经济批量的相关公式和原理,建立"分析区",该区要包含存货经济批量的相关指标,如图9-14所示。
(4)根据存货经济批量计算原理,在Excel 2010中输入相应公式。选中单元格C14,输入公式"=SQRT(2*C6*C7/C8)",并将该公式填充到其他单元格中,如图9-15所示。
(5)选中C14:F14,单击鼠标右键,选择"设置单元格格式"命令,弹出"设置单元格格式"对话框。

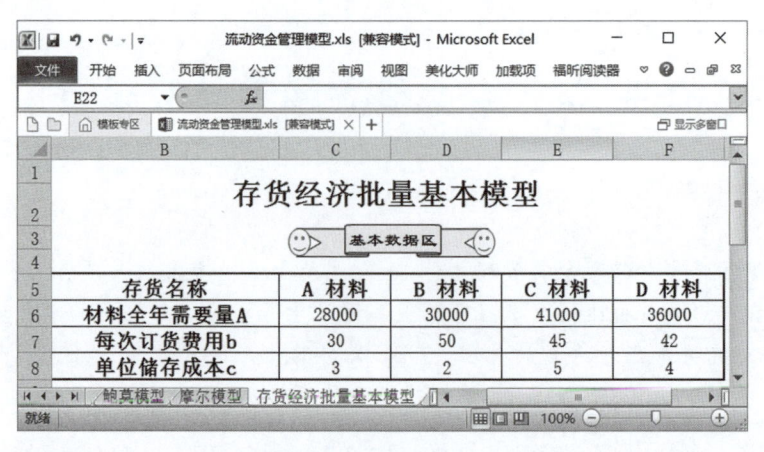

图 9-13　建立"基本数据区"

图 9-14　建立"分析区"

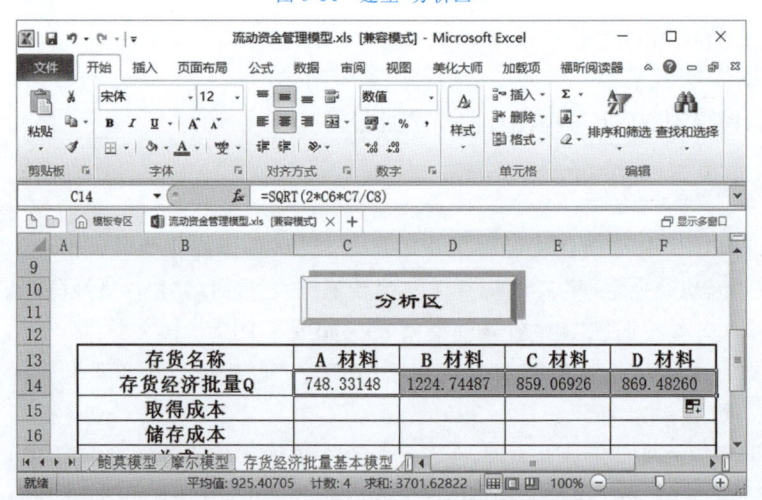

图 9-15　输入公式

(6)单击"数字"选项卡,选择"数值",并设置小数位数为"2",如图 9-16 所示。

图 9-16　设置小数位数

(7)设置以后,存货经济批量 Q 中的数据就变成了两位小数的格式。

(8)输入"取得成本"项的计算公式。选中单元格 C15,输入公式"＝C6/C14＊C7",并填充到其他单元格中,如图 9-17 所示。

图 9-17　用公式计算"取得成本"

(9)输入"储存成本"项的计算公式。选中单元格 C16,输入公式"＝C14/2＊C8",并填充到其他单元格中,如图 9-18 所示。

(10)输入"总成本"项的计算公式。选中单元格 C17,输入公式"＝C15＋C16",并填充到其他单元格中,如图 9-19 所示。

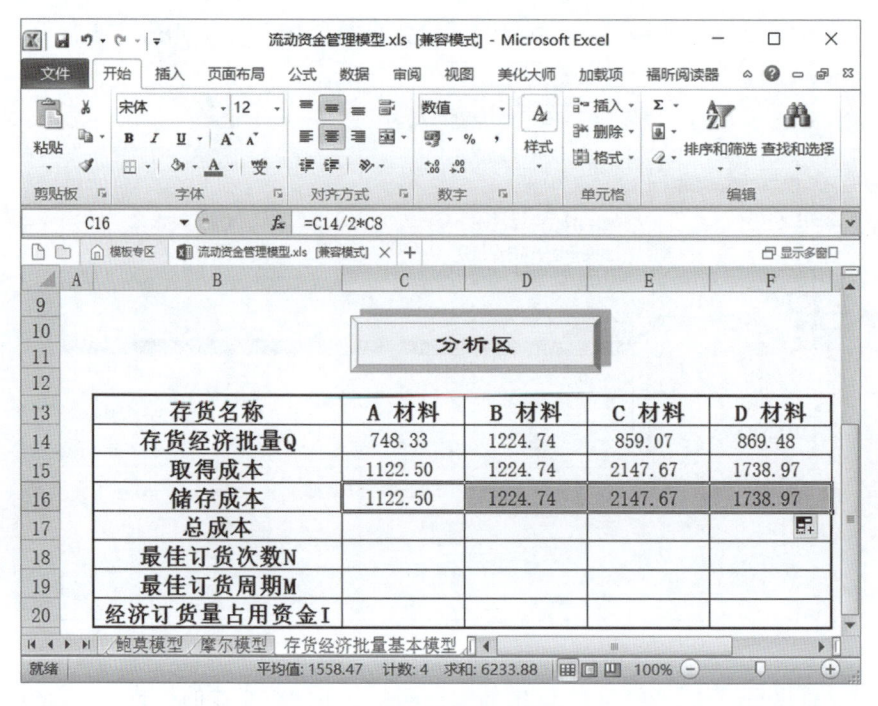

图 9-18 用公式计算"储存成本"

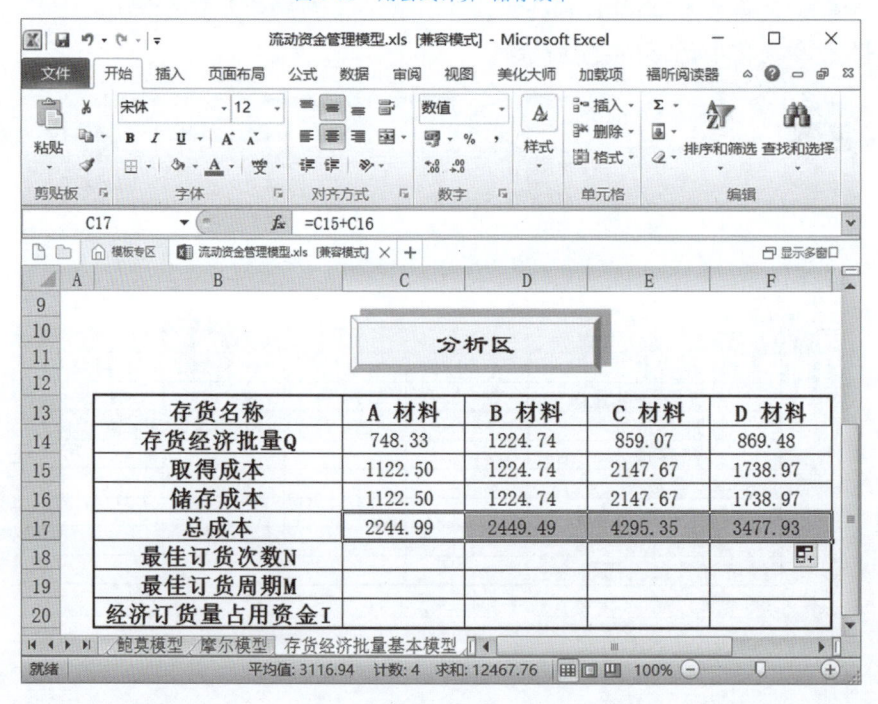

图 9-19 用公式计算"总成本"

(11) 输入"最佳订货次数"的计算公式。选中单元格 C18,输入公式"＝C6/C14",并填充到其他单元格中。选中单元格 C19,输入"最佳订货周期"的计算公式"＝1/C18",并填充到其他单元格中。

(12)假如四种材料的单价均为4元,则选中单元格C20,输入"经济订货量占用资金"计算公式"＝C14/2 * 4",并填充到其他单元格中。

(13)公式定义完之后,"存货经济批量基本模型"就设计完成了,如图9-20所示。

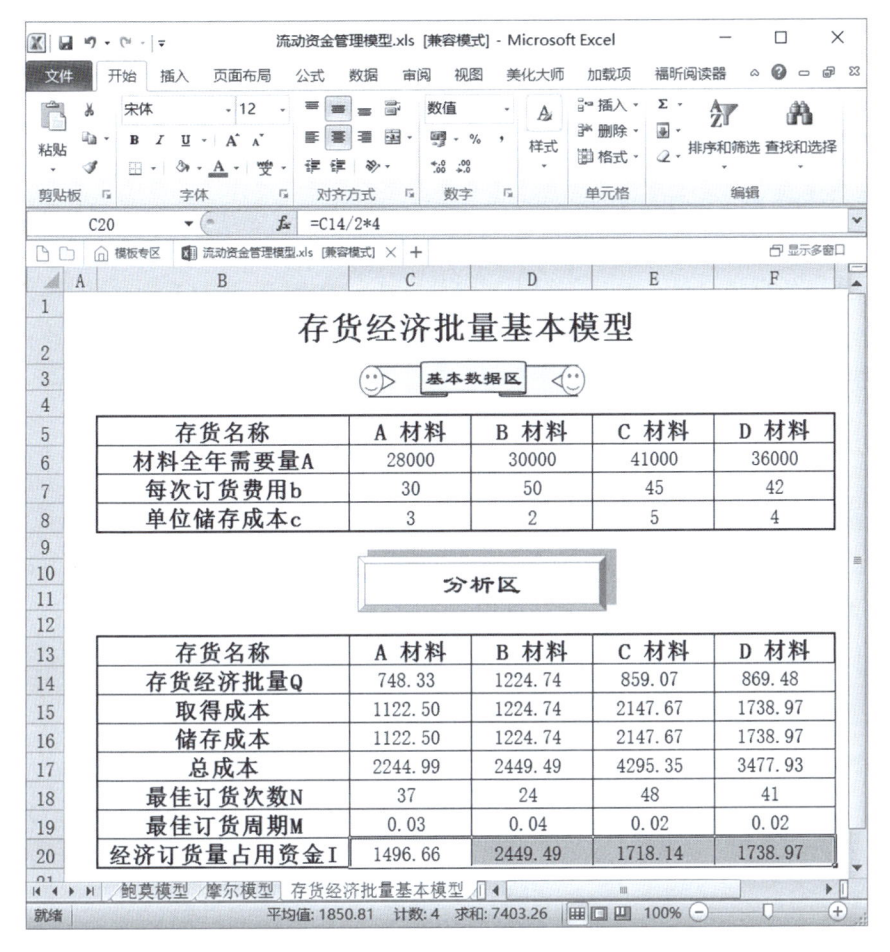

图9-20 存货经济批量基本模型

四、问题探究

按照存货管理的目标,使储备存货总成本最低的订货批量就是经济订货批量。与存货成本有关的因素很多,因此,在建立存货经济批量之前,需要一定的假设条件:

(1)企业能够及时补充存货,即需要订货时便可立即取得存货。

(2)存货价格稳定,且不存在数量折扣,进货时间完全由企业自己决定。

(3)没有缺货,即无缺货成本,这是因为良好的存货管理本来就不应该出现缺货成本。

(4)年需求量和日需求量及消耗量固定不变。

(5)仓储条件不受限制。

(6)企业现金充足,不会因现金短缺而影响进货。

237

(7)所需存货市场供应充足,不会买不到所需要的存货。

在上述假设前提条件下,不用考虑缺货成本,只需考虑取得成本和储存成本。决策分析的目的就找寻使两种成本合计数量最低的订货批量,也就是存货经济批量。

而企业实际的生产经营环境瞬息万变,完全满足这些假设条件的时候并不多,因此,存货经济批量很多时候只是企业进行存货管理的一个重要参考,而不能教条地照搬。

五、知识拓展

1. 存货经济批量基本模型理论

存货的决策通常分为两大类:一类是研究怎样把存货的数量控制在最优水平上,视为"存货控制的决策";另一类是研究为了保持适当的存货,一年分几次订货,每次订多少数量最经济,在什么情况下再订货比较合适等,即经济订货批量的决策。企业只有正确做好存货的控制决策和规划决策,才能使存货所占用的资金得到最经济、最合理、最有效地使用。

因此,存货经济批量的基本模型公式为

$$存货成本 = 取得成本 + 储存成本$$

假设 T 为年存货总成本,A 为全年总订货量,Q 为每次订货的数量,b 为每次进货费用,c 为单位存货年储存成本,p 为存货的单位价格。

则上述公式为

$$T = \frac{A}{Q} \times b + \frac{Q}{2} \times c \qquad (*)$$

存货经济批量就是总成本最低时的存货量,也就是式(*)趋近于零时的 Q 的值。将该式(*)求导并使其等于零,可以推导出经济批量 Q 的公式为

$$Q = \sqrt{\frac{2Ab}{c}} \qquad (**)$$

将式(**)代入式(*)可求得此时的总成本 T 的公式为

$$T = \sqrt{2Abc}$$

根据这个公式还可以求出与存货经济批量有关的其他指标,即

每年的最佳订货次数为

$$N = \frac{A}{Q}$$

最佳订货周期为

$$M = \frac{1}{N}$$

经济订货量占用资金为

$$I = \frac{Q}{2} \times p$$

2.存货陆续供应时使用的经济批量模型

在经济批量基本模型中,假定存货是一次入库的。然而,有时存货可能是陆续入库的。当存货陆续供应和使用时,假定全年总订货量为 A,每批订货量为 Q,每日送货量为 P,则送货期为 Q/P,每批进货费用为 K,变动成本为 K_c,每日消耗量为 d,则送货期内的全部耗用量为 $(Q/P) \times d$,由于边送边用,所以每批送完时,最高库存量为 $Q-(Q/P) \times d$,平均库存量为 $[Q-(Q/P) \times d]/2$。此时,存货总成本计算公式如下:

$$TC(Q) = \frac{A}{Q} \times K + (Q - \frac{Q}{P} \times d) \times \frac{1}{2} \times K_c$$

为使 TC 取得最小值,可令 $TC(Q)$ 一阶导数等于0,然后可得到以下各公式:

(1)经济批量

$$Q^* = \sqrt{\frac{2KAP}{(P-d)K_c}}$$

(2)每年最佳订货次数

$$N^* = \frac{A}{Q^*} = \sqrt{\frac{A(P-d)K_c}{2KP}}$$

(3)最佳订货周期

$$T^* = \frac{1}{N^*} = \sqrt{\frac{2KP}{A(P-d)K_c}}$$

(4)假定该批存货的单价为 U,则经济订货批量占用资金

$$I^* = \frac{Q^*}{2} \times \frac{P-d}{P} \times U = \sqrt{\frac{KA(P-d)}{2PK_c}} \times U$$

(5)与经济批量有关的存货总成本

$$TC(Q^*) = \frac{A}{Q^*} \times K + \frac{Q^*}{2} \times \frac{P-d}{P} \times K_c = \sqrt{\frac{2KA(P-d)K_c}{P}}$$

陆续供应和使用的经济批量模型还可以用于自制与外购的选择决策。自制零件属于边送边用的情况,单位成本较低,但每批零件投产的生产准备成本比一次外购订货的订货成本要高出许多。外购零件的单位成本较高,但订货成本较低。究竟是自制还是外购,就可以利用经济批量模型分别计算它们的总成本,然后再对总成本进行比较,选择总成本较小的方案。

六、课后训练

已知 ABC 公司 2016 年对原材料 A 的全年需求量为 3 600 千克,一次订货成本 500 元,单位储存成本 10 元。假定满足存货经济批量基本模型的假设条件。现在有五种订货批量方案,见表 9-6。

要求:建立经济批量基本模型,进行最优订货批量决策。

表 9-6　　　　　　　　订货批量方案　　　　　　单位：千克

方案	A	B	C	D	E
订货批量	400	500	600	700	800

参考答案如图 9-21 所示。

	A	B	C	D	E	F	G
1							
2				经济批量基本模型			
3				基本数据			
4	年需求量	3600	一次订货成本	500	单位储存成本	10	
5							
6				最优结果			
7	经济批量	600	最佳订货次数	6	最佳订货周期（月）	2	
8	订货成本	3000	储存成本	3000	TC（Q*）	6000	
9							
10				数据分析区			
11	批量	400	500	600	700	800	
12	订货成本	4500	3600	3000	2571	2250	
13	储存成本	2000	2500	3000	3500	4000	
14	总成本	6500	6100	6000	6071	6250	

图 9-21　经济批量基本模型分析图

附录 Excel 2010 常用函数速查

Excel 函数是预先定义,执行计算、分析等处理数据任务的特殊公式。对 Excel 表格操作的实质就是对函数进行组合应用。

一、财务计算函数

(一)投资计算

1. FV 函数

用途:基于固定利率及等额分期付款方式,返回某项投资的未来值。

语法:FV(rate,nper,pmt,pv,type)。

参数:rate 为各期利率;nper 为总投资期,即该项投资总的付款期数;pmt 为各期应付金额;pv 为现值或一系列未来付款的当前值的累积和,也称为本金;type 为数字 0 或 1(0 为期末,1 为期初)。

示例:如果 A1=6%(年利率),A2=10(付款期总数),A3=-100(各期应付金额),A4=-500(现值),A5=1(各期的支付时间在期初),则公式"=FV(A1/12,A2,A3,A4,A5)"计算在上述条件下投资的未来值。

2. PV 函数

用途:返回投资的现值,即一系列未来付款的当前值的累积和。

语法:PV(rate,nper,pmt,fv,type)。

参数:rate 为各期利率;nper 为总投资(或贷款)期数;pmt 为各期所应支付的金额;fv 为未来值;type 为数字 0 或 1(0 为期末,1 为期初)。

示例:如果 A1=500(每月底一项保险年金的支出),A2=8%(投资收益率),A3=20(付款年限),则公式"=PV(A2/12,12*A3,A1,,0)"计算在上述条件下年金的现值。

3. NPV 函数

用途:基于一系列现金流和固定的各期贴现率,返回一项投资的净现值。

语法:NPV(rate,value1,value2,…)。

参数:rate 为某一期间的贴现率;value1,value2,… 为 1~254 个参数,代表支出及收入。

示例:如果 A1=10%(年贴现率),A2=-10 000(一年前的初期投资),A3=3 000(第一年的收益),A4=4 200(第二年的收益),A5=6 800(第三年的收益),则公式"=

NPV(A1,A2,A3,A4,A5)"计算该投资的净现值。

4.XNPV 函数

用途:返回一组现金流的净现值,这些现金流不一定定期发生。若要计算一组定期现金流的净现值,可以使用函数 NPV。

语法:XNPV(rate,values,dates)。

参数:rate 是应用于现金流的贴现率;values 是与 dates 中的支付时间相对应的一系列现金流;dates 是与现金流支付相对应的支付日期表。

示例:如果 A1＝10 000,A2＝2 750,A3＝4 250,A4＝3 250,A5＝2 750,B1＝2008-1-1,B2＝2008-3-1,B3＝2008-10-30,B4＝2009-2-15,B5＝2009-4-1,则公式"＝XNPV(.09,A1:A5,B1:B5)"计算在上面的成本和收益下的投资净现值。

(二)本金和利息

1.PMT 函数

用途:基于固定利率及等额分期付款方式,返回投资或贷款的每期付款额。

语法:PMT(rate,nper,pv,fv,type)。

参数:rate 为贷款利率;nper 为该项贷款的付款总数;pv 为现值(也称本金);fv 为未来值;type 为数字 0 或 1(0 为期末,1 为期初)。

示例:如果 A1＝8％(年利率),A2＝10(支付的月份数),A3＝10 000(贷款额),则公式"＝PMT(A1/12,A2,A3)"计算在上述条件下贷款的月支付额。

2.IPMT 函数

用途:基于固定利率及等额分期付款方式,返回投资或贷款在某一给定期限内的利息偿还额。

语法:IPMT(rate,per,nper,pv,fv,type)。

参数:rate 为各期利率;per 为用于计算其利息数额的期数;nper 为总投资期数;pv 为现值(本金);fv 为未来值;type 为数字 0 或 1(0 为期末,1 为期初)。

示例:如果 A1＝10％(年利率),A2＝1(用于计算其利息数额的期数),A3＝3(贷款的年限),A4＝8 000(贷款的现值),则公式"＝IPMT(A1/12,A2*3,A3,A4)"计算在上述条件下贷款第一个月的利息。

3.PPMT 函数

用途:基于固定利率及等额分期付款方式,返回投资在某一给定期间内的本金偿还额。

语法:PPMT(rate,per,nper,pv,fv,type)。

参数:rate 为各期利率;per 为用于计算其利息数额的期数;nper 为总投资期数;pv 为现值(本金);fv 为未来值;type 为数字 0 或 1(0 为期末,1 为期初)。

示例:如果 A1＝10％(年利率),A2＝2(贷款期限),A3＝2 000(贷款额),则公式"＝PPMT(A1/12,1,A2*12,A3)"计算贷款第一个月的本金支付。

4.CUMIPMT 函数

用途:返回一笔贷款在给定的 start_period 到 end_period 期间累计偿还的利息数额。

语法:CUMIPMT(rate,nper,pv,start_period,end_period,type)。

参数:rate 为利率;nper 为总付款期数;pv 为现值;start_period 为计算中的首期(付款期数从 1 开始计数);end_period 为计算中的末期;type 为付款时间类型(0 为期末付款,1 为期初付款)。

示例:如果 A1=9%(年利率),A2=30(贷款期限),A3=125 000(现值),则公式"=CUMIPMT(A1/12,A2*12,A3,1,1,0)"计算该笔贷款在第一个月所付的利息。

5.CUMPRINC 函数

用途:返回一笔贷款在给定的 start_period 到 end_period 期间累计偿还的本金数额。

语法:CUMPRINC(rate,nper,pv,start_period,end_period,type)。

参数:rate 为利率;nper 为总付款期数;pv 为现值;start_period 为计算中的首期(付款期数从 1 开始计数);end_period 为计算中的末期;type 为付款时间类型(0 为期末付款,1 为期初付款)。

示例:如果 A1=9%(年利率),A2=30(贷款期限),A3=125 000(现值),则公式"=CUMPRINC(A1/12,A2*12,A3,1,1,0)"计算该笔贷款在第一个月偿还的本金。

(三)折旧计算

1.DB 函数

用途:使用固定余额递减法计算指定的任何期间内的资产折旧值。

语法:DB(cost,salvage,life,period,month)。

参数:cost 为资产原值;salvage 为资产残值;life 为折旧期限;period 为需要计算折旧值的期间(必须使用与 life 相同的单位);month 为第一年的月份数(省略时为 12)。

示例:如果 A1=1 000 000(资产原值),A2=100 000(资产残值),A3=6(使用寿命),则公式"=DB(A1,A2,A3,1,7)"计算第一年七个月内的折旧值;"=DB(A1,A2,A3,2,7)"计算第二年的折旧值。以此类推公式到六年止。

2.DDB 函数

用途:使用双倍余额递减法计算指定的任何期间内的资产折旧值。

语法:DDB(cost,salvage,life,period,factor)。

参数:cost 为资产原值;salvage 为资产残值;life 为折旧期限;period 为需要计算折旧值的期间(必须使用与 life 相同的单位);factor 为余额递减速率,如果省略该参数,则函数假设 factor 为 2(双倍余额递减法)。

示例:如果 A1=2 400(资产原值),A2=300(资产残值),A3=10(使用寿命),则公式"=DDB(A1,A2,A3*12,1,2)"计算第一个月的折旧值;"=DDB(A1,A2,A3,1,2)"计算第一年的折旧值;"=DDB(A1,A2,A3,10)"计算第十年的折旧值,Excel 自动将 factor 设置为 2。

3.VDB 函数

用途:使用可变余额递减法计算指定的任何期间内的资产折旧值。

语法:VDB(cost,salvage,life,start_period,end_period,factor,no_switch)。

参数:cost 为资产原值;salvage 为资产残值;life 为折旧期限;start_period 为进行折旧计算的起始期间(必须与 life 单位相同);end_period 为进行折旧计算的截止期间(必须与 life 单位相同);factor 为余额递减速率(折旧因子),如果省略该参数,则函数假设

factor 为 2(双倍余额递减法)。如果不想使用双倍余额递减法,可改变参数 factor 的值;no_switch 为逻辑值,指定当折旧值大于余额递减计算值时,是否转用直线折旧法,如果该参数为 true,即使折旧值大于余额递减计算值,excel 也不转用直线折旧法。如果该参数为 false 或被忽略,且折旧值大于余额递减计算值时,excel 将转用线性折旧法。

示例:如果 A1=2 400(资产原值),A2=300(资产残值),A3=10(使用寿命),则公式"=VDB(A1,A2,A3*365,0,1)"计算第一天的折旧值。Excel 自动假定折旧因子为 2;"=VDB(A1,A2,A3*12,0,1)"计算第一个月的折旧值;"=VDB(A1,A2,A3,0,1)"计算第一年的折旧值。

4.SLN 函数

用途:返回某项资产在一个期间中的线性折旧值。

语法:SLN(cost,salvage,life)。

参数:cost 为资产原值;salvage 为资产残值;life 为折旧期限。

示例:如果 A1=30 000(资产原值),A2=7 500(资产残值),A3=10(使用寿命),则公式"=SLN(A2,A3,A4)"计算每年的折旧值。

5.SYD 函数

用途:返回某项资产按年限总和折旧法计算的指定期间的折旧值。

语法:SYD(cost,salvage,life,period)。

参数:cost 为资产原值;salvage 为资产残值;life 为折旧期限;period 为需要计算折旧值的期间(必须使用与 life 相同的单位)。

示例:如果 A1=30 000(资产原值),A2=7 500(资产残值),A3=10(使用寿命),则公式"=SYD(A1,A2,A3,1)"计算第一年的折旧值;"=SYD(A1,A2,A3,10)"计算第十年的折旧值。

6.AMORDEGRC 函数

用途:返回每个会计期间的折旧值。

语法:AMORDEGRC(cost,date_purchased,first_period,salvage,period,rate,basis)。

参数:cost 为资产原值;date_purchased 为购入资产的日期;first_period 为第一个期间结束时的日期;salvage 为资产在使用寿命结束时的残值;period 是期间;rate 为折旧率;basis 是所使用的年基准(0 或省略时为 360 天,1 为实际天数,3 为一年 365 天,4 为一年 360 天)。

示例:如果 A1=2 400(资产原值),A2=2008-8-19(购入资产的日期),A3=2008-12-31(第一个期间结束时的日期),A4=300(资产残值),A5=1(期间),A6=15%(折旧率),A7=1(使用的年基准),则公式"=AMORDEGRC(A1,A2,A3,A4,A5,A6,A7)"计算第一个期间的折旧值。

(四)计算偿还率

1.RATE 函数

用途:返回年金的各期利率。

语法:RATE(nper,pmt,pv,fv,type,guess)。

参数：nper 为总投资期；pmt 为各期应付金额；pv 为现值；type 为数字 0 或 1（0 为期末，1 为期初）；guess 为预期利率，如果省略预期利率，则假设该值为 10%。

示例：如果 A1＝4（贷款期限），A2＝－200（每月支付），A3＝8 000（贷款额），则公式"＝RATE(A1*12,A2,A3)"计算在上述条件下贷款的月利率；"＝RATE(A1*12,A2,A3)*12"计算在上述条件下贷款的年利率。

2.IRR 函数

用途：返回由数值代表的一组现金流的内部收益率。

语法：IRR(values,guess)。

参数：values 为数组或单元格的引用，包含用来计算返回的内部收益率的数字；guess 为对函数 IRR 计算结果的估计值。

示例：如果 A1＝－70 000（初期成本费用），A2＝12 000（第一年的净收入），A3＝15 000（第二年的净收入），A4＝18 000（第三年的净收入），A5＝21 000（第四年的净收入），A6＝26 000（第五年的净收入），则公式"＝IRR(A2:A7)"计算五年后的内部收益率。

3.MIRR 函数

用途：返回某一期限内现金流的修正内部收益率。

语法：MIRR(values,finance_rate,reinvest_rate)。

参数：values 为一个数组或对包含数字的单元格的引用（代表着各期的一系列支出及收入，其中必须至少包含一个正值和一个负值，才能计算修正后的内部收益率）；finance_rate 为现金流中使用的资金支付的利率；reinvest_rate 为将现金流再投资的收益率。

示例：如果 A1＝－120 000（初期成本费用），A2＝39 000（第一年的净收益），A3＝30 000（第二年的净收益），A4＝21 000（第三年的净收益），A5＝37 000（第四年的净收益），A6＝46 000（第五年的净收益），A7＝10%（120 000 贷款额的年利率），A8＝12%（再投资收益的年利率），则公式"＝MIRR(A1:A6,A7,A8)"计算五年后投资的修正收益率；"＝MIRR(A1:A4,A7,A8)"计算三年后的修正收益率。

4.XIRR 函数

用途：返回一组现金流的内部收益率，这些现金流不一定定期发生。若要计算一组定期现金流的内部收益率，可以使用 IRR 函数。

语法：XIRR(values,dates,guess)。

参数：values 与 dates 中的支付时间相对应的一系列现金流；dates 是与现金流支付相对应的支付日期表；guess 是对函数 XIRR 计算结果的估计值。

示例：如果 A1＝－10 000，A2＝2 750，A3＝4 250，A4＝3 250，A5＝2 750，B1＝2008-1-1，B2＝2008-3-1，B3＝2008-10-30，B4＝2009-2-15，B5＝2009-4-1，则公式"＝XIRR(A1:A5,B1:B5,0.1)"计算返回的内部收益率。

（五）证券计算

1.ACCRINT 函数

用途：返回定期付息有价证券的应计利息。

语法：ACCRINT(issue,first_interest,settlement,rate,par,frequency,basis)。

参数：issue 为有价证券的发行日；first_interest 是证券的起息日；settlement 是证券的成交日（即发行日之后证券卖给购买者的日期）；rate 为有价证券的年息票利率；par 为有价证券的票面价值（如果省略，函数 ACCRINT 将 par 看作＄1000）；frequency 为年付息次数（如果按年支付，frequency＝1；按半年期支付，frequency ＝ 2；按季支付，frequency＝4）；basis 为日计数基准类型（0 或省略为 30/360,1 为实际天数/实际天数,2 为实际天数/360,3 为实际天数/365,4 为欧洲 30/360）。

示例：如果 A1＝2008-3-1（发行日），A2＝2008-8-31（起息日），A3＝2008-5-1（成交日），A4＝10％（息票利率），A5＝1 000（票面价值），A6＝2（按半年期支付），A7＝0（以 30/360 为日计数基准）则公式"＝ACCRINT(A1,A2,A3,A4,A5,A6,A7)"计算满足上述条件的应付利息。

2.ACCRINTM 函数

用途：返回到期一次性付息有价证券的应计利息。

语法：ACCRINTM(issue,maturity,rate,par,basis)。

参数：issue 为有价证券的发行日；maturity 为有价证券的到期日；rate 为有价证券的年息票利率；par 为有价证券的票面价值；basis 为日计数基准类型（0 或省略为 30/360,1 为实际天数/实际天数,2 为实际天数/360,3 为实际天数/365,4 为欧洲 30/360）。

示例：如果 A1＝2008-4-1（发行日），A2＝2008-6-15（到期日），A3＝10％（息票利率百分比），A4＝1 000（票面价值），A5＝3（以实际天数/365 为日计数基准），则公式"＝ACCRINTM(A1,A2,A3,A4,A5)"计算满足上述条件的应计利息。

3.INTRATE 函数

用途：返回一次性付息证券的利率。

语法：INTRATE(settlement,maturity,investment,redemption,basis)。

参数：settlement 是证券的成交日；maturity 为有价证券的到期日；investment 为有价证券的投资额；redemption 为有价证券到期时的清偿价值；basis 为日计数基准类型（0 或省略为 30/360,1 为实际天数/实际天数,2 为实际天数/360,3 为实际天数/365,4 为欧洲 30/360）。

示例：如果 A1＝2008-2-15（成交日），A2＝2008-5-15（到期日），A3＝1 000 000（投资额），A4＝1 014 420（清偿价值），A5＝2（以实际天数/360 为日计数基准），则公式"＝INTRATE(A1,A2,A3,A4,A5)"计算上述债券期限的贴现率。

4.PRICE 函数

用途：返回定期付息的面值＄100 的有价证券的价格。

语法：PRICE(settlement,maturity,rate,yld,redemption,frequency,basis)。

参数：settlement 为证券的成交日；maturity 为有价证券的到期日；rate 为有价证券的年息票利率；yld 为有价证券的年收益率；redemption 为面值＄100 的有价证券的清偿价值；frequency 为年付息次数（如果按年支付，frequency＝1；按半年期支付，frequency＝2；按季支付，frequency＝4）；basis 为日计数基准类型（0 或省略为 30/360,1 为实际天数/实际天数,2 为实际天数/360,3 为实际天数/365,4 为欧洲 30/360）。

示例：如果 A1＝2008-2-15（成交日），A2＝2017-11-15（到期日），A3＝5.75％（息票半

年利率），A4＝6.5％（收益率），A5＝100（清偿价值），A6＝2（按半年期支付），A7＝0（以30/360为日计数基准），则公式"＝PRICE(A1,A2,A3,A4,A5,A6,A7)"计算在上述条件下债券的价格。

5.YIELD 函数

用途：返回定期付息有价证券的收益率，函数 YIELD 用于计算债券收益率。

语法：YIELD(settlement,maturity,rate,pr,redemption,frequency,basis)。

参数：settlement 是证券的成交日；maturity 为有价证券的到期日；rate 为有价证券的年息票利率；pr 为面值＄100 的有价证券的价格 redemption 为面值＄100 的有价证券的清偿价值；frequency 为年付息次数（如果按年支付，frequency＝1；按半年期支付，frequency＝2；按季支付，frequency＝4）；basis 为日计数基准类型（0 或省略为 30/360，1 为实际天数/实际天数，2 为实际天数/360，3 为实际天数/365，4 为欧洲 30/360）。

示例：如果 A1＝2008-2-15（成交日），A2＝2016-11-15（到期日），A3＝5.75％（息票利率），A4＝95.04287（价格），A5＝100（清偿价值），A6＝2（按半年期支付），A7＝0（以 30/360 为日计数基准），则公式"＝YIELD(A1,A2,A3,A4,A5,A6,A7)"计算在上述条件下债券的收益率。

6.DISC 函数

用途：返回有价证券的贴现率。

语法：DISC(settlement,maturity,pr,redemption,basis)。

参数：settlement 是证券的成交日；maturity 为有价证券的到期日；pr 为面值＄100 的有价证券的价格；redemption 为有价证券到期时的清偿价值；basis 为日计数基准类型（0 或省略为 30/360，1 为实际天数/实际天数，2 为实际天数/360，3 为实际天数/365，4 为欧洲 30/360）。

示例：如果 A1＝2007-1-25（成交日），A2＝2007-6-15（到期日），A3＝97.975（价格），A4＝100（清偿价值），A5＝1（以实际天数/360 为日计数基准），则公式"＝DISC(A1,A2,A3,A4,A5)"计算在上述条件下有价证券的贴现率。

二、统计函数

（一）基本统计函数

1.AVERAGE 函数

用途：计算所有参数的算术平均值。

语法：AVERAGE(number1,number2,…)。

参数：number1,number2,…是要求平均值的 1～255 个参数。

示例：如果 A1:A5 的数值分别为 100、70、92、47 和 82，则公式"＝AVERAGE(A1:A5)"返回 78.2。

2.TRIMMEAN 函数

用途：返回数据集的内部平均值。TRIMMEAN 函数先从数据集的头部和尾部除去一定百分比的数据点，然后再求平均值。当希望在分析中剔除一部分数据的计算时，可以使用此函数。

语法：TRIMMEAN(array,percent)。

参数：array为需要进行筛选并求平均值的数组或数据区域；percent为计算时所要除去的数据点的比例。如果percent＝0.2，则在20个数据中除去4个，即头部除去2个，尾部除去2个。如果percent＝0.1，30个数据点的10%等于3个数据点。函数TRIM-MEAN将对称地在数据集的头部和尾部各除去一个数据。

示例：如果A1:A5的数值分别为78、45、90、12和85，则公式"＝TRIMMEAN(A1:A5,0.1)"返回62。

3.COUNT函数

用途：返回数字参数的个数。它可以统计数组或单元格区域中含有数字的单元格个数。

语法：COUNT(value1,value2,…)。

参数：value1,value2,…是包含或引用各种类型数据的参数（1～255个），其中只有数字类型的数据才能被统计。

示例：如果A1＝90，A2＝人数，A3＝""，A4＝54，A5＝36，则公式"＝COUNT(A1:A5)"返回3。

4.COUNTA函数

用途：返回参数组中非空值的数目。利用函数COUNTA可以计算数组或单元格区域中数据项的个数。

语法：COUNTA(value1,value2,…)。

参数：value1,value2,…所要计数的值，参数个数为1～255个。在这种情况下的参数可以是任何类型，它们包括空格但不包括空白单元格。如果参数是数组或单元格引用，则数组或引用中的空白单元格将被忽略。如果不需要统计逻辑值、文字或错误值，则应该使用COUNT函数。

示例：如果A1＝销售，A2＝2008-12-8，A3为空，A4＝19，A5＝22.24，A6＝TRUE，A7＝♯DIV/0!，则公式"＝COUNTA(A1:A7)"计算上列数据中非空单元格的个数。

5.FREQUENCY函数

用途：以一列垂直数组返回某个区域中数据的频率分布。它可以计算出在给定的值域和接收区间内，每个区间包含的数据个数。

语法：FREQUENCY(data_array,bins_array)。

参数：data_array是用来计算频率一个数组，或对数组单元区域的引用；bins_array是数据接收区间，为一数组或对数组区域的引用，设定对data_array进行频率计算的分段点。

示例：如果A为分数，B为区间分割点，A1＝79，B1＝70，A2＝85，B2＝79，A3＝78，B3＝89，A4＝85，B4为空，A5＝50，B5为空，A6＝81，B6为空，A7＝95，B7为空，则公式"＝FREQUENCY(A1:A7,B1:B4)"计算小于或等于70的分数个数。

6.MIN函数

用途：返回给定参数表中的最小值。

语法：MIN(number1,number2,…)。

参数：number1,number2,…是准备从中求取最小值的1～255个数值、空单元格、逻辑值或文本数值。

示例:如果 A1=71、A2=83、A3=76、A4=49,则公式"=MIN(A1:A4)"返回 49。

7.MAX 函数

用途:返回数据集中的最大数值。

语法:MAX(number1,number2,…)。

参数:number1,number2,…所要计数的值,参数个数为 1～255 个。

示例:如果 A1=71、A2=83、A3=76、A4=49,则公式"=MAX(A1:A4)"返回 83。

8.MEDIAN 函数

用途:返回给定数值集合的中位数(它是在一组数据中居于中间的数。换句话说,在这组数据中,有一半的数据比它大,有一半的数据比它小)。

语法:MEDIAN(number1,number2,…)。

参数:number1,number2,…所要计数的值,参数个数为 1～255 个。

示例:MEDIAN(11,12,13,14,15)返回 13。

9.MODE 函数

用途:返回在某一数组或数据区域中的众数。

语法:MODE(number1,number2,…)。

参数:number1,number2,…所要计数的值,参数个数为 1～255 个。

示例:如果 A1=71、A2=83、A3=71、A4=49、A5=92、A6=88,则公式"=MODE(A1:A6)"返回 71。

10.RANK 函数

用途:返回一个数值在一组数值中的排位(如果数据清单已经排过序了,则数值的排位就是它当前的位置)。

语法:RANK(number,ref,order)。

参数:number 是需要计算其排位的一个数字;ref 是包含一组数字的数组或引用(其中的非数值型参数将被忽略);order 为一数字,指明排位的方式。如果 order 为 0 或省略,则按降序排列的数据清单进行排位。如果 order 不为 0,ref 当作按升序排列的数据清单进行排位。

示例:如果 A1=78、A2=45、A3=90、A4=12、A5=85,则公式"=RANK(A1,$A$1:$A$5)"返回 5、8、2、10、4。

11.PERCENTRANK 函数

用途:返回某个数值在一个数据集合中的百分比排位,可用于查看数据在数据集中所处的位置。例如计算某个分数在所有考试成绩中所处的位置。

语法:PERCENTRANK(array,x,significance)。

参数:array 为彼此间相对位置确定的数据集合;x 为其中需要得到排位的值;significance 为可选项,表示返回的百分数值的有效位数。如果省略,函数 PERCENTRANK 保留 3 位小数。

示例:如果某次考试成绩为 A1=71、A2=83、A3=71、A4=49、A5=92、A6=88,则公式"=PERCENTRANK(A1:A6,71)"的计算结果为 0.2,即 71 分在 6 个分数中

排 20%。

(二)统计分析

1.NORM.DIST 函数

用途:返回给定平均值和标准偏差的正态分布的累积函数。

语法:NORM.DIST(x,mean,standard_dev,cumulative)。

参数:x 为用于计算正态分布函数的区间点;mean 是分布的算术平均值;standard_dev 是分布的标准方差;cumulative 为一逻辑值,指明函数的形式。如果 cumulative 为 TRUE,则 NORM.DIST 函数返回累积分布函数,如果为 FALSE,则返回概率密度函数。

示例:公式"=NORM.DIST(46,35,2.5,TRUE)"返回 0.999994583。

2.KURT 函数

用途:返回数据集的峰值。它反映与正态分布相比时某一分布的尖锐程度或平坦程度,正峰值表示相对尖锐的分布,负峰值表示相对平坦的分布。

语法:KURT(number1,number2,…)。

参数:number1,number2,…所要计数的值,参数个数为 1~255 个。

示例:如果某次学生考试的成绩为 A1=71、A2=83、A3=76、A4=49、A5=92、A6=88、A7=96,则公式"=KURT(A1:A7)"返回-1.199009798,说明这次的成绩相对正态分布是一比较平坦的分布。

3.SKEW 函数

用途:返回一个分布的不对称度。它反映以平均值为中心的分布的不对称程度,正不对称度表示不对称边的分布更趋向正值。负不对称度表示不对称边的分布更趋向负值。

语法:SKEW(number1,number2,…)。

参数:number1,number2,…所要计数的值,参数个数为 1~255 个。

示例:公式"=SKEW({22,23,29,19,38,27,25},{16,15,19,17,15,14,34})"返回 0.854631382。

4.BINOM.DIST 函数

用途:返回一元二项式分布的概率值。BINOM.DIST 函数适用于固定次数的独立实验,实验的结果只包含成功或失败两种情况,且成功的概率在实验期间固定不变。例如,它可以计算掷 10 次硬币时正面朝上 6 次的概率。

语法:BINOM.DIST(number_s,trials,probability_s,cumulative)。

参数:number_s 为实验成功的次数;trials 为独立实验的次数;probability_s 为一次实验中成功的概率。cumulative 是一个逻辑值,用于确定函数的形式。如果 cumulative 为 TRUE,则 BINOM.DIST 函数返回累积分布函数,即至多 number_s 次成功的概率;如果为 FALSE,返回概率密度函数,即 number_s 次成功的概率。

示例:抛硬币的结果不是正面就是反面,第一次抛硬币为正面的概率是 0.5。则掷硬币 10 次中 6 次的计算公式为"=BINOM.DIST(6,10,0.5,FALSE)",计算的结果等于 0.205078。

5.HYPGEOM.DTST 函数

用途:返回超几何分布。给定样本容量、样本总体容量和样本总体中成功的次数,

HYPGEOM.DIST 函数返回样本取得给定成功次数的概率。

语法：HYPGEOM.DIST(sample_s,number_sample,population_s,number_population)。

参数：sample_s 为样本中成功的次数；number_sample 为样本容量；population_s 为样本总体中成功的次数；number_population 为样本总体的容量。

示例：如果某个班级有 42 名学生。其中 22 名是男生，20 名是女生。如果随机选出 6 人，则其中恰好有 3 名女生的概率公式是："＝HYPGEOM.DIST(3,6,20,42)"，返回的结果为 0.334668627。

6.POISSON 函数

用途：返回泊松分布。泊松分布通常用于预测一段时间内事件发生的次数，比如一分钟内通过收费站的轿车的数量。

语法：POISSON(x,mean,cumulative)。

参数：x 为某一事件出现的次数；mean 为期望值；cumulative 为确定返回的概率分布形式的逻辑值。

示例：公式"＝POISSON(5,10,TRUE)"返回 0.067085963，"＝POISSON(3,12,FALSE)"返回 0.001769533。

7.GAMMA.DIST

用途：返回伽马分布。可用它研究具有偏态分布的变量，通常用于排队分析。

语法：GAMMA.DIST(x,alpha,beta,cumulative)。

参数：x 为用来计算伽马（γ）分布的数值。alpha 是 γ 分布参数。beta 是 γ 分布的一个参数。如果 beta＝1，GAMMA.DIST 函数返回标准伽马分布。cumulative 为一逻辑值，决定函数的形式。如果 cumulative 为 TRUE，GAMMA.DIST 函数返回累积分布函数；如果为 FALSE，则返回概率密度函数。

示例：公式"＝GAMMA.DIST(10,9,2,FALSE)"的计算结果等于 0.032639，"＝GAMMA.DIST(10,9,2,TRUE)"返回 0.068094。

8.EXPON.DIST 函数

用途：返回指数分布。该函数可以建立事件之间的时间间隔模型，如估计银行的自动取款机支付一次现金所花费的时间，从而确定此过程最长持续一分钟的发生概率。

语法：EXPON.DIST(x,lambda,cumulative)。

参数：x 为函数的数值；lambda 为参数值；cumulative 为确定指数函数形式的逻辑值。如果 cumulative 为 TRUE，EXPON.DIST 返回累积分布函数；如果 cumulative 为 FALSE，则返回概率密度函数。

示例：公式"＝EXPON.DIST(0.2,10,TRUE)"返回 0.864665，"＝EXPON.DIST(0.2,10,FALSE)"返回 1.353353。

9.CHIINV 函数

用途：返回 c2 分布单尾概率的逆函数。如果 probability＝CHIDIST(x,…)，则 CHIINV(probability,…)＝x。使用此函数比较观测结果和期望值，可以确定初始假设是否有效。

语法：CHIINV(probability,deg_freedom)。

参数：probability 为 c2 分布的单尾概率。deg_freedom 为自由度。

示例：公式"＝CHIINV(0.5,2)"返回 1.386293564。

10.FDIST 函数

用途：返回 F 概率分布，它可以确定两个数据系列是否存在变化程度上的不同。例如，通过分析某一班级男、女生的考试分数，确定女生分数的变化程度是否与男生不同。

语法：FDIST(x,deg_freedom1,deg_freedom2)。

参数：x 是用来计算概率分布的区间点。deg_freedom1 是分子自由度。deg_freedom2 是分母自由度。

示例：公式"＝FDIST(1,90,89)"返回 0.500157305。

11.FINV 函数

用途：返回 F 概率分布的反函数值，即 F 分布的临界值。如果 p＝FDIST(x,…)，则 FINV(p,…)＝x。

语法：FINV(probability,deg_freedom1,deg_freedom2)。

参数：probability 是累积 F 分布的概率值。deg_freedom1 是分子自由度。deg_freedom2 是分母自由度。

示例：公式"＝FINV(0.1,86,74)"返回 1.337888023。

12.VAR 函数

用途：估算样本方差。

语法：VAR(number1,number2,…)。

参数：number1,number2,…所要计数的值，参数个数为 1～255 个。

示例：假设抽取某次考试中的 5 个分数，并将其作为随机样本，用 VAR 函数估算成绩方差，样本值为 A1＝78、A2＝45、A3＝90、A4＝12、A5＝85，则公式"＝VAR(A1:A5)"返回 1089.5。

13.VAR.P 函数

用途：计算样本总体的方差。

语法：VAR.P(number1,number2,…)。

参数：number1,number2,…所要计数的值，参数个数为 1～255 个。

示例：如果某次补考只有 5 名学生参加，成绩为 A1＝88、A2＝55、A3＝90、A4＝72、A5＝85，用 VAR.P 函数估算成绩方差，则公式"＝VAR.P(A1:A5)"返回 214.5。

14.TDIST 函数

用途：返回学生氏 t 分布的百分点（概率），t 分布中的数值（x）是 t 的计算值（将计算其百分点）。t 分布用于小样本数据集合的假设检验，使用此函数可以代替 t 分布的临界值表。

语法：TDIST(x,deg_freedom,tails)。

参数：x 为需要计算分布的数字。deg_freedom 为表示自由度的整数。tails 指明返回的分布函数是单尾分布还是双尾分布。如果 tails＝1，函数 TDIST 返回单尾分布；如果 tails＝2，函数 TDIST 返回双尾分布。

示例：公式"＝TDIST(60,2,1)"返回 0.000138831。

三、数据库管理函数

1.DAVERAGE 函数

用途：返回数据库或数据清单中满足指定条件的列中数值的平均值。

语法：DAVERAGE(database,field,criteria)。

参数：database 构成列表或数据库的单元格区域；field 指定函数所使用的数据列；criteria 为一组包含给定条件的单元格区域。

示例：如果 A 为树种，B 为高度，C 为使用年数，D 为产量，E 为利润，A1＝苹果树，B1＝18,C1＝20,D1＝14,E1＝105,A2＝梨树,B2＝12,C2＝12,D2＝10,E2＝96,A3＝樱桃树,B3＝13,C3＝14,D3＝9,E3＝105,A4＝苹果树,B4＝14,C4＝15,D4＝10,E4＝75,A5＝梨树,B5＝9,C5＝8,D5＝8,E5＝76.8,A6＝苹果树,B6＝8,C6＝9,D6＝6,E6＝45,则公式"＝DAVERAGE(A4:E10,"产量",A1:B2)"计算高度大于 10 的苹果树；"＝DAVERAGE(A4:E10,3,A4:E10)"计算所有树的使用年数。

2.DCOUNT 函数

用途：返回数据库或数据清单的指定字段中，满足给定条件并且包含数字的单元格个数。

语法：DCOUNT(database,field,criteria)。

参数：database 构成列表或数据库的单元格区域；field 指定函数所使用的数据列；criteria 为一组包含给定条件的单元格区域。

示例：以"DAVERAGE 函数示例"进行说明，公式"＝DCOUNT(A4:E10,"使用年数",A1:F2)"查找高度在10～16 范围内的苹果树的记录，并且计算这些记录中"使用年数"字段包括数字的单元格个数；"＝DCOUNT(A4:E10,"利润",A1:F2)"查找高度在 10～16 范围内的苹果树的记录，并且计算这些记录中"利润"字段为非空的单元格个数。

3.DGET 函数

用途：从数据清单或数据库中提取符合指定条件的单个值。

语法：DGET(database,field,criteria)。

参数：database 构成列表或数据库的单元格区域；field 指定函数所使用的数据列；criteria 为一组包含给定条件的单元格区域。

示例：以"DAVERAGE 函数示例"进行说明，因为有多年记录符给定的条件，公式"＝DGET(A4:E10,"产量",A1:A3)"返回错误值♯NUM！。

4.DMAX 函数

用途：返回数据清单或数据库的指定列中，满足给定条件单元格中的最大数值。

语法：DMAX(database,field,criteria)。

参数：database 构成列表或数据库的单元格区域；field 指定函数所使用的数据列；criteria 为一组包含给定条件的单元格区域。

示例：以"DAVERAGE 函数示例"进行说明，公式"＝DMAX(A4:E10,"利润",A1:A3)"查找苹果树和梨树的最大利润。

5.DMIN 函数

用途：返回数据清单或数据库的指定列中满足给定条件的单元格中的最小数字。

语法：DMIN(database,field,criteria)。

参数：database 构成列表或数据库的单元格区域；field 指定函数所使用的数据列；criteria 为一组包含给定条件的单元格区域。

示例：以"DAVERAGE 函数示例"进行说明，公式"＝DMIN(A4:E10,"利润",A1:B2)"查找高度大于 10 的苹果树的最小利润。

6.DPRODUCT 函数

用途：返回数据清单或数据库的指定列中，满足给定条件单元格中数值乘积。

语法：DPRODUCT(database,field,criteria)。

参数：database 构成列表或数据库的单元格区域；field 指定函数所使用的数据列；criteria 为一组包含给定条件的单元格区域。

示例：以"DAVERAGE 函数示例"进行说明，公式"＝DPRODUCT(A4:E10,"产量",A1:B2)"计算高度大于 10 的苹果树的产量。

7.DSTDEV 函数

用途：将列表或数据库的列中满足指定条件的数字作为一个样本，估算样本总体的标准偏差。

语法：DSTDEV(database,field,criteria)。

参数：database 构成列表或数据库的单元格区域；field 指定函数所使用的数据列；criteria 为一组包含给定条件的单元格区域。

示例：以"DAVERAGE 函数示例"进行说明，公式"＝DSTDEV(A4:E10,"产量",A1:A3)"计算苹果树和梨树产量的估算标准偏差。

8.DSTDEVP 函数

用途：将数据清单或数据库的指定列中，满足给定条件单元格中的数字作为样本总体，计算总体的标准偏差。

语法：DSTDEVP(database,field,criteria)。

参数：database 构成列表或数据库的单元格区域；field 指定函数所使用的数据列；criteria 为一组包含给定条件的单元格区域。

示例：以"DAVERAGE 函数示例"进行说明，公式"＝DSTDEVP(A4:E10,"产量",A1:A3)"计算苹果树和梨树产量的真实标准偏差。

9.DSUM 函数

用途：返回数据清单或数据库的指定列中，满足给定条件单元格中的数字之和。

语法：DSUM(database,field,criteria)。

参数：database 构成列表或数据库的单元格区域；field 指定函数所使用的数据列；criteria 为一组包含给定条件的单元格区域。

示例：以"DAVERAGE 函数示例"进行说明，公式"＝DSUM(A4:E10,"利润",A1:F2)"计算高度在 10～16 范围内苹果树的总利润。

10.DVARP 函数

用途：将数据清单或数据库的指定列中满足给定条件单元格中的数字作为样本总体，计算总体的方差。

语法：DVARP(database,field,criteria)。

参数：database 构成列表或数据库的单元格区域；field 指定函数所使用的数据列；criteria 为一组包含给定条件的单元格区域。

示例：A 公式"＝DVARP(A4：E10,″产量″,A1：A3)"计算苹果树和梨树产量的真实方差。

四、查询和引用函数

1.ADDRESS 函数
用途：以文字形式返回对工作簿中某一单元格的引用。
语法：ADDRESS(row_num,column_num,abs_num,a1,sheet_text)。
参数：row_num 是单元格引用中使用的行号。column_num 是单元格引用中使用的列标。abs_num 指明返回的引用类型（1 或省略为绝对引用，2 为绝对行号、相对列标，3 为相对行号、绝对列标，4 为相对引用）。a1 是一个逻辑值，它用来指明是以 A1 或 R1C1 返回引用样式。如果 A1 为 TRUE 或省略，函数 ADDRESS 返回 A1 样式的引用。如果 A1 为 FALSE，函数 ADDRESS 返回 R1C1 样式的引用。sheet_text 为一文本，指明作为外部引用的工作表的名称，如果省略 sheet_text，则不使用任何工作表的名称。
示例：公式"＝ADDRESS(1,4,4,1)"返回 D1。

2.AREAS
用途：返回引用中包含的区域个数。
语法：AREAS(reference)。
参数：reference 是对某一单元格或单元格区域的引用，也可以引用多个区域。如果需要将几个引用指定为一个参数，则必须用括号括起来，以免 Excel 将逗号作为参数间的分隔符。
示例：公式"＝AREAS(A2：B4)"返回 1；"＝AREAS((A1：A3,A4：A6,B4：B7,A16：A18))"返回 4。

3.CHOOSE 函数
用途：可以根据给定的索引值，从多达 254 个待选参数中选出相应的值或操作。
语法：CHOOSE(index_num,value1,value2,…)。
参数：index_num 是用来指明待选参数序号的值，它必须是 1～254 范围内的数字，或者是包含数字 1～254 的公式或单元格引用。value1,value2,…为 1～254 个数值参数，可以是数字、单元格、已定义的名称、公式、函数或文本。
示例：公式"＝CHOOSE(2,″电脑″,″爱好者″)"返回"爱好者"。公式"＝SUM(A1：CHOOSE(3,A10,A20,A30))"与公式"＝SUM(A1：A30)"等价（因为 CHOOSE(3,A10,A20,A30)返回 A30）。

4.COLUMN 函数
用途：返回指定单元格引用的列号。
语法：COLUMN(reference)。
参数：reference 为需要得到其列标的单元格或单元格区域。如果省略 reference，则假定函数 COLUMN 是对所在单元格的引用。如果 reference 为一个单元格区域，并且函数 COLUMN 作为水平数组输入，则 COLUMN 函数将 reference 中的列标以水平数组的形式返回。
示例：公式"＝COLUMN(A3)"返回 1；"＝COLUMN(B3：C5)"返回 2。

5.ROW 函数

用途:返回给定引用的行号。

语法:ROW(reference)。

参数:reference 为需要得到其行号的单元格或单元格区域。

示例:公式"=ROW(A6)"返回 6,如果在 C5 单元格中输入公式"=ROW()",其计算结果为 5。

6.COLUMNS 函数

用途:返回数组或引用的列数。

语法:COLUMNS(array)。

参数:array 为需要得到其列数的数组、数组公式或对单元格区域的引用。

示例:公式"=COLUMNS(B1:C4)"返回 2;"=COLUMNS({5,4;4,5})"返回 2。

7.ROWS 函数

用途:返回引用或数组的行数。

语法:ROWS(array)。

参数:array 是需要得到其行数的数组、数组公式或对单元格区域的引用。

示例:公式"=ROWS(A1:A9)"返回 9;"=ROWS({1,2,3;4,5,6;1,2,3})"返回 3。

8.HLOOKUP 函数

用途:在表格或数值数组的首行查找指定的数值,并由此返回表格或数组当前列中指定行处的数值。

语法:HLOOKUP(lookup_value,table_array,row_index_num,range_lookup)。

参数:lookup_value 是需要在数据表第一行中查找的数值,它可以是数值、引用或文字串。table_array 是需要在其中查找数据的数据表,可以使用对区域或区域名称的引用,table_array 的第一行的数值可以是文本、数字或逻辑值。row_index_num 为 table_array 中待返回的匹配值的行序号。range_lookup 为一逻辑值,指明函数 HLOOKUP 查找时是精确匹配,还是近似匹配。

示例:如果 A1:B3 区域存放的数据为 34、23、68、69、92、36,则公式"=HLOOKUP(34,A1:B3,1,FALSE)"返回 34;"=HLOOKUP(3,{1,2,3;"a","b","c";"d","e","f"},2,TRUE)"返回 c。

9.HYPERLINK 函数

用途:创建一个快捷方式或跳转,用以打开存储在网络服务器、Intranet、Internet 或本地硬盘中的文档。

语法:HYPERLINK(link_location,friendly_name)。

参数:link_location 是文档的路径和文件名,它还可以指向文档中的某个更为具体的位置,如 Excel 工作表或工作簿中特定的单元格或命名区域,或是指向 Word 文档中的书签。路径可以是存储在硬盘驱动器上的路径,或是 Internet 或 Intranet 上的 URL 路径。friendly_name 为单元格中显示的链接文字或数字,它用蓝色显示并带有下划线。如果省略了 friendly_name,单元格就将 link_location 显示为链接。

示例:HYPERLINK("http://soft.yesky.com/","驱动之家")会在工作表中显示文本"驱动之家",单击它即可链接到"http://soft.yesky.com/"。公式"=HYPERLINK("C:\README.TXT","说明文件")"在工作表中建立一个的蓝色"说明文件"链接,单击它可以打开 C 盘上的 README.TXT 文件。